湖北法治发展报告

（2019）

中共湖北省委全面依法治省委员会办公室　编

法律出版社
LAW PRESS·CHINA

编写委员会

主　　编　龚举文

副 主 编　张正军

执行主编　秦前红

执行副主编　苏绍龙

编　　委　陈洪波　魏月明　覃文萍

郑　青　刘嗣元　王铭德

贾石松　张圣华　曾　群

前　言

党的十九大以来，湖北省委省政府坚持以习近平新时代中国特色社会主义思想为指导，增强“四个意识”，坚定“四个自信”，做到“两个维护”，全面贯彻党的十九大和十九届二中、三中、四中全会精神以及中央全面依法治国委员会各项战略部署，深入落实习近平总书记视察湖北重要讲话精神，紧紧围绕中心、服务大局，加快推进治理体系和治理能力现代化，为奋力谱写新时代湖北高质量发展新篇章提供了坚强有力的法治保障。

2019 年，湖北省委省政府坚决贯彻执行党中央的决策部署，笃定实干、攻坚克难，着力补短板固底板，着力稳增长保目标，着力促改革扩开放，着力调结构促转型，着力惠民生增福祉，着力转作风提效能，较好完成了全年经济社会发展目标任务。湖北省委省政府和全省各地方各部门深入学习贯彻习近平总书记全面依法治国新理念新思想新战略，扎实推进法治湖北建设，在坚持和加强党对法治建设的领导、提高人大立法和监督质效、加快法治政府建设、推进政法领域全面深化改革和法治社会建设等各方面，都取得了明显成效。

坚持和加强党对法治建设的全面领导。湖北省委坚持把党的领导贯穿依法治省各个环节，持续健全领导全面依法治省工作的体制机制。加强党内法规制度建设，推动建成科学严密、运行有效的党内法规制度体系。落实党内法规执行责任制，强化法治建设第一责任人职责。加强法治督察工作，着力解决突出问题。坚持全面从严治党,抓住“关键少数”,切实做到以严的标准要求党员,以严的措施管住干部。

注重精准立法,提高立法质量和实施效果。全省各级人大及其常委会加强党对立法工作的领导,推动党的领导入法入规,完善“党委领导、人大主导、政府依托、各方参与”的立法工作格局。坚持科学立法、民主立法、依法立法,加强高质量发展、生态文明、民生和社会治理等重点领域立法。坚持立改废释并举,完善备案审查工作机制,创新立法方式,提高立法质量。提高监督质效,开展重点领域监督,进一步增强人大监督的刚性和针对性。

坚持依法行政,加快建设法治政府。全省各级人民政府坚持改革创新,深入推进“放管服”改革,全面取消非行政许可审批事项,调整完善省、市、县三级权责清单,完善一体化在线政务服务平台功能,推进“双随机一公开”监管,持续优化营商环境。完善依法行政制度体系,加强重点领域立法,提高行政立法质量。坚持依法科学民主决策,落实重大行政决策出台前向本级人大及其常委会报告制度,提升行政决策水平。严格规范公正文明执法,深化行政执法体制改革,优化综合执法机构设置,加大重点领域执法检查力度。强化权力制约和监督,扎实做好行政复议和行政应诉工作,依法严格实施审计监督。

深化政法领域改革,维护社会公平正义。全省政法战线坚决贯彻党对政法工作的绝对领导,完善政法机构职能体系,完善司法体制机制,坚持以人民为中心,围绕中心工作,纵深掘进扫黑除恶专项斗争,服务民营经济健康发展。落实政法领域改革任务,加快智能化建设,加强新型办案团队建设,深化诉讼制度改革,着力实现权责平衡,真正“让审理者裁判、由裁判者负责”。推进各项配套系统集成,为执法司法权力规范运行铺设完备的“制度轨道”。

加强和创新社会治理,着力建设法治社会。全省各地方各部门扎实开展法治宣传教育,深入贯彻中国特色社会主义法律体系,深入学习宣传党内法规,创新形式和载体积极开展法治宣传活动。落实普法责任制，推进国家机关工作人员依宪依法依规履职。加快公共法律服务平台建设，健全多元化解纷机制和人民调解组织网络。湖北作为全国法学教育与研究的高地，学术影响力、理论影响力、社会影响力和国际影响力不断增强。

《湖北法治发展报告(2019)》全景式展示湖北法治建设的情况，在讲事实、摆数据、亮成绩的同时，找差距、查问题、明思路，进一步提炼工作经验，明确今后推进全面依法治省工作的思路。

习近平总书记指出，“做好改革发展稳定各项工作离不开法治，改革开放越深入越要强调法治”。2020 年，湖北将加强党对法治建设的领导，深入贯彻党的十九届四中全会精神，着力推进省域治理现代化，认真总结疫情防控、疫后重振等实践经验，坚持依法防控不动摇，为统筹推进常态化疫情防控和经济社会发展提供坚强法治保障。加强高质量立法，推动形成系统完备、科学规范、运行有效的法规规章体系。注重法治先行、制度衔接，构建依法行政、职责明确的政府治理体系。推进政法领域全面深化改革、提升执法司法规范化水平，着力促进社会公平正义、保障人民安居乐业。加强法治宣传教育，增强群众法治意识，构建党建引领下自治、法治、德治相融合的社会治理体系，打造共建共治共享的社会治理格局。全省各地方各部门要坚持运用法治思维和法治方式开展工作，努力使法治成为湖北发展核心竞争力的重要标志。

目 录

第一编 总 报 告

第二编 省直相关单位法治建设情况

第三编　各市、州、直管市、神农架林区法治建设情况

第四编 法治建设绩效考评

第五编 法治政府示范创建

第六编 十大法治人物 十大法治事件 十大法治创新案例

附 录

第一编　总报告

2019年湖北省法治发展成就

2019年，湖北省以习近平全面依法治国新理念新思想新战略为指导，紧紧围绕党的十九大和十九届二中、三中、四中全会精神以及中央全面依法治国委员会第一次、第二次会议各项战略部署，增强“四个意识”，坚定“四个自信”，做到“两个维护”，扎实推进法治湖北建设，在坚持和加强党对法治建设的领导、提高人大立法和监督质效、改革创新建设法治政府、全面深化政法领域改革、推进法治社会建设等各方面，都取得了新的发展成就。

（一）坚持和加强党对法治建设的领导

健全完善省委领导全面依法治省工作的体制机制。一是健全领导体制。2018年年底，省委按照党中央、国务院批准的《湖北省机构改革方案》，迅速成立省委全面依法治省委员会，作为省委议事协调机构，统一部署和组织全面依法治省工作，直接受省委常委会领导，坚持为省委服务、对省委负责；省委全面依法治省委员会下设办公室，作为委员会常设办事机构，直接受委员会领导，负责处理委员会日常事务工作，办公室设在省司法厅；成立立法、执法、司法、守法普法4个协调小组，承担委员会交办的相关工作任务。2019年，省委继续强化组织领导，坚持实现党领导立法、保证执法、支持司法、带头守法，积极调整优化相应机构和职能，完成全省法治建设议事协调机构设置。二是完善工作机制。

省委全面依法治省委员会第一次会议审议通过委员会工作规则、协调小组工作规则和委员会办公室工作细则,对委员会、协调小组和委员会办公室的机构设置、职责任务和会议制度等事项作出明确规定,进一步健全省委领导全面依法治省相关工作的体制机制,为加快形成全面依法治省一盘棋工作格局奠定了坚实基础。三是加强统筹推进。省委着力加强对全面依法治省相关工作的系统谋划,省委全面依法治省委员会印发2019年工作要点,对全年全面依法治省重点工作列出任务清单、明确责任分工,对标对表压实各地方各部门的落实责任,推动省委各项决策部署落地见效。

加快党内法规制度建设。党内法规体系是中国特色社会主义法治体系的重要组成部分,省委高度重视党内法规制度建设。一是稳步推进制定工作。按照中央党内法规配套要求及省委党内法规年度制定计划,全年共制定《湖北省实施〈中国共产党农村工作条例〉办法》等党内法规25部、党内规范性文件92件。二是圆满完成省委党内法规和规范性文件第二次集中清理工作。对纳入清理范围的省委党内法规和规范性文件废止136件,宣布失效129件,修改49件,并对6件涉机构改革的省委党内法规作出"一揽子"修改。三是扎实开展备案审查工作。全年向党中央报备省委党内法规和规范性文件113件,报备及时率100%,没有被纠正情形,严格审查市州、省直机关报备的党内规范性文件817件。

强化法治建设第一责任人职责。省委加强履行法治建设第一责任人职责的制度设计,省委全面依法治省委员会办公室印发《省直单位领导班子和领导干部2019年度法治建设绩效考核办法》和《市州党政领导班子和领导干部2019年度法治建设绩效考核办法》,把党政主要负责人履行法治建设职责纳入省委年度重要工作考核范畴,进一步压实党政主要负责人履行推进法治建设第一责任人的职责。同时,将党政领导班子、领导干部履行法治建设职责,推进法治建设相关内容写入省委研究制定的《湖北省省管领导班子和领导干部综合考核评价实施办法》，提升依法行政、依法办事理念在党政领导班子考核中的比重。

着力加强法治督察工作。省委省政府根据党中央决策部署，围绕中心工作、执法重点领域和人民群众关心的重大问题着力加强法治督察。省委全面依法治省委员会办公室印发《湖北省法治政府建设与责任落实督察工作实施办法》，全面科学规范督察主体、对象、内容、程序和责任追究，并将乡镇和街道纳入法治政府建设督察体系。全年先后重点组织实施食药监管执法督察，营造法治化营商环境、保护民营企业发展专项督察，并对全省 17 个市州和 80 多个省直部门实现法治督察全覆盖，注重加大督察力度、突出督查实效，在督查、反馈和整改等环节下足功夫，针对重点难点问题狠抓整改，确保法治政府建设各项工作落实到位。

依法依规依纪履行纪检监察职责。全省各级纪检监察机关做细做实监督第一职责，贯通运用监督执纪“四种形态”，扎实开展省委第四、第五、第六轮常规巡视。坚持以人民为中心，持续深化扶贫领域腐败和作风问题、环保领域突出问题、人防系统腐败问题专项治理和“打伞破网”。持续保持高压态势，强化不敢腐的震慑，夯实不想腐的基础。全省各级纪检监察机关立案数和依法留置、移送检察机关人数分别同比上升 1.9%、26.4%和 92.8%。坚持寸步不让、一严到底，以铁腕反腐的决心、力度、韧劲整治形式主义、官僚主义。

（二）精准推进地方立法　提升监督质效

2019 年，全省各级人大及其常委会加强和改进立法工作，以高质量立法推动高质量发展。一是加强组织领导，优化工作机制。健全在省人大常委会党组领导下，由省人大有关专门委员会、常委会法规工作室、司法行政部门、法规起草单位构建“同向同行”“并联并行”“直通直行”工作机制，落实“全程参与、分段领跑”的法规项目责任。省人大常委会首次报请省委组织开展立法协商,加强对立法选项、法规起草、审议把关的主导。二是加强重点领域立法修法,保障全省经济社会高质量发展。省人大及其常委会围绕生态文明建设、弘扬社会主义核心价值观等重点领域,审议通过地方性法规和法规性决定16件,批准设区的市和自治州地方性法规、法规性决定21件,打包修改地方性法规19件,废止地方性法规5件,确保党中央和省委决策部署落地落实,充分发挥立法对高质量发展的引领推动作用。省人大常委会全年接受备案审查规范性文件63件,办理公民审查建议6件,督促纠正其中存在合法性、适当性问题的规范性文件4件,完善立法与备案审查信息平台功能,实现省、市、县三级人大规范性文件报备“一张网”。三是加强市州立法能力建设。省人大常委会结合市州立法工作实践,修订市州地方性法规审批工作规程,进一步完善市州法规立法工作机制,实现省人大全程参与、各环节严格把关。持续组织市州人大干部参加全国人大常委会立法工作培训,支持地方立法人才培养和研究基地建设,着力打造一支业务精通、作风优良,既相对稳定又富有活力的高素质立法人才队伍。

全省各级人大及其常委会加强监督力度,忠实行使宪法法律赋予的监督职权。省人大常委会全年听取和审议19个专项工作报告,开展5部法律法规执法检查,书面听取16个法规实施情况报告。一是强化重点领域监督。省人大常委会全年围绕打赢“三大攻坚战”、“六稳”、财政预算和国有资产等方面加强监督,积极回应人民群众重大关切,强化对社会救助、老年人权益保障、物业服务管理、广播电视、价格等工作的监督。二是突出执法检查实效。积极开展执法检查,充分发挥执法检查“法律巡视”利剑的作用,省人大常委会先后组织开展水污染防治“一法一条例”、就业促进法和动物防疫条例等执法检查,紧扣法律法规规定,坚持问题导向、效果导向,着力提高执法检查的科学性、权威性,实现法律制度“牙齿”的有力咬合,助力湖北高质量发展。三是创新监督机制。省人大常委会在执法检查中首次引入第三方评估，首次开展法律知识问卷调查，首次带着问题清单沉到基层，首次在每个检查组设暗访小组，首次实行审议意见附整改清单。注重运用大数据、“互联网＋”等信息化手段，改进人大监督工作。大力推进省、市、县三级人大预算联网监督，实现“横向联通、纵向贯通”，联网单位达到1040家；预算内固定资产投资监督工作平台获得湖北改革奖。

（三）坚持改革创新　推进法治政府建设

2019年，全省各级人民政府强化组织领导，全方位加快推进法治政府建设。省委省政府高度重视法治政府建设，省委常委会专题听取法治政府建设情况汇报，省政府常务会议多次研究推进法治政府建设工作，省政府常务会议两次举办专题学法活动，坚持高位推进、以上率下。

坚持改革创新，深入推进“放管服”改革。一是简政放权。为落实《优化营商环境条例》，省政府印发《深化“互联网＋放管服”改革工作方案》《湖北省深化商事制度改革实施方案》等文件，调整完善省、市、县三级权责清单，省政府分7批取消、下放、调整省级行政审批等事项757项，全面取消非行政许可审批事项。二是优化服务。完善一体化在线政务服务平台功能，全面推进“互联网＋政务服务”，实现省、市、县乡村“五级覆盖”。积极推广情景化审批、套餐式服务、容缺后补、告知承诺等服务方式，以及“一窗受理”“证照分离”“多审合一”“中介服务超市”和简易注销程序等办法。三是加强监管。完成“互联网＋监管”系统主体功能开发，实现“一处发起、多方联动、联合监管”，推进“双随机一公开”监管。

提高行政立法质量，完善依法行政制度体系。一是健全行政立法工作机制。坚持自主调研起草和委托起草相结合，完善立法听证会、座谈会、专家论证会等立法机制，严格审查把关，着力推进立法科学化、民主化和精细化。二是加强重点领域立法。省政府全年先后提请省人大常委会制定及修订《湖北省开发区条例》等8部地方性法规,制定《湖北省电信设施建设与保护办法》等9部省政府规章,为全省经济社会发展提供了有力的法治保障。三是坚持立改废释并举。省政府对244件省政府规章、1147件省政府(含省政府办公厅)规范性文件、1.7万余件地方政府规范性文件涉及产权保护、民营经济发展等事项进行集中清理,废止29部规章,对20部规章进行修订。组织开展涉及外商投资法、生态环境保护专项清理,对193部地方性法规进行集中清理。坚持有件必备、有备必审、有错必纠,省政府全年共接受行政规范性文件报备116件。

依法科学民主决策,提升重大行政决策水平。一是认真贯彻落实《重大行政决策程序暂行条例》。将公众参与、专家论证、风险评估、廉洁性评估、合法性审查和集体讨论决定作为重大决策的必经程序,确保决策权限合法、程序合法、内容合法。全年对省政府文件和重大行政决策开展合法性审核439件。二是强化检查督促。省政府对全省政府系统重大行政决策情况进行检查考核,认真落实重大行政决策出台前向本级人大及其常委会报告制度。三是实现政府法律顾问制度全省全覆盖。省政府法律顾问室依法、及时、客观为省政府重大决策、重大民商事行为等提供法律意见,全年办理各类法律事务193件。

推进严格规范公正文明执法,增强执法公信力,提高群众满意度。一是深化综合行政执法改革。省委省政府及有关部门出台深化综合行政执法改革和市县综合执法机构设置形式等方面的文件,优化综合执法机构设置。推进相对集中行政处罚权工作,扩大到65个地区和11个特殊领域,50多个省直部门建立行政处罚自由裁量权基准制度,33个经济发达镇探索建立“一支队伍管执法”。二是扎实推进“三项制度”落实。省政府印发《湖北省全面推行行政执法公示制度全过程记录制度重大执法决定法制审核制度的实施办法》,省委全面依法治省委员会办公室印发“三项制度”试行办法,省司法厅、省财政厅、省市场监管局联合印发《湖北省行政执法音像记录设备配备办法》,省司法厅印发《关于加强法制审核队伍建设的通知》,形成制度合力、推进制度落实。三是加大重点领域执法检查力度。开展执法不严格、不公正、不规范等突出问题专项治理,纠正问题 1517 个。对拖欠农民工工资、违法许可审批等事件开展监督。换发行政执法证和行政执法监督证 2 万余个,清理行政执法主体 7000 余个。抽取各地方各部门重大行政处罚、行政许可和行政强制案卷 712 卷进行集中评查。在全省开展无谓证明事项清理,决定取消 61 项省级证明事项,保留 24 项证明事项,并全面推行证明事项告知承诺制。

强化对行政权力的监督和制约,不断增强监督实效。一是进一步加大全方位监督力度。省政府按规定向省委、省人大常委会报告年度法治政府建设推进情况。严格落实中央八项规定及其实施细则精神。坚决抓好中央脱贫攻坚专项巡视、中央环保督察“回头看”、国务院第五次大督查反馈问题整改等工作。二是扎实做好行政复议和行政应诉工作。坚持复议为民宗旨,全省办理行政复议案件 4580 件,省本级办理 235 件,受理案件 144 件,不予受理 51 件,告知作其他处理 40 件,已审结 180 件。行政负责人出庭应诉率大幅提升,达 80% 以上。三是依法严格实施审计监督。围绕重大政策措施落实情况跟踪审计和“三大攻坚战”、重大民生项目、领导干部经济责任等重点领域,加大对省直部门预算执行、“三公”经费和国有土地出让等项目的依法审计力度。全省全年共审计 5408 个单位,推动建立健全制度 942 项。

(四)加快推进政法领域改革系统集成

2019 年,全省各级政法机关贯彻落实党中央关于加快推进政法领域全面深化改革的部署,牢牢坚持党对政法工作的绝对领导,着力破解政法领域体制机制不配套、部门不协同等问题,努力提高政法工作现代化、法治化水平。

强化党对政法工作的绝对领导,对标对表政法领域各项改革项目,压实改革责任。一是构建和完善党领导政法工作的制度体系。各级政法机关深入贯彻落实《中国共产党政法工作条例》和《湖北省实施〈中国共产党政法工作条例〉细则》,牢牢坚持党对政法工作的绝对领导,进一步加强党对政法领域各项改革的统筹协调。二是明确全省政法领域全面深化改革的时间表、路线图。省委政法委以贯彻落实《关于政法领域全面深化改革的实施意见》为主线,加强工作统筹,组织省直政法各单位认真研究,制订下发改革任务目标分解方案,对推动全省政法领域改革向纵深发展确定了具体行动指南。三是以项目化管理推进各项改革。省委政法委组织省直各政法单位会商确定 2019 年全省政法领域改革亮点项目 20 项,以项目化管理压实改革责任、推进改革进程、确保改革实效,让人民群众对改革看得见、摸得着、有切实获得感。

全面优化政法机关职能体系。一是省委政法委将内设机构由 16 个缩减到 12 个,整合了原省综治办、省维稳办、省防范办等职能,并指导推动市州圆满完成机构改革任务,实现"五个优化"。二是省高级人民法院统筹推进全省 110 个基层人民法院完成内设机构改革,精简比例达到 43.43%;机构名称由改革前的 238 个统一规范为 23 个。三是省人民检察院围绕"四大检察""十大业务"设立第一至第十检察部;全省 15 个市州检察院和分院的内设机构数总量较改革前减少 2 个;114 个基层人民法院分别设置 6 个、9 个、11 个部门,基层人民法院内设机构减少 60% 以上。四是省公安厅大力深化"派出所质量提升工程",进一步加强基层派出所建设,全省新建派出所 253 个、改扩建 681 个,派出所警力占县市区总警力的 43.7%,建立农村警务室 2024 个,"一村一警(辅)落实率达 93.5%"。五是重新组建省司法厅,统筹全面依法治省工作,承担原省司法厅和原省政府法制办公室的全部职责。

健全司法权力运行机制,忠实维护社会公平正义。一是完善员额动态管理。全省各级人民法院、人民检察院在全国率先探索启用员额递补机制，择优遴选出 282 名员额法官、56 名递补员额法官，181 名员额检察官、29 名递补员额检察官，并按照员额法官、检察官 1 : 1 的比例配备雇员制司法辅助人员，及时补充一线办案力量。二是着力实现权责平衡。省高级人民法院强化审判监督管理，“重点关注案件”评查机制入选最高人民法院司法改革案例。省人民检察院修改完善《三级院检察官权力清单》，将 137 个事项决定权赋予检察官，实现入额院领导办案常态化，全省三级人民检察院领导办案 25,465 件。三是深化案件管辖制度改革。武汉知识产权审判庭“三审合一”审判机制改革作为被推广的 4 项知识产权司法保护举措之一，入选国务院办公厅“支持创新改革举措推广清单”和国家发改委“全面创新改革试验百佳案例”。四是深化“分流—调解—速裁—审判”民事诉讼机制改革。加大诉前调解力度，完善诉调对接机制，全省一审民事案件简易程序适用率达 67.66%。五是推进认罪认罚从宽制度适用。全省检察机关积极推进认罪认罚从宽制度、刑事速裁程序依法落实，适用认罪认罚从宽制度办理刑事案件 36,379 件 46,080 人，整体适用率达到 63.7%，量刑建议采纳率达到 84.5%。大力推进律师辩护全覆盖试点，累计为犯罪嫌疑人提供法律帮助 18,858 人次。六是加强检察公益诉讼工作。深入开展“长江流域生态保护公益诉讼专项行动”“保障千家万户舌尖上的安全”专项检察监督活动，全省共办理公益诉讼诉前程序案件 4752 件，提起公益诉讼 234 件，审判机关全部支持了检察机关诉讼请求。七是深化司法行政体制改革。制定涵盖 22 类 140 项工作标准及考核办法的监狱工作标准体系，规范示范监狱“五大改造”，推进统一戒毒基本模式落地落实，做法被司法部予以推介。

加快智能化建设，强化新时代政法工作的科技支撑。一是深入开展“现代科技 + 司改”建设。全省电子法院、智慧检务体系、网上公安局等项目深入推进。政法信息化“1234”工程 50 个检察项目中，初设已获批 39 个，在建 21 个。

“智慧公诉辅助系统”获评全国“智慧检务”十大创新案例。二是推进现代化警务机制建设。省公安厅推进“智慧法治”建设,实现对执法过程中“人、案、物、场、卷”的全流程、智能化、一体化监管。三是推动执行信息化建设。完善财产网上查控、信用惩戒联动机制,累计公布失信被执行人名单126,820例,限制高消费、限制乘坐飞机高铁200,641人次。

(五)弘扬法治精神　助力法治社会建设

2019年,全省各地方各部门精心组织、突出重点,紧紧围绕中心、服务大局,突出工作重点,坚持强化责任担当,大力弘扬法治精神,树立法治信仰,扎实推进法治社会建设,在全社会营造尊崇法治的浓厚氛围。

创新机制落实“谁执法谁普法”。一是完善普法责任制推进机制,丰富普法形式。省普法工作办公室印发文件,明确102个省直单位普法责任清单,积极推动落实“谁执法谁普法”普法责任制,切实加强各部门间的协调配合。省直各执法单位积极通过集中宣传、送法入户、电视直播、警示教育、文艺演出、有奖答题、网上知识竞赛等多种方式开展普法宣传活动。二是深入推动国家工作人员学法用法、依法履职。省司法厅、省普法工作办公室、省高级人民法院联合印发《关于推动国家工作人员旁听庭审活动常态化制度化的实施意见》,全省各地方各部门开展国家工作人员旁听庭审活动570次,国家工作人员法治理念和法治素养进一步增强。

扎实开展法治宣传教育。一是广泛开展宪法学习宣传教育活动。围绕“弘扬宪法精神,推进国家治理体系和治理能力现代化”主题,举办“12·4”宪法宣传周活动启动仪式暨法治文艺演出、第二届司法行政系统开放日等活动。全省开展宪法主题教育13万余次,宪法宣誓1875场,发放宪法文本资料276万余册,创建183个“省级法治文化建设示范点”、391个“省级法治建设示范点”。

二是积极开展“服务大局普法行”主题实践活动。突出庆祝新中国成立70周年，围绕省委省政府“一芯两带三区”区域和产业发展战略布局、扫黑除恶专项斗争、乡村振兴战略实施、促进民营经济发展、第七届世界军人运动会等中心工作，有重点、有针对性地开展普法宣传和法治实践活动。三是充分发挥法治宣传教育助力乡村振兴的作用。省普法工作办公室印发《关于切实加强乡村普法宣传工作的指导意见》，全省各地方各部门广泛开展“法律进乡村”活动27,661次，参与人数316万余人，在广大乡村营造办事依法、遇事找法、解决问题用法、化解矛盾靠法的浓厚氛围。

加快推进公共法律服务体系建设。一是加强统筹规划。省委依法治省办印发《关于加快推进公共法律服务体系建设的实施意见》，推动《湖北省公共法律服务条例》列入省人大常委会2020年立法计划项目，推动将公共法律服务体系建设纳入省“十四五”发展规划。二是加快平台建设。稳步推进公共法律服务实体平台建设，“12348”湖北法网、公共法律服务热线平台实现全天候全业务服务，网络平台进入全国第一方阵，湖北经验在全国工作会议上被宣传推介。三是服务成效显著。实现全省105个县（市、区）、1286个乡镇（街道）公共法律服务中心（站）全覆盖，建设村（社区）公共法律服务室10,715个。组建服务民营企业律师团45个，对6458家民营企业进行法治体检，出具法律意见书2040份、审查合同4181份。受理未成年人法律援助案件2947件，援助3074人次。受理农民工讨薪案件3051件，办结908件，讨回欠薪2156万元，农民工审核劳动合同6993份。罪犯、戒毒人员远程视频会见系统入选中央政法委“改革之星”奖。

完善多元化纠纷解决机制。一是创新工作格局。推进一站式多元解纷机制与一站式诉讼服务机制建设，依托诉讼服务中心建立“诉调对接中心”，将诉讼服务、诉调对接、司法调解、涉诉信访化解等功能整合优化，推动形成“社会调解在先、法院诉讼在后"多元解纷大格局。二是健全完善人民调解组织网络。全省初步形成以个人调解、律师调解、专职调解等形式组成的人民调解组织网络,共设立30,366个人民调解委员会,律师调解机构596个,个人调解工作室237个,有专职调解员2.2万名,律师调解人员2849人。全年共受理调解案件273,887件,调解成功268,627件,成功率达98%,排查纠纷189,237次,预防纠纷124,001件。

2019年,虽然全面依法治省工作取得了一些成绩,但仍存在一些问题和不足:统筹推进法治建设的力度有待加大,发展不平衡、落实不到位的问题有待解决。领导干部的法治意识、法治思维、法治能力有待进一步提升,运用法治思维和法治方式推进工作的能力还不够。立法工作的质量和效率有待进一步提高,监督工作机制和方式需要进一步完善,"重立法、轻实施"的问题还未完全解决。政务服务仍然不同程度存在不便民、不高效、不优化的问题,营商环境有待进一步优化,群众办事难的问题还需持续用力解决。行政执法"三项制度"有待向基层推进落实,基层队伍建设、法治能力和执法保障有待优化。政法队伍服务保障高质量发展的意识和能力有待提升,以创新精神破解政法领域改革深层次问题的意识还不够强,配套改革措施的系统集成程度有待提高。

压实责任强化担当
加强党委对法治建设的领导

2019年,全省各级党委以习近平总书记全面依法治国新理念新思想新战略为指导,紧紧围绕党中央关于全面依法治国的战略部署和省委关于推进全面依法治省的工作要求,增强“四个意识”,坚定“四个自信”,做到“两个维护”,强化责任担当、积极主动作为,在坚持和加强党对法治建设领导的各方面取得了显著成效。

(一)健全党委对法治建设的组织领导

2019年,省委坚持把党的领导贯穿全面依法治省的全过程、各方面,切实担负起组织领导责任,加强统筹引领,着力构建全面依法治省工作新格局,提高法治湖北建设规范化水平。

省委继续强化组织领导,健全机构设置和运行机制,推动形成全面依法治省一盘棋的领导体制和工作格局。省委全面依法治省委员会印发工作要点,省委全面依法治省委员会办公室印发《关于健全工作制度统筹推进全面依法治省工作的通知》等重要文件,进一步健全完善相关工作制度,规范工作运行机制,为加强省委对全面依法治省相关工作的领导奠定了坚实的制度基础和组织保证。

各市州党委积极加强组织领导,均成立了党委全面依法治市(州)委员会、有关协调小组和办公室,制定印发委员会工作规则、协调小组工作规则和办公室工作细则,进一步明确工作职责、完善运行机制。省委全面依法治省委员会办公室不断加强对市州法治工作机构建设的督办,督促各地选调政治素质高、法治意识强、作风能力硬的同志充实法治工作机构,全省 17 个市州(本级)工作机构有工作人员 78 人,所辖 100 个县(市区)工作机构共有工作人员 215 人。各市州党委全面依法治市(州)委员会加强统筹协调、积极履行职责,各协调小组充分发挥职能作用,办公室切实履行统筹、协调、督促、推动、检查等职责,确保全面依法治省各项工作有效落实。

(二)全方位推进党内法规制度建设

2019 年,省委认真学习习近平总书记关于制度治党、依规治党的重要论述精神,贯彻落实党中央关于党内法规制度建设的新部署新要求,全方位加强党内法规制度建设,推进制定工作、重视学习宣传、强化监督检查,为深入推进全面从严治党提供有力的制度保障。

省委按照《省委党内法规制定工作第二个五年规划(2018—2022 年)》重点项目和落实要点,稳步推进党的组织、党的领导、党的自身建设和党的监督保障方面党内法规的制定工作。在党的领导法规制度方面,省委十一届五次全会通过《中共湖北省委关于打好三大攻坚战重点战役的意见》,深入贯彻习近平总书记关于打好"三大攻坚战"的重要指示精神,全面落实习近平总书记视察湖北重要讲话精神和党中央决策部署,为湖北省打赢打好"三大攻坚战"提供了制度保障。省委印发《湖北省实施〈中国共产党政法工作条例〉细则》,认真贯彻习近平总书记关于政法工作的重要论述,坚持党对政法工作的绝对领导,夯实政法工作制度基础。省委全面依法治省委员会立法协调小组积极推动党的领导人法入规，服务省委制定省委领导经济工作办法、印发贯彻落实《中共中央关于加强党的政治建设的意见》的具体措施。在党的自身建设法规制度方面，省委办公厅、省政府办公厅印发《湖北省省管企业领导人员管理办法》，坚持和加强党对国有企业的全面领导，完善适应中国特色现代企业制度要求和市场需要的选人用人机制，建设一支对党忠诚、勇于创新、治企有方、兴企有为、清正廉洁的高素质专业化省管企业领导人员队伍。在党的监督保障法规制度方面，省纪委监委印发《关于鼓励和保护干部干事创业的意见》，正确把握严明纪律、严格执纪执法与鼓励改革创新、宽容工作失误、激励担当尽责的关系，积极贯彻落实"三个区分开来"重要要求。

省委高度重视党内法规制度的学习宣传，落实主体责任，创新学习方式，丰富宣传载体。省委常委会多次召开会议，传达学习习近平总书记关于党内法规工作的最新重要指示要求，学习贯彻党中央印发的重要党内法规，研究部署落实举措，贯彻落实党内法规执行责任制，要求认真做好党内法规的宣传解读和专题培训工作，以钉钉子精神抓好党内法规执行，坚决把党中央决策部署落到实处。举办全省党内法规制度建设专题培训班，组织全省市、州、县党内法规工作机构和省直单位相关处室的负责同志及业务骨干集中学习新修订制定的《中国共产党党内法规制定条例》和《中国共产党党内法规和规范性文件备案审查规定》等党内法规。

强化党内法规制度实施的监督检查。省委和各级党委（党组）认真贯彻落实《中共中央关于加强党内法规制度建设的意见》和《中国共产党党内法规执行责任制规定（试行）》，将党内法规制度实施情况作为督促检查、巡视巡察的重要内容，对重要党内法规制度实施情况开展定期督查、专项督查。将包括党内法规制度实施情况的法治建设工作纳入检查考核范围，明确并落实法治建设责任，推动党内法规制度有效实施。

(三)落实法治建设第一责任人职责

2019年,省委加强履行法治建设第一责任人职责的制度设计,省委全面依法治省委员会办公室印发《省委全面依法治省委员会2019年工作要点重要事项责任分工》《关于健全工作制度统筹推进全面依法治省工作的通知》,将年度重点工作分解为四个方面共计84项,明确牵头单位和责任单位,确保各项工作按时按量按质完成。

完善绩效考核机制,压实法治建设职责。省委全面依法治省委员会办公室印发《省直单位领导班子和领导干部2019年度法治建设绩效考核办法》《市州党政领导班子和领导干部2019年度法治建设绩效考核办法》,把党政主要负责人履行法治建设职责纳入省委年度重要工作考核范畴,着力提高党政主要领导抓法治建设的责任意识。同时,将党政领导班子、领导干部履行法治建设职责,推进法治建设相关内容纳入《湖北省省管领导班子和领导干部综合考核评价实施办法》,提升依法行政、依法办事理念在党政领导干部、班子考核中的比重,推动全面依法治省各项任务有效落地。

健全日常工作机制,推进职责落实落细。省委明确要求各级党政主要负责人要及时研究解决本地区的重大法治建设问题,把化解矛盾问题作为法治湖北建设的重要突破口,着力提升法治建设的前瞻性、针对性、精准性。省委全面依法治省委员会办公室秘书处召开省直单位法治建设工作联络员座谈会,印发《省委全面依法治省委员会办公室法治建设联络员工作办法》,明确联络员工作职责任务,进一步压实省直机关在法治建设中的主体责任,完善责任落实机制。

(四)突出重点　扎实强化法治督察

2019年,省委聚焦法治建设的重点难点问题全面强化法治督察,以督察和整改为重要抓手，解决了一些社会关切、群众反映强烈的问题，收到良好效果，提升了法治建设的实效，使全省法治建设稳步纵深推进。

全面加强法治政府建设督察。为确保党中央和省委省政府关于法治政府建设的重要决策部署落实落地，省委全面依法治省委员会办公室印发《关于开展法治政府建设全面督察的通知》，组织全省17个市州和80多个省直单位迅速开展书面督察，并上报自查报告。同时，派出督察组深入8个市州开展实地督察，全面掌握群众反映集中、强烈的突出问题，审查细究、纠正偏差，实现高效督察。向中央全面依法治国委员会办公室上报《关于开展法治政府建设全面督察的自查报告》，梳理出八大类问题及问题清单。相关市州及省直单位结合反馈意见开展整改工作，攻坚克难，突破障碍，狠抓工作落实。

组织实施食品药品监管执法司法督察。根据中央全面依法治国委员会办公室第三督察组在湖北省部分地区检查暗访发现的问题，省委全面依法治省委员会办公室及时制定《湖北省食品药品监管执法司法督察工作方案》，对荆州市、黄冈市、十堰市、鄂州市、随州市5个地级市及其所属11个县(市、区)食药生产企业、经营场所、餐饮企业、农贸市场、肉类水产品市场、学校食堂等地进行督察，发现问题101项，向中央全面依法治国委员会办公室上报督察工作情况报告和问题清单，并收到中央全面依法治国委员会办公室的反馈意见。经省委省政府同意，省委全面依法治省委员会办公室根据反馈意见印发整改方案，省政府召开视频会议，要求省直各有关单位和各地方坚持以人民为中心的发展思想，深刻认识食品药品安全领域问题的严肃性、严重性和整改任务的复杂性，强化责任意识、担当意识、危机意识，压实压紧工作责任，立行立改、即知即改，确保整改工作落实落地见效，确保全省食品药品安全工作再上新台阶。

开展营造法治化营商环境、保护民营企业发展专项督察。根据中央全面依法治国委员会办公室《关于开展营造法治化营商环境保护民营企业发展专项督察的通知》精神,省委全面依法治省委员会办公室印发《湖北省开展营造法治化营商环境保护民营企业发展专项督察工作方案》,从法院、检察院、公安、司法行政、生态环境、住房和城乡建设、交通运输、应急管理、税务、市场监管等省直有关部门和各地依法治市(州)办抽调精干力量,组成督察组深入到襄阳市、十堰市、荆门市、咸宁市、恩施土家族苗族自治州开展专项督察工作,累计收集问题217个、建议75条,经梳理后形成问题清单102条。省委全面依法治省委员会办公室及时将督察工作情况和问题清单上报中央全面依法治国委员会办公室;向各被督察的市州反馈意见,要求各地认真开展整改工作,精准发力、综合施策、狠抓落实,回应群众关切,以最大力度优化营商环境、保护民营企业发展。

(五)全面履行党和国家监督职能

2019年,在省委领导下,省纪委监委健全全面从严治党制度,完善党和国家监督体系,全面履行党和国家监督职能,推动党委(党组)主体责任、书记第一责任人责任和纪委监委监督责任贯通联动、一体落实。

强化监督执纪执法,深入推进反腐败斗争。重点完善对高级干部、各级主要领导干部监督制度和领导班子内部监督制度,推动上级"一把手"抓好下级"一把手",着力破解对"一把手"监督和同级监督难题。全省各级纪检监察机关深化运用监督执纪"四种形态",全年分别运用第一、第二、第三、第四种形态处理34,563人次、20,872人次、3112人次和2660人次,其中第一、第二种形态占比达90.6%,第一种形态处理人数同比增长25.5%。全省各级纪委监委共立案查处违纪违法"一把手"1018人,立案28,649件,同比上升1.9%;依法留置1095人,同比上升26.4%;移送检察机关1091人,同比上升92.8%。全省共追回外逃人员43人,其中"红通人员"2人,追回境外赃款2.35亿余元人民币。推动"打伞破网"向纵深掘进,强化部门协同、要案攻坚、督办督查,全省立案查处涉黑涉恶腐败和“保护伞”问题2751件，处理2670人，其中厅局级12人。

深入推进派驻机构改革。省纪委监委39个派驻（出）机构实现对省级96家党政机关派驻监督全覆盖。分类推进省管企业、高校和金融单位派驻机构改革，在20家省管企业和5所省属高校设立监察专员办公室，与纪委合署办公；向省农信联社、湖北银行派驻纪检监察组。同步落实党组织关系在鄂的中管企业、高校纪检监察相关改革措施，探索建立相关监督、检查、指导及保障机制。全省各级派驻（出）机构共处置问题线索10,089件，同比增长12.1%。推动监察职能向基层延伸，全省所有乡镇（街道）派出监察室挂牌运行，实行村（社区）纪检委员、监察信息员“两员合一”。

深化巡视巡察。扎实开展省委第四、第五、第六轮常规巡视，坚持把强力推进巡视巡察作为落实管党治党主体责任的具体举措，巡视巡察利剑威力日益彰显。十一届省委已完成对全省156个市县区和省属国企的巡视，全覆盖完成率达55.3%。全省、市、县巡察全覆盖完成率已达58.37%，其中村级巡察覆盖率已达66.13%，实现市县区、省属国企全覆盖。共发现面上问题6983个、党员干部个人问题线索648件。对2364个地方和单位、9484个村（社区）党组织开展了巡察，发现面上问题58,987个、问题线索8789件。

完善内部大监督格局。省纪委监委出台纪检监察干部对外交往“十一不得”规定、打听干预监督检查和审查调查工作、请托违规办事登记备案制度。聘请首批特约监察员，自觉接受各方面监督。坚持刀刃向内、严防“灯下黑”，全省共查处纪检监察干部257人，彰显了“谁砸纪检监察机关的牌子就砸谁的饭碗”的决心。

优化立法做实监督
保障新时代湖北高质量发展

2019年,全省各级人大及其常委会不断提高依法行使职权的能力,充分发挥国家权力机关在法治建设中的重要作用。人大及其常委会坚持科学立法、民主立法、依法立法,提高立法质量,推进重点领域立法,助推高质量发展;加强专项工作监督、执法检查等监督工作,依法听取和审议有关国家机关工作报告并提出改进意见,提升了监督实效,为湖北经济社会高质量发展保驾护航。

(一)聚焦发展所需　推进重点领域立法修法

2019年,省人大常委会围绕高质量发展、生态文明建设、民生与社会治理和军运会立法保障等重点领域开展立法修法工作,及时将改革发展中的好做法、好经验上升为地方性法规,回应社会关切,着力提高地方立法的准度和精度,以良法善治促进全省经济社会高质量发展。

省人大常委会坚持把党的领导贯彻到立法工作的全过程和各方面,就立法重点问题及时向省委请示报告,认真贯彻落实省委意见,把发挥省人大及其常委会在立法工作中的主导作用作为落实党领导立法的重要途径和保证,确保立法工作的正确政治方向。进一步完善工作机制,提高立法质量和效率。省人大常委会制定立法工作规程、法规立项规程、法规报批规程、法规清理工作规程、法规报送备案工作规程、法规评估工作规程“六个规程”，进一步健全立法项目的课题研究、选题论证、方案论证、调研起草制度。

保障高质量发展，省人大常委会修改《湖北省实施〈中华人民共和国促进科技成果转化法〉办法》，健全制度体系，着力破除科技成果转化的体制机制障碍；制定《湖北省开发区条例》，实行政企分开，鼓励人才引进，提升开发区管理服务效率，加快新旧动能转换；审议《湖北省乡村振兴促进条例（草案）》，全面贯彻党中央重大决策和省委部署要求，推动乡村振兴战略的实施。

推动生态文明建设，省人大常委会制定《湖北省清江流域水生态环境保护条例》，审议《湖北省汉江流域水污染防治条例（修订草案）》。通过将生态环境保护的经验如流域发展负面清单、设置禁养区和限养区转化成法律规范等一系列措施，为流域内的水污染防治和水生态保护提供了更加坚实的法治基础。

改善民生和创新社会治理，省人大常委会制定《湖北省中医药条例》，完善中医药服务体系，保护荆楚道地中药材发展，鼓励中医药科技创新；制定《湖北省司法鉴定条例》，保障司法鉴定的客观性和准确性，维护司法公信力；制定《湖北省反家庭暴力条例》，德治与法治并举，弘扬家庭美德，促进家庭和谐；修订《湖北省宗教事务条例》，规范宗教事务管理，积极引导宗教与社会主义社会相适应。

为保障第七届世界军人运动会顺利举办，省人大常委会作出决定，授权省和设区的市、自治州人民政府为保障军运会筹备和举办工作规定临时性行政措施。

各级人大及其常委会坚持开门立法，就立法工作计划和法规草案向社会公开并征求意见，积极拓展人民群众有序参与立法的渠道。截至 2019 年年底，省人大常委会建有 14 个基层立法联系点，基本覆盖全省各市州。各市州人大常委会在本市州设立基层立法联系点。省人大常委会在全国范围内筛选各领域核心专家组建专家智库,为立法工作“把脉”;与武汉大学等4所高校合作建立“湖北省地方立法研究和人才培养基地”。荆门市人大常委会要求在每部法规审议修改过程中都要征求立法顾问和专家库成员的意见。

(二)强化监督实效　保证法律法规贯彻执行

2019年,省人大常委会准确把握人大监督特点,聚焦贯彻落实党中央决策部署和省委工作要求,重点对“三大攻坚战”、“六稳”、财政预算和国有资产以及人民群众重大关切等领域开展监督,打通法律法规实施的“最后一公里”,进一步增强监督工作的刚性和针对性,保障湖北经济社会健康发展。

围绕“三大攻坚战”加强监督。省人大常委会以聚焦脱贫人口回头看为主题,紧扣“两不愁三保障”“四不摘”,采取走访选民、联系群众、专题调研、交叉视察等方式,持续开展“代表行动”,考察“脱真贫、真脱贫”情况。全省五级人大代表参与活动8.5万人次,提出意见建议7639件,办结6577件。由省人大常委会主任会议成员带队,组织开展水污染防治“一法一条例”执法检查,对查出的40个突出问题,列出清单重点交办,推动依法治污。以保护长江清水绿岸为主题,组织开展环保世纪行。组织开展防范化解系统性金融风险调研,提出有针对性的意见建议。着眼于规范政府债务管理,加强审查监督,开好“前门”,严堵“后门”,促进严管善用。

围绕“六稳”加强监督。省人大常委会密切关注全省经济运行总体情况,听取和审议计划、预算、决算、审计等报告。充分利用预算内固定资产投资监督工作平台,加强监测预警,督促重大项目按时开工投产,重点督办投资不到位、预算拨付不及时等问题。组织人大代表视察“芯屏端网”、汉十高铁建设情况,推动重大项目建设。就民营企业融资难、融资贵和综合成本高等问题开展专题调研,对中小企业促进法实施情况进行检查。听取省政府相关报告,大力推动减税降费、降本减负、清理偿还占用资金和拖欠账款等工作，着力为企业排忧解难。开展就业促进法执法检查，督促解决实施中存在的突出问题，优化就业创业环境，积极促进稳就业。听取和审议自主创新、自贸区建设等情况报告，助力创新驱动发展和扩大高水平开放。

围绕财政预算和国有资产加强监督。省人大常委会认真贯彻落实党中央要求，推进人大预算审查监督重点向支出预算和政策拓展，着力加强国有资产监督工作。组织专班对国有资本经营预算、社保基金预算，以及污染防治、乡村振兴、高质量发展等有关重点专项资金支出政策进行专题审查。加强审计查出问题整改跟踪监督，对省政府及其 3 个部门审计问题整改进行满意度测评，并将监督延伸到市县和项目。制订省人大国有资产监督工作五年规划，听取和审议省政府国有资产管理综合报告、金融企业专项报告，督促政府加强国有资产管理。省、市两级人大全部建立国有资产报告制度。

围绕人民群众重大关切加强监督。省人大常委会听取和审议省“两院”工作情况、开展扫黑除恶专项斗争等报告，促进公正司法，维护社会公平正义。作出加强检察公益诉讼工作的决定，支持检察机关在安全生产等领域依法开展公益诉讼，得到最高人民检察院充分肯定。加强对社会救助、老年人权益保障、物业服务管理、广播电视、价格等工作的监督，推动民生持续改善。组织开展动物防疫条例执法检查和农产品质量安全荆楚行，督促解决动物防疫工作机制不完善、基础设施建设滞后、基层防疫力量薄弱等问题，助力防控非洲猪瘟、筑牢畜产品质量安全防线。聚焦民族法律法规贯彻实施，深化民族团结进步荆楚行，助推民族地区脱贫攻坚。受理人民群众来信来访 2300 件次。

省人大常委会全年依法报送全国人大常委会和国务院备案的省本级和设区的市、自治州、自治县地方性法规、单行条例及法规性决定 30 件。省人大常委会贯彻落实“有件必备、有备必审、有错必纠”原则，全年共收到制定机关报送备案的规范性文件66件,经法规工作室形式审查,予以登记备案的63件。办理公民审查建议6件,对其中存在合法性问题的4件规范性文件,通过加大沟通协调和跟踪督办纠正力度,督促文件制定机关废止2件、修改2件规范性文件,维护了宪法权威和法制统一,回应社会关切。

全面推进依法行政
加大法治政府建设攻坚力度

2019年，全省各级人民政府全面贯彻落实《湖北省法治政府建设实施方案（2016—2020年）》，围绕省委省政府重点工作，以全面优化营商环境为重点、提升行政立法工作质量为关键、严格规范公正文明执法为抓手、法治政府专项督察活动为保障、完善行政复议和行政应诉工作为切入点，扎实推进法治政府建设，着力解决推进依法行政过程中面临的新问题，取得了明显成效。

（一）着力优化营商环境　打造“放管服”改革升级版

2019年，省政府着力激发产业活力，制定《关于进一步优化营商环境的若干意见》《营商环境评价工作方案》，深化简政放权并创新监管理念与方式，着力破除各种不合理门槛与限制、减轻企业税费负担并持续提升审批效率，不断激发市场活力，为高质量发展持续赋能。

持续深化简政放权。省委编办印发《关于规范和完善全省各级政府部门权责清单制度的实施方案》，开展省、市、县三级权责清单通用目录整理工作，对各地方各部门行政处罚、行政强制、行政检查、行政征收等权责事项进行调整完善。省市场监管局持续深化“多证合一”改革并加快“证照分离”试点工作，在全省实行“36证合一”，推广“取消办证一批、改为备案一批、告知承诺一批、提高透明一批、严格管理一批”等措施,降低不合理的市场准入门槛。省政府先后分两批向湖北自贸试验区下放省级经济社会管理权限96项。根据《湖北省深化“互联网+放管服”改革工作方案》的部署,省政府不断推进行政职权和服务事项网上办理,加快各部门自建业务办理平台与全省政务服务“一张网”深度对接联通;在全国率先出台《湖北省电子证照管理暂行办法》,建成省、市两级电子证照库平台,归集各类电子证照1.8亿本,实现“一次采集、一库管理、多方使用、即调即用”,为数字政府建设奠定坚实基础。

积极推进审批服务便民化工作。为优化审批服务质量,省政府办公厅印发《湖北省深入推进审批服务便民化工作方案》,推行审批服务“马上办、网上办、就近办、一次办”等多项便民利民措施,将849项政府服务事项接入“鄂汇办”App办理。持续推进“减证便民”工作,省司法厅深入推进公证领域“放管服”改革,公布42类“最多跑一次”公证事项清单。省政务管理办公室落实“四级四同”事项标准,实现审批事项无差别受理、同标准办理,推动行政审批标准化、规范化建设。全省市场监管部门推进“一窗式”审批服务,完善“前台综合受理、后台分类审批、综合窗口出件”工作模式。各级政府着力整合基层审批服务执法力量,设置基层审批综合服务机构,推动基本公共服务事项驻村(社区)办理,实现便民服务点全覆盖。

(二)统筹推进行政立法　保障经济社会高质量发展

2019年,省政府按照《省人民政府五年立法规划(2018—2022年)》和年度立法计划,聚焦促进中部地区崛起、长江经济带高质量发展、保障改善民生等重点领域推进行政立法工作,共审修《湖北省开发区条例》等8部地方性法规草案,制定《湖北省电信设施建设与保护办法》等9部省政府规章,为全省经济社会高质量发展提供有力的法治保障。

完善行政立法工作机制。坚持和加强党对立法工作的领导，省政府坚持就立法过程中的重大决策和重大利益调整问题及时向省委报告。在省人大常委会及省委全面依法治省委员会立法协调小组的统筹安排下，省政府严格落实地方性法规的立法起草与审修工作。坚持自主调研起草和委托起草相结合，注重立法项目向社会广泛征求意见，完善立法听证会、座谈会、专家论证会等制度，严格审查把关，推进立法科学化、民主化和精细化。

切实开展生态环境立法工作。省生态环境厅认真贯彻落实《湖北省清江流域水环境保护条例》，根据省政府部署，开展《湖北省长江生态环境保护条例》《湖北省汉江流域水污染防治条例（修订）》等省级生态环境地方性法规的立法基础性工作，有序推进各立法项目，不断健全完善生态环境地方性法规。

围绕军运会组织实施立法保障。为确保军运会顺利举办，省政府制定《湖北省第七届世界军人运动会知识产权保护规定》。同时，武汉市政府共提请制定 1 部省级地方性法规、2 部省政府规章，制定 2 件市政府规范性文件，为重大体育赛事提供了系统的法治保障。

全面落实规范性文件合法性审核和清理工作。省政府办公厅印发《关于全面推行行政规范性文件合法性审核机制的实施意见》，全面推行行政规范性文件合法性审查机制。省政府对 244 部省政府规章、1147 份省政府（含办公厅）规范性文件、1.7 万余件地方政府规范性文件涉及产权保护、现行排除限制竞争措施、民营经济发展等事项进行集中清理，废止 29 部规章，并对 20 部规章进行修订。各省直部门也相应开展了文件清理工作，省公共资源交易监督管理局开展全省公共资源交易制度清理，共清理公共资源交易相关制度 905 件，修订和废止的文件约占清理总数的 35.5%。

（三）严格规范公正文明执法　全面提升行政执法能力

2019 年，省政府贯彻党的十九届四中全会部署，立足转变职能配置，提高执法效能、创新执法方式,着力构建权责统一、执行顺畅、监督有力的行政执法管理体制,不断提高执法队伍规范化程度,切实维护人民群众合法权益。

加快行政执法体制改革。各地方各部门推进重点领域综合行政执法改革,整合市场监管、生态环境保护、文化市场、交通运输和农业五大领域行政执法力量。为优化综合执法机构设置,省委编办出台《关于市县综合执法机构设置形式等有关问题的通知》《关于市县综合执法机构和人员整合划转有关事项的通知》,理顺职能配置,减少执法层级,合理配置基层执法力量。武汉市实行"集中执法"与"专业执法"相结合的执法方式,由城市管理执法部门集中行使市政、园林、市容、环卫、燃气、环境保护、市场监督等方面全部或者部分行政处罚权及相应行政强制权。

落实行政执法"三项制度"。按照国务院和省政府安排部署,省政府办公厅印发《湖北省全面推行行政执法公示制度执法全过程记录制度重大执法决定法制审核制度实施方案》,省委依法治省委员会办公室印发《湖北省行政执法信息公示办法(试行)》《湖北省行政执法全过程记录办法(试行)》《湖北省重大行政执法决定法制审核办法(试行)》等文件,进一步规范执法监督方式与执法过程。省司法厅、省财政厅、省市场监管局联合印发《湖北省行政执法音像记录设备配备办法》,省司法厅印发《关于加强法制审核队伍建设的通知》,推进"三项制度"落实落细。各市州政府印发行政执法"三项制度"实施方案及任务责任清单,建立健全行政执法组织协调机制,推动"三项制度"在一线落实。

完善重点领域执法监管机制。省政府全面推广"双随机一公开"监管模式,组织行政检查职能部门申报行政检查事项的"一单""两库""一细则",将行政检查事项全面纳入"双随机一公开"管理范畴。抽取各地、各部门重大行政处罚、行政许可和行政强制案卷进行集中评查,发现行政执法存在的问题,列出问题清单,督促相关部门认真整改。开展专项活动,整治行政执法不严格、不公正、不规范、不廉洁、不文明等损害群众利益的乱象,倒逼行政执法机关查漏补缺。天门市政府畅通群众举报、投诉渠道,开展“双评议”、执法案件评查等执法监督活动,提高执法规范化水平。

加强行政执法队伍建设。严格落实行政执法人员资格管理,实行行政执法人员网上资格考试制度和行政执法人员持证上岗制度,加强对行政执法主体的清理、审核、确认工作。省司法厅清理行政执法主体7000余个,换发行政执法证和行政执法监督证2万余个。各地方各部门按照省委办公厅、省政府办公厅印发的《关于深化综合行政执法改革的实施意见》要求,整合执法队伍,加强执法保障,夯实基层基础,提高执法效能。省住建厅按照属地管理、权责一致的原则,以区为主、街道(乡镇)为基础,有序将执法力量下沉到街道(乡镇)。武汉市各区完成执法一线和派驻数量达到所在区城管执法力量80%的目标。

(四)强化行政权力制约监督　确保依法准确高效履职

2019年,全省各级政府结合实际情况,加强对依法行政工作的协调、督促、检查、推动,扎实推进审计监督全覆盖,加强行政复议及行政应诉规范化建设,进一步强化对于行政权力的制约和监督,推动全省法治政府建设目标任务落实落地。

进一步加大全方位监督力度。省政府全面贯彻党的十九大和十九届二中、三中、四中全会精神,坚持和加强党的领导,依照规定向省委、省人大常委会报告2019年度法治政府建设推进情况。自觉接受省人大常委会、省政协及各方面的监督,积极办理人大代表建议644件、政协委员提案689件,并由省政府办公厅协同政务督查部门推进人大代表建议和政协委员提案办理结果公开工作,接受社会各界监督。在省十三届人大三次会议上,省政府工作报告获全票通过。

持续优化行政复议和行政应诉工作。不断强化复议机关职责，践行复议为民宗旨，加强办案指导，全年全省共办理行政复议案件4580件，其中省本级办理235件，已审结180件。通过将行政负责人出庭应诉纳入法治建设考核和督察内容，出庭应诉率大幅提升，达到80%以上。

加强重点领域政务信息公开。省政务管理办公室制定《2019年湖北省政务公开工作要点》，明确重点领域信息公开，着重落实优化营商环境、长江大保护、价格监测等领域政务透明，以公开促进政策落实，并进一步提高政府治理能力。围绕"放管服"改革相关举措，健全新型监管机制，将检查处置结果通过企业信用信息公示系统和"信用中国"网站公开，并加大各类证明事项清理减并力度，实现清理管理全流程向社会公开。省发改委持续推进重大决策预公开制度，规定涉及公共利益和公众权益的重大事项的决策方案，在决策前应向社会公布决策草案，广泛听取公众意见并及时公开意见收集采纳情况，积极回应社会关切。

依法全面履行审计监督职责。省审计厅根据省委省政府部署，不断深化各领域审计监督，开展重大政策措施落实情况跟踪审计，围绕"放管服"改革、乡村振兴等重大战略的实施情况开展跟踪审计，重点关注"三大攻坚战"、重大民生项目、领导干部经济责任等重大领域，保证财政收支真实合法，各项惠民政策落到实处。不断完善审计制度体系，省审计厅印发《关于推进审计项目高质量建设的若干意见》及8个配套办法，明确审计项目质量管理、责任追究、审计项目审理、审计移送事项等重要内容。此外，省审计厅、省纪委监委、省委巡视办联合印发《加强全省纪检监察机关、巡视巡察办与审计机关工作贯通暂行办法》，健全贯彻协作沟通机制，进一步明晰案件移送管理、督促审计发现问题整改等具体要求，为审计项目高质量建设提供必要的制度保障。

完善司法体制机制
强化社会公平正义法治保障

2019年,全省各级政法机关以习近平新时代中国特色社会主义思想为指导,紧扣执法司法环节中群众关切的问题,牢牢守住司法公信力这条法治生命线,全面履行执法司法职能,切实发挥引领社会公正、服务保障法治建设的作用。

(一)完善政法工作体制机制　提升政法机关履职能力

2019年,全省各级政法机关贯彻党中央关于加快推进政法领域全面深化改革的要求,推动各项改革措施精准落地,严格落实司法责任制,坚持有序放权与有效监督相结合,不断完善分工负责、相互配合、相互制约的司法权力运行机制。

完善政法机构职能体系。一是省委政法委带头缩减内设机构,指导推动各市、州圆满完成机构改革任务。二是按照精简、务实、效能要求,完成全省110个基层人民法院的内设机构改革,机构数量减少817个,将更多力量向审判一线集中。整合铁路运输法院审判职能,通过省高级人民法院指定形式跨行政区域审理行政诉讼案件。三是落实全省各级检察机关内设机构重塑性改革,推动形成"四大检察""十大业务"的法律监督总体布局,基层检察院内设机构减少

60%以上,健全完善协同高效的检察机关组织体系。四是完善公安机关编制管理,推动建立倾斜基层的编制动态调整机制,完善公安机关招录警力制度和办法,优化公安机关职能,推动警力下沉。在市、县公安机关积极推进大部门、大警种制改革和派出所勤务模式改革,开展"枫桥式派出所创建",落实派出所警力配比、民警用房、执勤车辆、装备保障等政策,进一步加强基层派出所建设。五是司法厅健全完善刑事执行体系,制定涵盖22类140项工作标准及考核办法的监狱工作标准体系,规范"五大改造"的总架构与实施路径,创新推进品牌建设,打造"三新"监区文化、"云课堂"等工作品牌,全力确保监狱安全稳定。推进监狱和社区矫正刑罚执行一体化工作,开展刑满释放人员排查走访专项活动,推动建立社区矫正安置帮教联席会议机制,抽调100名监狱戒毒人民警察参与社区矫正工作,监狱刑法执行和社区矫正相互衔接机制不断完善。

严格落实司法责任制。构建以员额法官、检察官为中心的新型办案团队,健全司法权力分工负责、相互配合、相互制约机制。省高级人民法院制定《全省法院司法责任制工作指引》,将需要院长、庭长监督的"四类案件"细化为14种具体情形,并明确发现机制、启动程序、责任承担范围和追责的具体情形;加强执行工作监督管理,明确分工负责,彻底改变"一人包案到底"的传统执行方式,并依托信息化平台管理,切实解决执行工作中的消极执行、选择性执行和乱执行问题。省人民检察院出台《三级院检察官权力清单》和《检察机关司法办案指挥指令审核决定规定》,将137个事项决定权赋予检察官,各类司法人员履职有据、行权有度的责任意识不断增强,权力运行和内部监督管理制度日益健全,办理各类案件更加公开透明、协同高效。公安机关全面落实推进受立案制度改革,推动落实"三个当场"刚性要求,有案不立、立案不实等问题明显扭转。出台《关于加强和完善刑事案件"统一审核、统一出口"工作机制的意见》和《关于深化刑事案件"统一审核、统一出口"严格非法证据排除工作的通知》,市、县两级公安机关建立案管中心,基层所队建立案管室。全面落实刑事案件统一审核、统一出口制度,对刑事案件重点环节统一审核,对事实和证据全面审核把关,对重点案件见面提审犯罪嫌疑人,办案程序统一与检察机关对口对接,刑事案件办理质量稳步提升。

(二)围绕大局服务中心工作 确保法律统一正确实施

2019 年,全省各级政法机关以社会公平正义、人民福祉为出发点和落脚点,坚持新发展理念,围绕中心大局,积极参与社会治理,凝聚、传导、释放服务社会发展的司法正能量,确保法律统一正确实施,努力让司法环境成为良好发展环境的重要组成部分。

服务打好“三大攻坚战”。进一步推动落实省委政法委意见,着力防范化解金融风险,依法惩治非法集资、电信诈骗、“套路贷”等涉众型经济犯罪,妥善处理民间借贷、金融借款、融资租赁等纠纷,维护金融安全。围绕脱贫攻坚,开展农资打假专项治理行动,严惩侵占、挪用扶贫惠农资金等犯罪行为,妥善处置涉及土地“三权”分置、扶贫产业开发等“三农”纠纷,实打实地解决困难群众实际问题。坚持“共抓大保护”,执行最严格的生态环境保护制度,依法确定非法采矿罪、破坏性采矿罪的入罪标准,落实禁止环保“一刀切”政策,探索“恢复性司法”举措,实现保护环境、保障发展、服务企业“一案三赢”。

纵深掘进扫黑除恶专项斗争。专项工作开展以来,全省坚持“打伞破网”“打财断血”,严惩涉黑涉恶腐败和“保护伞”案件。2019 年,全省纪检监察机关、审判机关、检察机关、公安机关等加强沟通协调,共批捕黑恶势力犯罪 2048 人,提起公诉 4098 人。加强检警配合,通过提前介入和细致审查等方式深挖涉黑涉恶犯罪线索,加强对涉案财物追缴、处置的监督,既最大限度铲除黑恶势力“经济基础”,又坚决防止损害公民或企业合法权益,做到除恶务尽与坚守法治相统一。

服务民营经济健康发展。为贯彻党中央决策部署,全省各级审判机关探索建立涉企案件经济影响评估制度,各级检察机关落实服务民营企业“新鄂检十条”,公安机关制定出台《湖北省公安机关服务民营经济发展十条措施》,省发改委等部门开展涉政府产权纠纷问题专项治理,着力营造各种所有制主体公开公平公正参与竞争、同等受到法律保护的市场环境。深化“互联网+政务服务”,优化简化企业审批服务程序,开展“送法进企业”、“法治体检”和“法治企业”创建等活动,组建各级服务民营企业律师团为民营企业提供“一对一”法治体检服务,前移法治阵地,提高企业经营管理法治化水平,依法保护民营企业和企业家合法权益。

(三)强化检察法律监督职能　切实提升法律实施质效

全省各级检察机关进一步贯彻落实党中央和省委决策部署,积极发挥法律职能保障战略发展大局,着力强化检察监督,优化办案模式,务力实现办案有力度、监督有亮点、工作有活力。

做优刑事检察。全省各级检察机关严惩刑事犯罪,强化立案监督和侦查活动监督,全年监督侦查机关立案1332件、撤案880件,不批捕6296人,不起诉852人;强化刑事审判监督,对认为人民法院确有错误的刑事判决或裁定提出抗诉346件,立案侦查司法工作人员渎职侵权犯罪64人。开展巡回检察138次,发出检察建议132件,纠正违法通知书31件,发现司法工作人员职务犯罪相关线索100多条,查办监狱民警渎职侵权犯罪9件15人。

做强民事检察和行政检察。加强对审判和执行活动深层次违法行为的监督,深化民事虚假诉讼专项监督,立足促进司法公正和依法行政,加强对征地拆迁、工伤认定、治安行政处罚等领域案件的监督,深化行政非诉执行专项监督工作。其中,“武汉某投资公司骗取调解书虚假诉讼监督案”等案件入选最高人民检察院指导性案例。

做好公益诉讼检察。省人民检察院服务省委办公厅、省政府办公厅出台《关于支持检察公益诉讼工作的意见》,配合省人大常委会出台《关于加强检察公益诉讼工作的决定》,在全国范围内首次以省级人大常委会法规性决定形式授权检察机关探索拓展公益诉讼监督范围。通过加强审批指导、典型案件引领、专项工作带动等方式,引导各地积极稳妥办理安全生产、文物保护、电信互联网等领域案件。全省各级检察机关在安全生产、文物和文化遗产保护、公民个人信息保护等新领域办理案件558件。立办公益诉讼案件5129件,同比上升14.5%。把诉前实现维护公益目的作为最佳状态,97%的行政公益诉讼案件通过诉前检察建议得到解决;对发出检察建议后问题没有得到解决的,向法院起诉86件。

(四)构建多层次诉讼制度体系 满足多元化解纷需求

2019年,全省各级司法机关坚持问题导向,深化多层次诉讼制度体系建设,着力提升法治建设能力,进一步促进审判体系和审判能力现代化。

深化案件管辖制度改革。一是明确省内长江水域环境民事公益诉讼案件集中管辖法院,扩大铁路运输法院跨区划管辖行政案件范围。二是试行未成年人刑事案件集中管辖,完善湖北省未成年人刑事司法工作机制,进一步推进未成年人刑事案件审判工作专门化、专业化、规范化发展。三是实行环境资源案件“三合一”管辖审理制度,大力推进环境资源审判专门化、集约化建设。在设有生态保护区、重要水源地的基层人民法院探索设立生态环境保护法庭,并建立环境资源审判及公益诉讼咨询专家库,推动设立长江生态法院,构建环境资源集约化、专业化审判模式,努力实现对整个长江流域生态环境的一体化司法保护。四是推进知识产权案件集中审理,武汉知识产权审判庭“三审合一”审判机制改革入选国务院办公厅“支持创新改革举措推广清单”和国家发改委“全面创新改革试验百佳案例”,成为被推广的4项知识产权司法保护举措之一。

推进民事诉讼制度改革。深化“分调裁审”机制改革,加强法院速裁快审团队建设,制定民商事案件繁简分流和速裁快审操作规程和要素式裁判规范,加大诉前调解力度,完善诉调对接机制,综合运用司法确认、督促程序、小额诉讼、简易程序,促进民商事案件繁简分流、轻重分离、快慢分道。

深化刑事诉讼制度改革。一是深化以审判为中心的刑事诉讼制度改革。全面落实“三项规程”,完善庭前会议、非法证据排除、法庭调查等程序,进一步完善证据和事实认定规则和程序规范,落实《关于进一步加强公安机关侦查人员、鉴定人员出庭作证工作的通知》要求,提高证人、鉴定人、侦查人员出庭作证率。二是全面落实认罪认罚从宽制度、刑事速裁程序。全省中、基层人民法院共审结认罪认罚案件28,457件30,181人。三是大力推进律师辩护全覆盖试点。省高级人民法院、省人民检察院、省司法厅联合制定开展刑事案件律师辩护全覆盖的意见,结合法律援助值班律师制度,实现律师刑事辩护从侦查、审查起诉到审判环节的全流程覆盖。规范刑事案件律师辩护范围、刑事法律援助申请受理、案件指派办理流程,组建刑事法律援助专业律师库,健全通知辩护、保障辩护权利等工作机制等。四是加强对涉黑涉恶案件中法律适用和证据标准的研究,依法确定湖北省非法采矿罪、破坏性采矿罪具体数额标准,为打击非法采砂领域黑恶势力犯罪提供了重要依据。五是完善监察与刑事司法衔接。做好湖北省深化监察体制改革及《监察法》实施后职务犯罪案件调查与起诉、审判环节的衔接工作,研究解决职务犯罪异地立案调查、审查起诉、审判管辖等重点难点问题。

加强社会治理创新
全面提升法治社会建设水平

2019年，全省各地方各部门坚持以习近平新时代中国特色社会主义思想为指导，在省委省政府领导下，紧紧围绕中心、服务大局，坚持强化责任担当、突出工作重点，总结推广法治建设工作经验和有益做法，增强广大群众尊法、学法、守法、用法观念，探索各类社会主体依法参与社会治理，在社会矛盾纠纷多元化解、法治宣传教育实践、公共法律服务体系建设等方面均取得了新进展。

（一）深入推进法治宣传　切实增强普法实效

深入推进法治宣传，认真落实落细“谁执法谁普法”普法责任制。一是明确省直单位年度普法责任清单。收集整理102家省直单位报送的个性普法责任清单，印发《省直单位2019年度普法责任清单》。二是通报表扬39个全省“七五”普法中期先进县（市、区）、383个先进单位和317名先进个人，表彰先进模范，充分发挥典型激励作用。三是认真落实“谁执法谁普法”普法责任制，通过集中宣传、送法入户、电视直播、警示教育、文艺演出、有奖答题、网上知识竞赛等多种方式开展“法律多进”活动。省纪委监委机关开展“十进十建”活动，推动党规党纪和监察法规宣传教育进党政机关、进企事业单位、进党校行政学院、进农村社区等，营造正风肃纪反腐浓厚氛围。

形式多样推动宪法学习宣传。2019 年宪法宣传周期间,各地方各部门精心组织,突出重点,多措并举,扎实推动宪法学习宣传。举办湖北省暨武汉市 2019 年“宪法宣传周”暨法治文艺演出,省领导和省市区直部门近 500 名代表观看了启动仪式和演出。宜昌市开展宪法“百车宣传、千屏展播”活动,在公交车、出租车显示屏、户外显示屏展播宪法微视频及宪法宣传标语。全省全面落实宪法宣誓制度,省人大常委会办公厅在“宪法宣传周”期间,连续 3 天分批组织机关干部开展宪法宣誓;省人民检察院组织新提拔任用的省管干部、处级领导干部、新遴选入额的检察官、新录用公务员身着检察制服进行宪法宣誓,许下维护公平正义的诺言。

围绕中心工作开展普法活动。全省部署开展“服务大局普法行”主题实践活动,突出庆祝中华人民共和国成立 70 周年主题,围绕“一芯两带三区”区域和产业发展布局、“扫黑除恶”专项斗争、乡村振兴战略实施、促进民营经济发展、第七届世界军人运动会等重点工作,有重点地开展普法宣传和法治实践活动。各地方各部门按照《关于切实加强乡村普法宣传工作的指导意见》要求,开展“法律进民企”“千场法治大讲堂”“千名重点人员大排查”“千名法律服务人员进千村(社区)”等活动,累计开展“法律进乡村”活动 27,661 次,参与人数 316 万余人。此外,充分利用全国防灾减灾日、世界卫生日、国家安全日、世界地球日、世界环境日、全国土地日、测绘法宣传日等主题日进行法治宣传教育,营造了尊法学法守法用法的良好氛围。

针对重点人群开展精准普法。一是抓好“关键少数”学法用法。各地方各部门结合自身职责和实际情况,组织国家机关工作人员、领导干部旁听庭审、法律知识竞赛、法治专题演讲比赛等活动,集体交流学习法律法规、党内法规,督促学法考法,推动依宪依法依规履职尽责。全年全省各地方各部门开展国家工作人员旁听庭审活动 570 次。二是抓好青少年普法,省教育厅举办全省学生

“学宪法讲宪法”演讲比赛和知识竞赛，加强学生国家安全教育，开展预防校园欺凌系列法治宣讲活动。省自然资源厅联合共青团湖北省委、省普法办公室开展第11届全国海洋知识竞赛活动，联合教育部门开展“美丽中国”第五届国家版图知识竞赛和少儿手绘地图大赛，增强国家版图意识。

打造“新媒体+”法治宣传新模式。省广电局积极营造健康向上的法治氛围，指导全省主流广电媒体开辟专栏专版专题，做好面向社会的法治宣传教育。全省多个法治专题栏目通过举案说法、正面宣传、反面曝光等形式，进行法治宣传教育。省广播电视台旗下新闻综合广播、湖北卫视等广播电视频道、网站、城市电视、移动电视等新媒体，创新形式，多样化、大规模、有深度地进行法治宣传报道。各地方各部门也充分利用报刊、电视、广播等主流媒体，适应形势发展、遵循传播规律，开通和运营微信、今日头条和抖音等新媒体平台，加大法治宣传力度。《法治湖北》杂志全年刊发12期；《活·法》栏目荣登第九届中国电视满意度博雅榜十强；“湖北普法”微信公众号粉丝数由年初的3万人增长至23万人，全年共推送各类普法信息1620条，累计阅读量达82万人次。

加强法治文化建设，推动全民守法。全省开展第三批“省级法治文化建设示范点”命名工作，命名33个法治文化公园（广场）、10个法治文化场馆、72个法治文化村居（社区、街道）、68家法治文化机关（单位）四大类共183个法治文化阵地。完成省级法治建设示范学校、法治建设示范村（社区）、法治建设示范医院和法治建设示范企业“四个100”法治建设示范点命名工作。组织开展“我与宪法”微视频、法治动漫微电影、法治征文等法治文化作品征集评选活动，4部“我与宪法”微视频作品在全国获奖。

（二）持续完善社会矛盾纠纷多元化解机制

积极探索社会矛盾纠纷多元化解之道，创新发展新时代“枫桥经验”，推动矛盾纠纷及时发现、有效化解。省公安厅结合“万名警察进社区入万户”和“一标三实”信息采集等工作,推动社会矛盾在基层发现、在基层受理、在基层化解。全省公安机关开展为期半年的“矛盾纠纷大排查大化解”专项行动,通过走访社区、乡村、单位、家庭,实地排查、化解矛盾纠纷。

健全涉诉信访工作机制,妥善化解纠纷。省信访局健全依法规范、有效畅通的工作机制,落实诉访分离制度,落实依法逐级走访,分类处理信访诉求,落实首办负责制,推行律师“三进”工作制度,实行网上受理信访,积极引导群众依法反映诉求,维护人民群众合法权益。省卫健委妥善化解矛盾纠纷,委本级全年办理行政复议案件 14 件,办理行政应诉案件 7 件,参与办理涉法涉诉信访案件 20 余件。省发改委制定信访工作规定,按照“诉访分离”的原则,坚持依法分类处理信访件,围绕信访突出问题,做好相关政策解读工作,引导群众在法治框架内解决矛盾纠纷。

推动各类纠纷多元联动化解机制。积极推进“一站式”多元解纷机制建设,全省 128 家法院均已使用最高人民法院统建调解平台,并与办案系统完成对接。有 123 家法院依托诉讼服务中心建立“诉调对接中心”,形成集诉讼服务、立案登记、诉调对接、司法调解、涉诉信访化解为一体的综合服务平台。孝感市发扬“枫桥经验”,不断健全各级人民调解组织,调解员队伍量质同步提升,“孝感市专业人民调解中心”建成运行,配套组建市交通事故纠纷、婚姻家庭纠纷、被拘留人矛盾纠纷、医患纠纷、物业纠纷、信访事项和涉诉纠纷 7 个专业人民调解委员会,行业性、专业性领域多元矛盾纠纷调处化解机制日臻完善,人民调解在促进基层治理、维护社会稳定“第一道防线”的作用日益彰显。

(三)推动公共法律服务体系建设取得新发展

着力完善公共法律服务体系。省委全面依法治省委员会办公室印发《关于加快推进公共法律服务体系建设的实施意见》，明确以加快推进公共法律服务供给体系、平台体系、管理体系和保障体系建设为重点，统筹推进全省公共法律服务体系建设。省司法厅结合全省实际，推动公共法律服务体系建设纳入省“十四五”发展规划，组织修订《湖北省司法鉴定条例》，推动《湖北省公共法律服务条例》列入省人大常委会2020年立法计划项目。

加大公共法律服务体系建设力度。全省各地推动公共法律服务实体、热线、网络三大平台建设，市、县（区）、乡镇（街道）、村（社区）四级公共法律服务中心（站、点）逐步优化，基本实现全覆盖。省司法厅开展“法律惠民生·助力农民工”活动和未成年人法律援助专项活动，取得了积极成效。襄阳市聚焦乡村、社区两大阵地，充分发挥一村一社区一法律顾问的作用，组织律师和法律服务工作者深入乡村、社区提供法律服务，助推乡村振兴战略。潜江市将全市村（社区）法律顾问专项经费列入财政预算，全面普惠的公共法律服务正逐步落实，为人民群众提供“全业务、全时空”的公共法律服务。

全面推进“两个一站式”建设。法院系统积极推进一站式诉讼服务中心、一站式多元解纷机制建设，围绕网上立案缴退费、诉前调解、送达保全、网上阅卷等内容，健全集约高效、多元解纷、便民利民、智慧精准、开放互动、交融共享的现代化诉讼服务体系。全省106家法院可利用移动微法院办理跨域立案，112家法院建成诉讼服务网，为人民群众提供方便快捷的法律服务。

巩固全国优势地位
法学教育与法学研究齐奋进

2019年，全省各法学教育与研究机构坚持以习近平总书记全面依法治国新理念新思想新战略引领法学教育与法学研究，加快构建和完善中国特色法学学科体系、学术体系和话语体系，产出了一批具有较高学术影响力、理论影响力、社会影响力和国际影响力的研究成果，充分体现了中国特色、中国风格、中国气派，培养了一大批高素质法治人才，进一步巩固了湖北省在全国法学教育与研究的高地地位。

（一）加快推进一流法学学科建设

2019年，全省各高校以学科建设为龙头，人才培养为中心，队伍建设为支撑，国际交流合作为抓手，推进法学学科建设取得新进展。

注重跨学科交流融合，培育学科发展增长点。为顺应时代发展，构建多学科交叉融合与实践应用为导向的理论体系和知识体系。省内多所高校通过多种方式深化学术探讨，促进传统学科转型升级，关注新型法学领域，着力培养网络法学、人工智能法学等交叉学科的发展，支持社会治理法学、网络社会治理法学、金融法治等交叉学科实施体系的创新。华中师范大学法学院除招收法学专业本科生外，还与该校经济与工商管理学院合作开设有法学与经济学交叉培养实验班，进行交叉学科的人才培养。中南财经政法大学召开第五届法治社会·长江（国际）论坛“社会治理法学 50 人谈”，围绕社会治理法学这一交叉学科展开学术探讨。

注重培育优秀的法学教学科研人才。一流的师资队伍是一流学科和教育的基础和支撑。党的十八届三中、四中全会相继提出“创新高校人才培养机制”和“创新法治人才培养机制”的战略举措，全省法学院校就如何创新法律人才培养机制开展了大量的有益探索。一些法学院校结合当前的教师资格选拔政策实施相关的人事制度改革，面向社会、面向全球选拔优秀的国内外优秀法学人才。优化专业教师的学历、经历、教学和科研能力，提升法学专业师资队伍的整体水准。同时，各法学院校注重国际人才交流，选派教师赴国外优秀大学深度交流学习，学习借鉴国外优秀的法学教学方法，提升师资队伍素质和人才培养质量。

2019 年是武汉大学恢复法科教育 40 周年暨法科创建 111 周年，全年举办了逾百场系列学术活动。武汉大学法学院全年引进各类高层次人才 5 人，多人入选国家高端人才计划，师资队伍核心竞争力进一步提升，学科综合实力稳步提升，在 QS 年度世界学科排行中位列全球前 100 位，在软科中国最好法学学科排名中位列全国第二。

（二）法学研究与学术团体建设成果丰硕

2019 年，全省法治智库围绕习近平总书记全面依法治国新理念新思想新战略和湖北法治建设相关问题开展研究阐释，形成了一批有分量、有特色的理论调研成果，为推进全面依法治国、法治湖北建设提供了有益的决策参考。

省法学会紧紧抓住中国法学会“八代会”和“两会三班”上海会议召开的重要机遇，推进法学会各项工作，对四大类 18 项工作任务进一步细化分工、明确责任、推动落实。牵头组织开展“双基强化、三治融合”基层社会治理(宜都)试点工作,着力打造新时代“枫桥经验”湖北模式。为打造中部地区最优外商投资环境,经省委同意,省法学会联合省商务厅以《外商投资法》贯彻实施相关问题为主题,举办第十一届“法治湖北论坛”。武汉市、宜昌市法学会和省法学会刑法研究会荣获“全国法学会系统先进集体”称号,3 人荣评“全国法学会系统先进个人”。

在省法学会的指导下,全国首家以地域为基础的县市级法学研究会“仙桃法学研究会”正式成立。全年刑法学、商法学、卫生法学等 30 个研究会召开了学术年会。各研究会通过举办专题论坛、学术茶座、学术沙龙等形式展开学术研讨,一批围绕“长臂管辖”、扫黑除恶、营商环境、健康湖北建设等问题优秀成果脱颖而出。武汉市法学会承办第七届“长江中游城市群法治论坛”,荆州、宜昌、荆门法学会联合举办第三届“三峡区域法治论坛”,形成了一批富有区域特色的法治研究成果。法学会系统全年有 6 项研究成果获得党和国家领导人批示,47 项研究成果获得党中央、全国人大常委会、国务院、全国政协及有关部门的批示、批复或采纳。

全省各高等院校和科研机构围绕法学研究和法治发展,举行了大量富有成效的学术会议、讲座、论坛。武汉大学宪法与法治国家研究中心邀请国内外知名法学家先后主讲“伟博法律大讲堂”共 13 场。中南财经政法大学举办“罗马法高端论坛”“南湖民法论坛”“洪范学术论坛”“中南法学论坛”等学术论坛。这些法学学术活动,聚合全省乃至全国的法学资源,为湖北高质量发展提供了强大的智力支撑。

(三)创新法治人才培养模式

2019 年,全省各法学教育与研究机构聚焦平安湖北、法治湖北建设新需求,充分发挥法学教育资源优势和法学研究高地优势，加强法学实践教学与法治人才队伍建设。

拓展法治人才培养渠道。充分利用第十四届“中国法学家论坛”、第十四届“中国法学青年论坛”、2019年度“中国法治论坛”、第七届“董必武青年法学成果奖”等重要平台，大力举荐优秀人才。一年来，全省法学工作者共荣获董必武青年法学优秀成果奖、国家社科基金项目及国家部委人文社会科学奖等奖项15项，获湖北优秀调研成果奖等省级奖项94项。省法学会精心组织第六届“湖北省优秀中青年法学工作者”评选活动，积极组织“全国十大优秀中青年法学家”推荐工作，为湖北省杰出法学青年人才的成长创造条件。

培养面向国际的涉外法治人才。随着社会主义市场经济更加深入发展，国际交往的日渐深入，对法治人才的综合能力要求也越来越高。全省各法学教育与研究机构注重提高法学专业教学与实践的国际化水平，师资建设、培养理念、课程设计方面下功夫，积极培养适应时代需求的高素质涉外法治人才，更好地服务于国家发展战略需求，2019年11月，“‘一带一路’背景下国际化法律人才培养暨中澳法学教育（湖北）高峰论坛”在武汉举行，就积极面对“一带一路”所带来的法学教育发展机遇与挑战，对推进国际化背景下的荆楚卓越法律人才培养机制创新展开研讨。

适应发展需要，更加注重理论与实践相结合。全省各法学教育与研究机构重点加强与法治实务部门在培养人才过程中的常态化、规范化体制机制建设。推进实施武汉大学等高校立项的16项省级“荆楚卓越法律人才协同育人计划”，与政法系统有关部门、单位、相关企业共同培养法治人才，推动实施国家“卓越法治人才教育培养计划2.0”。加强法学类学生实践能力和双创能力培养，实施一批法学方向的国家级、省级大学生创新创业训练计划，支持大学生积极研究和探索开展相关实践创新训练。同时，引入实务部门的优质实践教学资源,建立协同育人长效机制,打破学校与社会的体制壁垒,引入政府、法院、检察院、律师事务所、企业等实务部门力量参与法治人才培养,注重提高学生的实践能力,更好地适应建设法治社会的需要。

2020 年湖北省法治建设展望

2020 年,全省各地方各部门将坚持全面贯彻党的十九大和十九届二中、三中、四中全会精神,深入学习习近平总书记全面依法治国新理念新思想新战略,增强“四个意识”,坚定“四个自信”,做到“两个维护”,加强党对法治建设的集中统一领导,加强人大立法和监督,加快法治政府建设,全面深化政法领域改革,推动形成共建共享共治社会治理新格局,推动法治成为湖北发展核心竞争力重要标志。

(一)完善党集中统一领导法治建设的体制机制

党的领导是中国特色社会主义最本质的特征,是社会主义法治最根本的保证。2020 年,省委和各级党委要坚持以习近平新时代中国特色社会主义思想为指导,把学习贯彻习近平总书记全面依法治国新理念新思想新战略作为首要政治任务和根本遵循,围绕省委贯彻落实党中央大政方针的部署举措,完善体制机制,加强党对法治建设的领导,扎实做好新时代地方法治工作,为推进国家治理体系和治理能力现代化做出积极贡献。

进一步完善党领导法治建设的体制机制。各级党委要积极履行党委法治建设议事协调机构职责,确保全面依法治省各项工作有效落实;各协调小组要充分发挥职能作用,加强对本领域法治建设工作的统筹协调。各地方各部门要及时研究解决重大法治建设问题,着力提升法治建设的前瞻性、针对性、精准性。

坚持全面从严治党,加快党内法规制度建设,推动全省党内法规制度质量明显提高,执行力明显提升。在党中央统一领导下,制定贯彻执行中央党内法规的配套法规。积极行使职权,制定履行党章和中央党内法规规定的领导本地区经济社会发展和负责本地区党的建设的法规。严格落实党内法规执行责任制,以钉钉子精神抓好党内法规执行,将各项法规制度不折不扣落实到位。

坚持党对立法工作的领导,把党的领导贯彻到立法工作的全过程,支持人大在立法中的主导作用。完善党委领导、人大主导、政府依托、各方参与的立法工作格局。协调推动提高立法决策与改革决策衔接的速度、准度和精度,及时跟进省委贯彻落实党中央决策的部署安排和政策举措,将需要立法落实的改革举措尽快地反映到立法中。

抓住关键少数,建立健全法治建设领导责任和工作机制。严格执行《党政主要责任人履行推进法治建设第一责任人职责规定》和有关实施办法,进一步压紧压实责任,坚持主要负责人定期听取法治建设工作汇报、领导班子和领导干部述法制度,建立主要负责人法治工作实绩档案,强化各级负责人法治建设第一责任人的职责。

(二)充分发挥制度优势　加强人大立法和监督

2020年,全省各级人大及其常委会将坚持党的领导、人民当家作主、依法治国有机统一,认真落实党中央决策部署和省委部署要求,紧扣全面建成小康社会目标任务,胸怀两个大局,依法忠实履职,在坚持和完善中国特色社会主义制度、推进国家治理体系和治理能力现代化中奋力展现新作为。

围绕省委贯彻党中央大政方针的部署安排,大力推进重点领域立法。省人大常委会统筹落实年度立法工作计划，积极推动深化“放管服”改革、打好“三大攻坚战”、实施乡村振兴战略等重点领域立法。修订《湖北省实施〈中华人民共和国野生动物保护法〉办法》和《湖北省汉江流域水污染防治条例》，制定《湖北省学校安全条例》和《湖北省公共法律服务条例》等一批与民生相关的法规。

全面清理传染病防治、应急管理、公共卫生管理、野生动物保护等方面现行有效的地方性法规、政府规章、规范性文件，对疫情防控期间发现的制度漏洞和机制缺失进行修改完善。及时评估疫情处置中所暴露出的问题和不足，加强配套制度建设，提升疫情防控制度的可执行性、可操作性。

全省各级人大常委会要紧扣大局抓重点，进一步彰显人大工作的实践特色、时代特色，加强各领域监督，助力湖北决战决胜脱贫攻坚、全面建成小康社会。聚焦总攻全面小康，加强对“十三五”规划完成情况、打好“三大攻坚战”等工作的监督；聚焦深耕区域布局，加强对实施“一芯两带三区”区域和产业发展布局、长江经济带发展、武汉城市圈建设、城市群建设等的监督；聚焦强化产业支撑，加强对“十四五”规划编制、预算内固定资产投资、重大项目建设、知识产权保护、积极财政政策落实等工作的监督，实现省、市、县人大国有资产监督全覆盖；聚焦优化经济治理，围绕激发市场主体活力和民营经济创造力，加强对优化营商环境工作的监督，听取和审议优化营商环境报告，开展高质量发展专题询问；聚焦保障和改善民生，对司法工作、扫黑除恶专项斗争、医疗卫生、公共文化服务、红色文化遗址保护等开展监督。

提高市州人大常委会立法能力，开展市州立法工作人员配备情况专项调研，并及时督导落实立法人员编制员额，充实立法工作队伍，提升市州立法能力。加强对市州立法的提前介入和事前指导，从政治性、合法性、适当性等方面加强事前把关，提高审议批准工作质量和效率。

(三)构建职责明确、依法行政的政府治理体系

2020年,全省各级人民政府将坚持以习近平新时代中国特色社会主义思想为指导,全面贯彻党的十九大和十九届二中、三中、四中全会精神,坚持依法行政,层层压实工作责任,全过程抓推进、抓督察、抓考核、抓落实,下更大气力推进法治政府建设。

加强制度建设,完善科学、民主、依法决策的体制机制。研究出台重大事项议事规则,进一步健全重要事项的行政决策程序,坚持决策前合法性论证。形成法治机构参与重要文件、规范性文件合法性审查,法治机构的参谋和顾问作用得到重视和发挥的体制机制。坚持集体讨论制度、征询意见制度、专家咨询论证制度和法律顾问制度。建立健全决策跟踪反馈、评估和责任追究制度,不断改进完善行政决策。

持续优化营商环境,不断增强湖北营商环境的吸引力、竞争力。坚定不移推进改革开放,聚焦办事创业痛点堵点,向更高标看齐,向最难处动刀,构建市场化法治化国际化的一流营商环境。深化"放管服"改革,落实公平竞争审查制度,深入实施市场准入负面清单制度,推动"非禁即入"普遍落实。创新"互联网+监管",健全"双随机、一公开"机制,强化信用监管,加强联合执法。压减工业产品生产许可证目录。深化"四多合一""证照分离"改革,开展"一照通"试点,企业开办时间压缩到1天以内。全面推行"一网通办、一站办理、一次办好"。营商环境评价扩展到县(市、区)。贯彻实施外商投资法,全面落实准入前国民待遇加负面清单制度。全面落实党中央、国务院支持民营企业改革发展"新28条",确保民营企业依法平等使用资源要素、公开公平公正参与竞争、同等受到法律保护。健全联系民营企业和商会制度,完善中小企业公共服务平台网络,及时掌握企业困难和诉求,该支持的坚决支持,能办的尽快办。

坚持人民至上、生命至上的理念，在深刻总结疫情防控经验和教训基础上，整体谋划疾病预防控制体系改革，系统重塑公共卫生和应急管理体系，全面提升基层公共卫生服务能力。坚持整体谋划、系统重塑、全面提升，加快补短板、堵漏洞、强弱项，改革完善疾控体系，健全公共卫生体系，深入开展爱国卫生运动，打造疾病预防控制体系改革和公共卫生体系建设的湖北样板。

强化对行政权力运行的制约和监督。不断完善重点领域的廉政风险防控制度，加强廉政制度建设，建立党风廉政监督员队伍，规范权力运行。全面推进政务公开，实现决策公开、重点领域信息公开和服务公开。进一步做好依申请公开政府信息工作，自觉接受社会和公众监督。依法规范行政许可、行政处罚，大力推进行政复议体制改革。

严格规范公正文明执法。深入推进行政执法“三项制度”落实落细，加强行政执法监督，持续开展证明事项清理工作。提升纠纷处理能力，妥善应对纠纷。完善应诉工作制度，进一步规范工作流程。加强应诉工作能力，主动强化行政复议、诉讼案例研学。妥善处置纠纷，做好政务信息公开和信访工作，建立健全突发事件处理机制和处置预案，做好各类涉法事项的后续及善后工作。加强法治教育培训，加强基层行政执法机关队伍建设，着力解决执法体制不健全和能力不强、保障不优等问题，严格规范公正文明执法，营造公开透明、规范有序、公平高效的法治环境。

（四）推动政法领域全面深化改革再上新台阶

2020 年，全省各级政法机关将坚持以习近平新时代中国特色社会主义思想为指导，准确把握推进政法领域全面深化改革的阶段性特点和要求，推动中国特色社会主义政法工作制度更加成熟定型，努力让人民群众在每一个司法案件中都感受到公平正义。

坚决落实党对政法工作的绝对领导。深入贯彻落实《中国共产党政法工作条例》和《湖北省实施〈中国共产党政法工作条例〉细则》,对实施情况进行专项督查。强化重大事项请示报告制度,完善干部"协管""协查"机制,落实和完善党委政法委执法监督等制度。选优配强政法机关领导班子,推动建立领导干部交流轮岗、重点岗位定期轮岗机制。

深化司法责任制综合配套改革。加强重点领域改革和重要工作的统筹协调,进一步健全完善员额管理、权力运行、履职保障、案件繁简分流等制度机制,确保法官、检察官集中精力办好案、尽好责,让司法责任制改革真正体现在有效提升审判工作质量和效率上。优化省以下法院、检察院财物统一管理机制,加大地方法院、检察院保障力度。积极推进公安机关、司法行政机关和法院、检察院执法勤务警员、警务技术职务序列改革,健全职责归属、对外衔接、内部协调、业务考评等制度。

深入推进诉讼制度改革。深化以审判为中心的刑事诉讼制度改革,落实认罪认罚从宽制度。开展民事诉讼程序繁简分流改革试点工作,坚持和发展新时代"枫桥经验",不断健全完善司法调解、行政调解、人民调解"三调联动"机制,完善调解、仲裁、行政裁决、行政复议、诉讼等有机衔接、协调联动的多元化纠纷解决体系,强化行政机关解决同行政管理活动密切相关的民事纠纷功能。

着力维护社会平安稳定,提供更加丰富惠民的法治产品。常态化开展扫黑除恶工作,坚持系统治理、源头治理,为法治湖北建设营造平安稳定的社会环境。着力破解当前制约公共法律服务体系建设和平台建设中的突出问题,继续在司法行政服务保障改善民生、国家重大战略实施和全省经济社会高质量发展的结合点上下功夫。创新拓展法律服务为企的路径,组织开展全省公职律师、公司律师全面清理,探索制订全省涉外法律服务人才培养规划。做好法律援助为民工作,不断增强人民群众和市场主体的法治获得感。

持续深化司法公开。推进互联网司法模式，巩固拓展疫情防控期间智慧法治建设应用成果，强化案件信息查询、庭审网络直播和裁判文书网上公布，持续完善后续发展保障机制和发展规划。进一步加大刑事信访申诉案件公开审查工作力度，组织公开听证、公开示证、公开论证、公开答复，保证处理公开透明。积极落实人民陪审员和人民监督员制度，主动接受社会广泛监督，及时回应社会关切。

完善司法权力运行的监督制约制度。进一步优化司法权配置，强化领导干部监管职责，健全侦查权、检察权、审判权、执行权相互配合、相互制约的工作机制，持续强化检察机关的法律监督职能，深化公安机关执法规范化建设，全面落实“三个规定”，健全同新型司法权力运行机制相适应的内部监督管理制度。

（五）坚持和完善共建共享共治的社会治理制度

2020年是决胜全面建成小康社会、决战脱贫攻坚之年，也是“十三五”规划收官之年。全省各地方各部门将继续围绕服务大局开展法治宣传，提升社会治理法治化水平，坚持和完善共建共享共治的社会治理制度。

聚焦“一条主线”。紧紧围绕深入学习贯彻党的十九届四中全会精神和省委十一届七次全会精神，推进国家治理体系和治理能力现代化这条主线，扎实开展普法宣传和依法治理，推动法治精神融入人民群众日常生活，在全社会形成办事依法、遇事找法、解决问题用法、化解矛盾靠法的浓厚氛围，为全面依法治省提供坚实基础和保障。

突出“三大重点”。一是突出做好省委全面依法治省委员会及守法普法协调小组交办的工作任务。二是突出做好全省“七五”普法终期检查验收工作，迎接全国“七五”普法终期验收。三是突出做好基层依法治理工作，推进多层次多领域依法治理,提升社会治理的法治化水平。

推进“四项建设”。一是推进法治乡村建设,推进“三治融合”试点工作,开展省、市、县三级“民主法治示范村”创建活动。实施“法律明白人”工程,培养一批以村干部、人民调解员、村民小组长为重点的“法治带头人”,充实农村普法宣传志愿者队伍。二是推进法治文化阵地建设,深化省级法治文化建设示范点的指导管理和创建活动。组织开展第四届法治动漫微电影征集评选活动,年度十大法治人物、十大法治事件、十大法治创新案例评选活动。三是推进普法宣传阵地建设,把“智慧普法”作为提升普法工作实效、增强群众满意度的重要载体,加强全省普法新媒体矩阵建设。四是推进普法依法治理队伍建设,引导全省普法依法治理工作队伍加强学习和调查研究,找差距,补短板,争一流,崇尚实干、力求实效。

强化“五点举措”。一是组织全省普法依法治理系统深入学习贯彻习近平总书记关于法治宣传教育的重要论述精神。二是紧紧围绕党中央和省委省政府的工作大局开展普法,以学习宣传《民法典》为重点,大力推进法律“七进”,以全民普法促进全民守法。三是推动“谁执法谁普法”普法责任制落实见效,制定2020年省直机关单位普法责任清单,抓好重点对象的普法守法等工作,推动“谁执法谁普法”工作机制全覆盖。四是精心组织“七五”普法终期检查验收。五是深入开展多层次多领域依法治理,坚持普治并举,坚持法治宣传教育与法治实践相结合,坚持系统治理、依法治理、综合治理、源头治理,提高基层社会治理法治化水平。充分发挥法治宣传教育在市域社会治理中的基础性作用,扎实开展法治城市、法治县(市、区)、民主法治示范村(社区)等创建活动。推进乡村依法治理,引导村民依法制订和完善村民自治章程、村规民约、民主协商议事制度等自治规章制度。

坚持和完善共建共治共享的社会治理制度,完善党委领导、政府负责、民主协商、社会协同、公众参与、法治保障、科技支撑的社会治理体系。全力维护国家政治安全，防范化解社会矛盾风险，加快推进社会治安防控体系建设，加强公共安全管理，夯实社会治理基层基础，建设更高水平的平安湖北，推进社会治理能力和社会治理体系现代化。

第二编　省直相关单位法治建设情况

省人大常委会及机关
2019年度法治建设工作报告

2019年，省人大常委会及机关坚持以习近平新时代中国特色社会主义思想为指导，不忘初心、牢记使命，深入贯彻落实党的十九大和十九届二中、三中、四中全会精神，习近平总书记全面依法治国新理念新思想新战略，紧紧围绕省委贯彻党中央大政方针的决策部署，在推进国家治理体系和治理能力现代化的进程中落实法治责任。

一、坚持完善体制机制　进一步明确法治建设责任

（一）加强组织领导

充分发挥常委会及机关党组的领导作用，将法治建设纳入年度工作计划，明确责任分工。常委会党组书记、机关党组书记带头尊法学法守法用法，定期听取工作汇报，及时解决重大问题加强制度建设。修订《党组工作规则》。坚持民主集中制原则，强化党组集体领导，27次召开机关党组会议，研究“三重一大”等重要事项。落实领导班子和领导干部述法制度。做好无纸化法治知识网上学习、考试。加强人事管理工作，做好干部选拔任用工作。履行省委全面依法治省委员会立法协调小组牵头单位职责，充分发挥省委决策议事协调机构重

要组成部分的职能作用。

(二)深化学习教育

强化政治引领,全面加强党的政治建设。严格落实党组理论学习中心组学规学法制度,学深悟透做实习近平新时代中国特色社会主义思想,理论学习中心组开展专题学习19次,开展8次学习研讨,系统学习习近平总书记关于坚持和完善人民代表大会制度的重要思想等内容,抓实主题教育,筑牢"不忘初心、牢记使命"的思想根基,举办读书班,学习党史、新中国史,组织4次专题辅导、8次集中交流、57次支部学习交流。组织机关干部集中学习党的十九届四中全会精神。

(三)优化工作机制

制定省人大常委会党组关于进一步提高立法质量和效率的意见,完善"党委领导、人大主导、政府依托、各方参与"的立法工作格局。坚持党对立法工作的领导,就立法中的重要问题及时向省委请示报告。进一步健全在省人大常委会党组领导下,由省人大有关专门委员会、常委会法规工作室、政府法制机构、法规起草单位全程参与、指导、推动的工作机制,完善"全程参与、分段领跑"的法规项目责任机制。研究制定立法工作规程、法规立项规程、法规报批规程、法规清理工作规程、法规报送备案工作规程、法规评估工作规程"六个规程"。

二、坚持突出重点要点　进一步提升地方立法质量

(一)加强重点领域立法

编制2020年度立法工作计划,组织召开省人大常委会2020年度立法计划

工作推进会，加强立法工作计划的动态跟踪和督办落实，制定、修订省本级地方性法规和法规性决定12件，批准设区的市地方性法规、法规性决定18件，有效促进了省委贯彻落实党中央大政方针的决策部署落地落实，有力保障了湖北省经济社会发展和改革攻坚任务。省人大常委会围绕实现高质量发展，制定修改了《湖北省实施〈中华人民共和国促进科技成果转化法〉办法》《湖北省开发区条例》《湖北省乡村振兴促进条例》；围绕生态文明建设，制定了《湖北省清江流域水生态环境保护条例》，对《湖北省汉江流域水污染防治条例（修订草案）》进行了一审；围绕民生和社会治理，修订了《湖北省中医药条例》；围绕社会主义核心价值观，制定修订了《湖北省反家庭暴力条例》《湖北省宗教事务条例》等。

（二）加强和改进市州立法

组织召开全省市州人大立法工作交流会，组织开展市州立法工作人员配备情况专项调研，并及时督导落实立法人员编制员额，充实立法工作队伍。组织修订《湖北省设区的市、自治州地方性法规审批工作规程》，下发《省人大常委会办公厅关于完善设区的市、自治州地方性法规立法工作机制的意见》，进一步规范了市州立法工作流程。构建立法计划、立法项目方案论证、法规草案咨询论证、法规审查批准、法规项目立改废释等省和市州联动机制，市州立法规划计划提前征求省人大常委会意见，市州报批法规，专门委员会协助常委会进行合法性审查。

（三）改进法律法规实施

认真贯彻落实《中共湖北省委关于加强和改进法律法规实施工作的意见》，推动形成党委领导、人大监督推进、实施机关实施、全社会参与的法律法规实施格局。对所有新出台的地方性法规，配套制定法规实施工作方案，明确主要制度条款的实施内容、完成期限和责任单位,并视情督促责任单位及时制定配套制度和实施措施;常委会会议、主任会议书面听取了17件新制定、修改实施满1年和满3年的省本级地方性法规实施情况的报告,有效促进了法律法规实施。

(四)加强法规、规章和规范性文件清理

根据省委有关要求和省委全面依法治省委员会年度工作要点,以及湖北省机构改革对省本级地方性法规提出的清理工作要求,启动2019年省本级地方性法规清理工作并召开地方性法规清理工作推进会。重点对2019年7月以前涉及机构改革、"放管服"改革、高质量发展、生态环保、人口与计划生育及与上位法新规定相抵触的现行有效省本级地方性法规进行全面清理;省人大常委会通过集中修改、废止的决定,共"打包"修改19件、废止5件。

根据全国人大统一部署和要求,组织对2018年全省设区的市、州、自治县生态环境保护法规,省和设区的市、州政府生态环境保护条例,市、县两级人大及其常委会和省、市、县三级政府及其部门生态环境保护规章和其他规范性文件清理结果进行了"回头看"和进一步全面清理工作,修改了法规20件,废止了法规1件,督促修改、废止规章和其他规范性文件115件,并形成专项报告报全国人大常委会法工委。

(五)认真做好地方性法规上报备案和规范性文件备案审查工作

按照"有件必备、有备必审、有错必纠"的要求,截至2019年年底,省人大常委会接收文件制定机关报备的规范性文件66件,经形式审查,予以备案审查的规范性文件63件,办理公民审查建议6件,对存在合法性问题的规范性文件,加大沟通协调和跟踪督办纠正力度,督促文件制定机关纠正4件,维护宪法权威和法制统一,回应社会关切。报送全国人大常委会和国务院备案的省本级和

设区的市、自治州、自治县地方性法规、单行条例及法规性决定34件。

三、坚持正确监督有效监督　助推湖北省高质量发展

树牢新发展理念,力促经济稳健运行。密切关注湖北省经济运行总体情况,听取和审议了计划、预算、决算、审计等报告。突出重点难点,力促打赢三大攻坚战。规范政府债务管理,听取审议省政府国有资产管理情况综合报告、金融企业专项报告,推动防范化解重大风险;聚焦已脱贫人口,紧扣"两不愁三保障""四不摘",持续开展"代表行动",全省参与活动代表8.5万人,直接间接走访贫困户101万户,提出意见建议7639件、已经办理6577件;听取省政府环境状况和环保目标完成情况报告。着眼加强社会治理,力促维护公平正义。听取和审议省"两院"工作、扫黑除恶专项斗争等情况报告。加强法律法规实施监督,解决重立法、轻实施问题;作出《关于加强检察公益诉讼工作的决定》,得到最高人民检察院的充分肯定。坚持以人民为中心,力促增进民生福祉。加强对老年人权益保障、价格、广播电视、物业服务管理、社会救助等方面的监督,推动民生改善;开展就业促进执法检查,促进稳就业;结合动物防疫条例执法检查,开展"农产品质量安全荆楚行";深化"民族团结进步荆楚行",促进涉民族法律法规落实。

省纪委监委机关
2019 年度法治建设工作报告

2019 年,省纪委监委坚持以习近平全面依法治国新理念新思想新战略为指导,深入贯彻党的十九大和十九届二中、三中、四中全会精神,认真落实省委各项部署和要求,把法治建设纳入党风廉政建设和反腐败工作全局,为法治湖北建设提供坚强的纪律保证。

一、2019 年度法治建设工作情况

(一)加强对法治建设工作的组织领导

省委常委、省纪委书记、省监委主任王立山同志对法治建设工作高度重视,多次作出批示,要求提升纪检监察干部运用法治思维和法治方式的能力和水平,努力成为既会执纪又会执法的专家能手,推动全省纪检监察机关形成尊法学法守法用法的浓厚氛围。

(二)强化纪检监察机关依法履职的能力和水平

一是以办学方式开展培训。2018 年 3 月成立湖北纪检监察干部学院,用办学方式开展大规模、专业化培训。2019 年以来,学院已举办培训班 27 期、培训

5989 人次,同比增加 60.3% 。截至 2019 年 12 月底,全省省、市、县三级纪检监察机关举办自办培训 536 期、培训干部 56,924 人次,培训覆盖率达到 100% ,实现教育培训全覆盖。

二是以“大讲堂”扩大培训覆盖面。省纪委监委利用省、市、县三级纪检监察视频系统,每季度组织 1 ~2 期“楚天纪检监察大讲堂”,实现省、市、县、乡纪检监察干部“同上一堂课”,先后邀请中央纪委、省直相关部门领导,武汉大学、省委党校等单位的专家学者,围绕宪法、刑法、刑诉法、纪检监察业务知识等进行专题辅导,2019 年已举办 12 期、培训干部 4.7 万余人次。

(三)深入开展党风廉政建设法规制度的宣传教育

深入开展“十进十建”活动,推动党规党纪和监察法规宣传教育进党政机关、进企事业单位、进党校行政学院、进农村社区等,营造正风肃纪反腐浓厚氛围。开设“楚韵清风”测试平台,拍摄警示教育片《重整行装　利剑反腐》《红与黑—李红云的两面人生》,编印违纪违法案例《警示录》,全覆盖开展案例警示教育,以测促学,以案警示。

积极开展“宪法宣传周”活动。2019 年 12 月 3 日、6 日分两次组织各厅部室及派驻机构共 150 余名干部,到省高级人民法院通过远程视频系统观看了省委原副秘书长杨邦国和黄冈市公安局原党委委员、副局长童光明涉嫌违法犯罪案件庭审实况,进一步提升广大党员干部运用法治思维和法治方式反对腐败的能力,维护宪法法律权威,深入推进党风廉政建设和反腐败工作。

(四)依规依纪依法严格监督执纪

强化日常监督。全省共运用“四种形态”处理 61,207 人次。其中,通过“红红脸、出出汗”等第一种形态处理 34,563 人次,同比上升 25.5% ,占“四种形态”处理总人数的56.5%;通过党纪政务轻处分、组织调整等第二种形态处理20,872人次,同比下降8.5%,占34.1%;通过重处分、重大职务调整等第三种形态处理3112人次,同比下降7.4%,占5.1%;对严重违纪涉嫌违法立案审查的,通过第四种形态处理2660人,同比上升113.1%,占4.3%。

扎实开展以案促改工作。全省纪检监察机关共接受信访举报78,480件次,处置问题线索65,827件,立案28,649件,同比分别上升14.5%、13%、1.9%;全省结案26,746件,同比下降3.6%。处分党员干部26,021人,其中厅局级干部86人。省纪委监委立案74件,同比下降20%。其中查处了杨邦国、潘启胜、郭唐寅、董国祥、杜云生、蔡杰、胡洪春、章良华、陈新林、邓新华等20起有影响的大案要案。

健全完善内部大监督格局。出台纪检监察干部对外交往“十一不得”纪律规定,自觉接受各方面监督,确保党和人民赋予的权力不被滥用、惩恶扬善的利剑永不蒙尘。坚持刀刃向内,对执纪违纪、执法违法者零容忍,严防“灯下黑”,全省查处纪检监察干部257人,其中处级以上34人。

(五)建立健全规范履职、保障执行、促进发展的工作制度

一是严格规范执纪执法程序。制定出台执纪执法工作制度45项,对案件管辖、问题线索受理处置、初步核实、立案审查调查、调查措施使用、情报信息查询、涉案财物处置等明确实体性要求和程序性规定,基本形成涵盖执纪执法各方面、全流程的制度体系,形成相互协调、相互制约的内部运行机制。

二是促进纪法贯通、法法衔接。在线索管理上贯通,问题线索统一由案件监督管理室管理,一般性违纪问题线索,分流至监督检查室办理;严重违纪和涉嫌职务违法、职务犯罪的问题线索,分流至审查调查室办理。在审查调查上贯通,对党员监察对象同时存在违纪问题和职务违法、职务犯罪问题的,同步进行

党纪立案和监察立案,既调查其违纪问题,又调查其职务违法犯罪问题。在处分处理上贯通,对党员严重违纪涉嫌职务违法犯罪的,先作出党纪、政务处分,再移送司法机关依法处理。同时,出台监察机关与司法机关、执法部门之间的协作配合制度 13 项,对与司法程序有序衔接、加强与有关机关协作配合事项、畅通问题线索移送等作出明确规定,增强反腐败工作合力。

三是激发干部担当作为、保障企业发展。制定出台《关于鼓励和保护干部干事创业的意见》,针对广大干部关心关注的容错免责情形等 12 个问题,提出"正面清单"。制定出台《关于全省纪检监察机关服务保障企业发展的十二条措施》,要求各级纪检监察机关规范审慎查办涉企案件,既要查清问题,也要切实保护企业及其相关人员的合法人身财产权益,保障企业合法经营。

四是积极组织开展法规清理工作,切实维护党纪国法的统一和权威。对 2017 年以来省纪委监委出台的与监督执纪工作规则、监督执法工作规定相关的制度进行清理,共梳理 54 件,废止 2 件,修改 17 件;对《湖北省预防职务犯罪条例》等 3 部地方性法规决议进行清理,提出废止建议。

二、2020 年工作思路及要点

(一)以党的十九届四中全会精神为指导,坚持和完善党和国家监督体系

落实各级党组织全面从严治党主体责任,重点加强对各级主要领导干部的监督,完善领导班子内部监督制度,破解"一把手"监督和同级监督难题。

(二)忠诚履行党章和宪法赋予的职责,坚决维护党纪国法的尊严和权威

坚定不移推进反腐败斗争,坚持无禁区、全覆盖、零容忍,重遏制、强高压、长震慑,始终保持高压态势不动摇。坚决查处政治问题和经济问题交织的腐败

案件,坚决斩断"围猎"和甘于被"围猎"的利益链,坚决破除权钱交易的关系网,巩固和发展反腐败斗争压倒性胜利。

(三)深入推进"十进十建",强化党风廉政制度宣传教育

继续开展全省党风廉政建设宣传教育月和宪法宣传周活动,推动党章党规党纪和宪法法律宣传教育全覆盖、常态化、制度化、长效化。扎实开展以案促改工作,注重从典型案件中查找案发单位管理、制度、责任方面存在的问题,督促加强教育、深化改革、健全制度,达到查办一案、警示一批、教育一片、治理一方的效果。

(四)深化纪检监察体制改革,推进纪检监察工作规范化、法治化

深化派驻机构改革,分类推进体制机制创新,加强对派驻机构的统一管理,强化对省管企业、省管金融企业、省管高校纪检监察机构的领导和管理,提高派驻监督全覆盖质量。完善纪检监察工作制度框架,整合规范纪检监察工作流程,进一步完善与司法执法机关的协作配合机制,推进纪检监察工作规范化、法治化。

(五)加强纪检监察干部法治培训,全面提高法治思维和依规依纪依法办案能力

强化法治教育,进一步增强纪检监察干部的法治意识,夯实以法治思维和法治方式反对腐败的自觉性和坚定性。加强法律法规和党内法规培训,建立健全更加灵活、更加生动、更加丰富的法治教育培训体系,落实全员培训要求,分层分级开展专业化培训,提高精准监督和执纪执法能力。

省委政法委2019年度法治建设工作报告

2019年,省委政法委坚持以习近平新时代中国特色社会主义思想为指引,认真贯彻落实党的十九届四中全会精神,按照省委全面依法治省委员会工作部署,着力推进司法领域法治工作,提升执法司法规范化水平,为湖北经济社会发展提供了强有力的法治保障。

一、2019年度主要工作

(一)坚持以人民为中心,服务湖北高质量发展

贯彻党中央、省委重大决策部署,印发《关于进一步依法保障和服务民营企业健康发展的实施意见》,维护民营经济发展活力。推动公安机关落实服务民营经济发展"十条措施",检察机关落实"新鄂检十条",依法严厉打击侵犯民营企业合法权益的犯罪,优化法治化营商环境。全省司法行政系统组建54个服务民营企业律师团,为6458家民营企业提供"一对一"法治体检服务。武汉知识产权审判庭"三审合一"审判机制改革入选国家发改委"全面创新改革试验百佳案例"和国务院办公厅"支持创新改革举措推广清单",知识产权保护力度进一步加强。开展"长江流域生态保护公益诉讼专项行动",探索建立涉长江流域生态环境资源一体化司法保护机制,推动形成共抓大保护的工作格局。

(二)坚持党管政法原则,完善政法体制机制

省委出台《湖北省实施〈中国共产党政法工作条例〉细则》,为解决当前政法工作中的突出问题提供了法规依据。举办全省政法领导干部政治轮训班,进一步提升全省政法干警的政治自觉。推进党委政法委机构改革,将内设机构由16个缩减到12个,整合了原省综治办、省维稳办、省防范办等职能,并指导推动市州圆满完成机构改革任务。全省基层人民法院内设机构数量从改革前1881个减少至1064个,精简比例达到43.43%。省、市人民检察院内设机构重塑性改革,推动形成"四大检察""十大业务"的法律监督总体布局。省公安厅率先完成两个职务序列改革,实现"三项津补贴"全覆盖。国家安全机关组织建设全面加强,初步建成现代化隐蔽战线组织形态领导体制。省司法厅推动沙洋监狱局撤销、强化监狱保障、民警编制实名制登记、"三供一业"移交等重大改革任务向前迈进。

(三)纵深掘进扫黑除恶专项斗争,助力打好三大攻坚战

坚决贯彻落实党中央扫黑除恶决策部署,全力打好"五位一体"整体战。省扫黑除恶领导小组发挥统筹协调职能,印发"抓市促县"工作方案,抓实抓细领导包案、专家诊案、"大三长"、"小三长"会商协调等工作机制,压实责任,强化问题整改和大案攻坚。加强协同联动,进一步规范统一证据标准,出台分类处理指导意见。把扫黑除恶专项斗争与加强行业源头治理、提升社会治理水平和巩固党的基层政权结合起来,重点推进打击长江流域黑恶势力、打击非法采砂等违法犯罪专项行动,建立完善国土、交通、市场、金融、文化等重点领域长效监管制度机制。

(四)推进政法领域全面深化改革,提升政法工作现代化水平

省委政法委贯彻落实《关于政法领域全面深化改革的实施意见》,明确湖北省政法领域全面深化改革的路线图、时间表。2019 年度部署的 46 项改革项目,完成了 37 项,还有 9 项正在推进,20 项亮点工作取得重大进展。

深化以审判为中心的刑事诉讼制度改革。政法单位联合出台实施细则,建立诉讼过程精简、程序衔接顺畅的配套制度体系,推进认罪认罚从宽制度、刑事速裁程序依法落实。全省适用认罪认罚从宽办理案件 37,123 人,总体适用率达到 58.89%,检察机关量刑建议被法院采纳率达到 80.3%,一审判决上诉率下降至 3.4%,办案平均周期缩短至 42 天,有力提升了司法办案质效、化解了社会矛盾。

推进案件管辖制度改革。深化行政案件相对集中管辖试点,扩大铁路法院跨区划管辖范围,环境资源、知识产权案件集中审理稳步推进。

深化司法行政体制改革。制定涵盖 22 类 140 项工作标准及考核办法的监狱工作标准体系,创新推进"三新"监区文化、"云课堂"等工作品牌。落实统一戒毒基本模式,全省戒毒场所划分清晰规范,全程流转科学有序。推进监狱和社区矫正刑罚执行一体化,开展刑满释放人员排查走访专项活动,建立社区矫正安置帮教联席会议机制,促进监狱监禁和社区矫正有机衔接。

(五)深化司法责任制综合配套改革,全面落实司法责任制

坚持问题导向,围绕破解权责平衡、监督制约、案多人少等问题,加强政法机关之间的协调联动,推动各项配套制度系统集成。

着力实现权责一致。进一步完善司法权力清单,省高级人民法院把监督管控措施嵌入司法权运行过程,省人民检察院将 137 个事项决定权赋予检察官,

职责权限更加明晰。推进入额领导干部办案常态化,健全重大疑难案件由院、庭长办理机制,进一步加强对院、庭长办案的网上公示和考核监督。

着力加强监督制约。省高级人民法院出台《全省法院司法责任制工作指引》,细化重大敏感等四类案件的审查标准,强化案件的质量评查。全省检察机关设检务督察部,强化流程监控、质量评查、执法监督、巡视巡察、内部审计与追责惩戒等工作。

着力缓解案多人少矛盾。开展员额动态管理试点,让员额和编制向案件量大、地处艰苦边远等地区倾斜。组织开展年度法官检察官入额遴选,实行员额递补机制,遴选 282 名员额法官和 181 名员额检察官,56 名递补员额法官和 29 名递补员额检察官,及时补充一线办案力量。按照与员额法官、检察官 1∶1 的比例配备司法辅助人员。深化"分调裁审"机制改革,促进民商事案件简易分流、轻重分离、快慢分道。

着力推进"智慧司法"进程。加快政法信息化"1234"工程进程,推动政法机关网络互联互通、信息资源共建共享、执法司法办案网上流转。建成全省法院数据中心和分析平台,建设运用信息化办案系统,促进审判体系和审判能力现代化。检察机关 51 个项目全部通过省发改委审批,已建成 3 个,完成招标 35 个,"智慧公诉辅助系统"获评全国"智慧检务"十大创新案例。

二、2020 年度工作要点

2020 年,省委政法委将按照省委全面依法治省委员会工作部署,结合疫情防控善后推进司法领域法治工作,进一步提升执法司法规范化水平。

一是贯彻落实党的十九届四中全会精神,不断健全中国特色社会主义公平正义法治保障制度体系。

二是贯彻落实《中国共产党政法工作条例》,总结各地统筹协调、组织建设、队伍建设等方面的经验，探索更加有效的形式和方法，指导政法机关在宪法法律规定的范围内开展工作。

三是统筹推进政法领域全面深化改革。严格落实《关于政法领域全面深化改革的实施意见》，重点推进政法职能体系改革，加强公共法律服务体系建设。

四是深化司法责任制综合配套改革。加强司法队伍建设，健全员额管理和遴选制度，优化司法职权配置，推进司法办案新型监督管理机制建设。

五是加大改革督察和执法司法检查力度。统筹协调重点领域改革，部署开展专项督察。定期开展案件评查、执法司法规范化检查，督促办案机关及时整改，促进政法机关严格执法、公正执法。

六是妥善应对新冠肺炎疫情防控善后工作的相关法律问题和司法风险。推动政法各单位及时研判相关风险，制定相关预案。推动司法办案出台分类指导意见，严格依法办理涉疫情的各类案件。加强法治宣传指引，汇编疫情防控措施及相关法律知识，强化居民疫情普法教育。

省高级人民法院
2019 年度法治建设工作报告

湖北省高级人民法院(以下简称省高院)坚持以习近平新时代中国特色社会主义思想为指导,全面贯彻落实党的十九大和十九届二中、三中、四中全会精神,认真学习领会习近平总书记全面依法治国新理念新思想新战略,围绕党中央决策部署和最高人民法院、省委工作要求,认真落实省委全面依法治省委员会 2019 年度工作要点及重要事项责任分工,各项工作取得了新进展。

一、2019 年工作情况

(一)加强组织领导,全面履行法治建设职责

省高院党组坚持将推进法治建设作为重大政治责任,严格执行《党政主要负责人履行推进法治建设第一责任人职责规定》,党组书记定期主持研究重大法治建设工作事项,听取法治建设工作情况汇报。印发责任分工实施方案,将履行全面依法治省工作职责细化分解为 31 项具体任务,加强对法治建设工作的管理、推动和督导。全面落实领导班子和领导干部学法、述法制度,把学习法律法规、党内法规纳入党组理论学习中心组学习计划。举办"法官大讲堂"、组织干警参加"中原法治大讲堂"、司法业务专题辅导等培训活动 8 期,并结合"不

忘初心、牢记使命”主题教育和支部主题党日、宪法宣誓等活动进行法治教育，增强法治信仰。落实重大决策合法性审查制度，执行党组会、院长办公会议事规则和审判委员会工作规则，确保决策程序规范，决策结果合法合规。及时研究讨论《刑事诉讼法》等法律法规实施工作，积极办理《湖北省长江生态环境保护条例》等20余项立法项目草案的征求意见工作。

（二）围绕中心大局，积极营造良好法治环境

出台《充分发挥审判职能推进优化湖北营商环境建设十条意见》等20余项审判指导文件，找准司法服务大局的切入点和着力点。服务保障打好三大攻坚战，着力防范化解金融风险，依法惩治非法集资、电信诈骗、“套路贷”等涉众型经济犯罪，妥善处理民间借贷、金融借款、融资租赁等纠纷，审结相关案件146,232件，全力维护金融稳定；出台审理涉扶贫领域案件指导意见，严惩侵占、挪用扶贫惠农资金等犯罪行为，妥善处理涉“三农”纠纷，服务精准脱贫和乡村振兴；重拳打击污染环境、破坏资源等行为，依法确定非法采矿罪、破坏性采矿罪入罪标准。服务供给侧结构性改革，畅通破产案件受理渠道，推动建立府院联动机制，加大“执行转破产”力度，依法运用重整重组等方式，帮助危困企业获得新生。细化落实《湖北省营商环境评价指标体系》，建立涉企案件经济影响评估制度，会同省工商联出台促进民营经济发展的十条措施。服务长江经济带发展，贯彻落实“共抓大保护”，组建环境资源及公益诉讼审判咨询专家库，联合长江水利委员会等行政执法部门建立长江生态环境保护协调联动机制，与湖南省高级人民法院签署《环洞庭湖环境资源审判协作框架协议》，发布湖北法院长江生态环境司法保护白皮书，推动设立长江生态法院。发挥知识产权司法保护主导作用，严厉打击商标攀附、仿冒等违法行为，1起案件入选“中国法院知识产权50件典型案例”；推动设立武汉知识产权法院，促进提升湖北省科技创新区

位优势;服务保障湖北全方位开放,就《外商投资法》实施向省政府提出司法建议。

(三)积极参与社会治理,促进法治建设深入发展

依法惩治刑事犯罪,审结一审刑事案件48,233件;深入推进反腐败斗争,审结贪污、贿赂、渎职等职务犯罪案件1117件。深化扫黑除恶专项斗争,专项斗争开展以来,全省法院一审、二审审结涉黑涉恶案件1059件7296人,一审判处5年有期徒刑以上刑罚1413人;聚力“打伞破网”“打财断血”,彻底摧毁黑恶势力犯罪经济基础;省高院被评为全国扫黑除恶专项斗争先进单位。监督支持依法行政,审结行政案件26,618件,推进行政机关负责人出庭应诉,促进行政争议实质性化解,天门等地行政机关负责人出庭应诉率保持100%。创新发展新时代“枫桥经验”,推进“两个一站式”建设,推广咸宁市人民调解中心“整合解纷资源、开展诉源治理”经验,构建“法院+工会”劳动争议诉调对接机制,推动形成“社会调解在先、法院诉讼在后”的多元解纷大格局。加强民生权益保障,依法严惩危害食品药品安全犯罪;完善人身安全保护令程序规定,发布打击涉校违法犯罪的通告,开展未成年人刑事案件集中管辖试点,构建完善保护妇女儿童权益工作机制;启用“湖北移动微法院”,让当事人感受“指尖诉讼”的便利。推进社会诚信体系建设,完善信用惩戒联动机制,开展“规范执行年”活动,巩固深化“基本解决执行难”工作成果。

(四)深化改革创新,着力提升法治建设能力

全面落实司法责任制,推进新型办案团队建设,新遴选282名员额法官,并确定56名递补人选,推动法官和雇员制书记员比例达到一比一。研究制定《司法责任制工作指引》等规范性文件,加强对员额法官、院庭长特别是中、基层人

民法院“一把手”的监督管理,“重点关注案件”评查机制入选最高人民法院司法改革案例。深化以审判为中心的刑事诉讼制度改革,对全省刑事法官进行轮训,依法推进认罪认罚从宽、刑事速裁工作,联合省检察院、省司法厅开展刑事案件律师辩护全覆盖试点。实行“分调裁审”改革,组建速裁快审团队,加大诉前调解力度,实现案件繁简分流、轻重分离、快慢分道,全省一审民事案件简易程序适用率67.66%。推进环境资源、知识产权案件集中审理,武汉知识产权审判庭“三审合一”审判机制改革入选国家发改委“全面创新改革试验百佳案例”和国务院办公厅“支持创新改革举措推广清单”。完成全省基层人民法院内设机构改革,内设机构数量减少817个,将更多力量向审判一线集中。加快建设信息化“1234”工程,努力打造智慧法院,促进审判体系和审判能力现代化。

二、2020年工作要点

2020年,全省法院将认真贯彻党中央决策部署和省委工作要求,发挥司法服务国家治理体系和治理能力现代化的职能作用,为法治湖北建设提供更加有力服务保障。

(一)以更加鲜明的政治立场确保法院工作正确方向

坚持党对法院工作的绝对领导,坚定不移走中国特色社会主义法治道路。努力完成维护国家政治安全、确保社会大局稳定、促进社会公平正义、保障人民安居乐业的使命。

(二)以更加务实的工作举措贯彻落实党的十九届四中全会精神

加强行政审判工作,支持监督依法行政;推进“两个一站式”建设,依法化解社会矛盾纠纷;加强人民法庭建设,积极参与基层治理;建立执行长效机制,提升执行规范化水平;深化司法体制改革,努力为国家治理体系和治理能力现代化贡献司法力量。

(三)以更加主动的担当作为服务中心大局

依法惩治刑事犯罪,维护国家长治久安和社会大局稳定;积极服务三大攻坚战、供给侧结构性改革、法治化营商环境建设、绿色创新开放发展等重大战略实施,为湖北高质量发展保驾护航。

(四)以更加严格的依法办案守住公正司法底线

坚持法治思维和法治方式,牢固树立铁案意识,始终在法治轨道上推进“扫黑除恶”专项斗争和反腐败工作,确保每一起案件都经得起法律、历史和人民的检验。

(五)以更加有效的管理措施提升队伍建设水平

加强对中、基层人民法院“一把手”和全体员额法官的监督管理,加强高端审判人才和年轻干部培养,落实党风廉政建设“两个责任”,促进队伍素质能力整体提升。

省人民检察院
2019 年度法治建设工作报告

2019 年以来，湖北省人民检察院（以下简称省检察院）在省委、最高人民检察院的正确领导下，深入贯彻党的十九大精神和习近平总书记在中央全面依法治国委员会第一次、第二次会议上的讲话精神，坚持以依法履职尽责、服务保障大局为主线，着力加强检察业务工作，持续深化司法体制改革，狠抓过硬队伍建设，为湖北经济社会发展提供了强有力的法治保障。

一、强化组织领导　积极落实法治建设工作职责

省检察院党组主动将检察工作置于法治湖北建设的全局来谋划，加强对法治建设工作的组织领导，狠抓法治建设各项工作的落实。

（一）院党组织积极谋划，带头学法

领导班子以“不忘初心、牢记使命”主题教育活动为契机，开展中心组学习、专题辅导报告会、读书班、交流研讨会等活动 10 场次，就新颁布的党内法规、宪法实施、修改后人民检察院组织法、刑事诉讼法、外商投资法等进行学习研讨。

（二）切实加强自身法治化建设

一是严格落实重大决策合法性审查制度。完善落实党组会、检委会和检察

长办公会议事规则和决策程序。积极配合党委、人大、政府等单位开展法律法规论证审核工作。

二是严格执行集中填报过问或干预、插手检察办案等重大事项,全省集中填报过问或干预、插手检察办案等重大事项共306件,其中省检察院13件。

三是自觉接受人大监督和政协民主监督。建立与代表委员经常性直接联系机制,全面梳理省"两会"期间代表、委员提出的意见建议,对15件省人大代表建议和政协委员提案认真办理,全部按期办结并反馈,代表均表示满意。

二、全力服务湖北高质量发展

(一)深入开展扫黑除恶专项斗争

2019年,全省检察机关共批捕涉黑涉恶犯罪2048人,提起公诉4098人,追捕293人,追诉251人。坚持除恶务尽与坚守法治相统一,追加认定黑恶犯罪392件,未予认定503件。荆州检察机关办理的张新民案,通过引导侦查,从一起普通案件中挖出涉黑命案,被最高人民检察院评为"样板案",经验向全国推广。

(二)积极服务打好三大攻坚战

高度重视促进防范化解金融风险,批捕金融领域犯罪964人,起诉1103人,同比分别上升24.5%、41.6%;落实最高人民检察院"三号检察建议",加强与省金融办的沟通协调,促进相关问题的综合治理。

围绕脱贫攻坚,积极参与农资打假专项治理行动,起诉侵占扶贫资金、销售假种子等犯罪204人,向623名因案致贫的群众发放司法救助资金996.7万元。省检察院定点帮扶的崇阳县已脱贫摘帽。

围绕污染防治，依法批捕破坏环境犯罪1135人、起诉2306人，同比分别上升71.7%、57.1%。持续深化“保护生态环境、促进绿色发展”和“长江流域生态保护公益诉讼”专项工作，在依法办案的同时，落实禁止环保“一刀切”政策，探索“恢复性司法”举措，实现保护环境、保障发展、服务企业“一案三赢”。

（三）更加注重服务民营经济发展

坚持平等适用法律，严惩破坏市场经济秩序犯罪，批捕3299人、起诉4150人。深化落实湖北省人民检察院《关于充分发挥检察职能依法保障和促进非公有制经济健康发展的十条措施》（以下简称新“鄂检十条”），开展涉民营企业案件立案监督和羁押必要性审查专项活动，聚焦侵占企业财产有案不立、动用刑事手段插手经济纠纷等问题，监督立案71件、撤案32件。

三、牢记为民宗旨 努力满足人民群众法治新需要

我们坚持以人民为中心的发展思想，发挥检察职能助推法治湖北建设，努力让人民群众在每一个司法案件中感受到公平正义。

（一）加强刑事检察

在履行批捕、起诉职能的同时，加强对刑事诉讼活动的监督。监督侦查机关立案1332件、撤案880件，对确有错误的判决或裁定提出刑事抗诉346件。积极稳妥履行对司法人员相关职务犯罪的侦查权，查办64人，在最高人民检察院介绍了经验。积极参与反腐败斗争，对监察机关移送的职务犯罪案件，决定逮捕542人、起诉909人、不起诉43人。加强刑事执行监督，纠正减刑、假释、暂予监外执行不当1936件，监督将119名被判处实刑但未执行的罪犯收监执行，加强财产刑执行监督，提出书面监督纠正意见3583件，开展监狱巡回检察92

次,发现并纠正监狱执法问题 868 个。

(二)做强民事和行政检察

民事裁判结果监督案件规模稳步提升,受案 2337 件,同比上升 24.4%;办结 2182 件,同比上升 48.1%;提出抗诉和再审检察建议 300 件。在精准监督上下功夫,通过典型案件抗诉,发挥对类案的指导作用。加强对审判和执行活动深层次违法行为的监督,发现并督促纠正民事虚假诉讼 69 件,对相关参与人犯罪线索,移送公安机关追究刑事责任 44 人。

立足促进司法公正和依法行政,加强对征地拆迁、工伤认定、治安行政处罚等领域案件的监督,办结行政裁判结果监督案件 325 件,对行政审判和执行活动中的不当情形提出监督纠正意见 586 件。深化行政非诉执行专项监督工作,提出检察建议 460 件。

(三)加强公益诉讼检察

配合省人大常委会出台《关于加强检察公益诉讼工作的决定》,加大办案力度,立办公益诉讼案件 5129 件,同比上升 14.5%。97% 的行政公益诉讼案件通过诉前检察建议得到解决。对发出检察建议后问题没有得到解决的,向法院起诉 86 件。通过办案共督促恢复、收回被毁损、占用的国有林地、生态公益林地和耕地 6.1 万亩,督促恢复治理被污染水源地、河流湖泊面积 1.82 万亩,督促清除各类固体废物 5 万吨,督促收回国有财产 1.3 亿元。

认真开展"回头看",对 2018 年办理的 4372 件公益诉讼案件质量和效果进行排查,对行政机关履职情况进行跟踪监督,依法起诉一批未整改到位的案件。

四、深入推进司法改革　全力提升司法公信力

按照党中央关于加快推进政法领域全面深化改革的要求,推动改革在更高

起点取得突破。

(一)稳妥推进内设机构改革

健全完善协同高效的检察机关组织体系,全面实行“捕诉一体”,刑事案件一次退查率、批捕后不起诉率均呈现下降态势,办案效率和质量进一步提升。合理设置民事、行政、公益诉讼检察机构,优化人员配备,推动形成“四大检察”“十大业务”的法律监督总布局,检察职能履行更加全面、协调、充分。

(二)全面落实司法责任制

修改完善《三级院检察官权力清单》,省检察院将137个事项决定权赋予检察官。完成新一轮检察官遴选,遴选181名检察官。院领导办案实现常态化,全省三级检察院领导办案25,465件。对近3年办案数据进行全面分析,针对问题开展专项督查。深化案件质量评查,将评定等次作为检察官绩效考核的依据。

(三)认罪认罚从宽制度全面落实

加强与省法院、公安厅、司法厅的协作配合,采取召开推进会、制发文书样本、完善值班律师制度等措施,建立起了诉讼过程精简、程序衔接顺畅的配套制度体系。全省适用认罪认罚从宽制度办理案件36,379件46,080人,整体适用率达到63.7%,量刑建议采纳率达84.5%,一审判决上诉率下降至2.9%,不仅节约了司法资源,也促进被告人认罪悔罪、被害人宽宥谅解,修复受损的社会关系。

五、2020年工作要点

2020年,全省检察机关将进一步贯彻落实党的十九届四中全会精神和省委决策部署,积极发挥检察职能保障战略发展大局,深入贯彻落实好法治建设各项任务,努力为湖北高质量发展贡献检察力量。

一是持续巩固“不忘初心、牢记使命”主题教育成果,引导干警不断增强“四个意识”,做到“两个维护”,坚持把党的领导贯彻落实到全面依法治省的全过程和各方面。

二是以扫黑除恶专项斗争为牵引,进一步加大对刑事犯罪案件的打击力度,积极参与社会治理,为法治湖北建设营造平安稳定的社会环境。

三是更加精准助力经济社会发展,围绕打赢三大攻坚战、服务民营经济发展等重点任务,深化态势分析,细化服务举措,为推动湖北高质量发展注入强大法治动力。

四是着力强化检察监督,努力实现办案有力度、监督有亮点、工作有活力,努力实现做优刑事检察、做强民事检察、做实行政检察、做好公益诉讼检察的目标要求。

五是重点推进司法体制综合配套改革,全面落实司法责任制、认罪认罚从宽制度、监狱巡回检察,加快智慧检务建设,着力提升办案效率,促进公正司法。

省发展改革委
2019年度法治建设工作报告

2019年，省发展改革委坚持以习近平新时代中国特色社会主义思想为指导，认真贯彻落实党中央国务院、省委省政府关于法治政府建设的决策部署和要求，加强组织领导，压实工作责任，制定具体措施，深入推进法治机关建设，加强法治宣传教育，持续深化“放管服”改革，大力优化营商环境，全面推进依法行政，为推动全省经济高质量发展提供有力法治保障，圆满完成了全年法治建设目标任务。省发改委法规处被评为全国“七五”普法中期先进集体。

一、省委全面依法治省委员会重要事项完成情况

（一）积极推动开发区条例立法工作

坚持科学、民主、依法立法，积极支持配合省人大、省政府做好开发区立法调研论证和审议工作。全面修订《湖北省经济技术开发区条例》，更名为《湖北省开发区条例》，2019年11月29日，《湖北省开发区条例》已由湖北省第十三届人大常委会第十二次会议通过，自2020年3月1日起施行。

（二）扩大先建后验试点

2018年年初，武汉东湖开发区、黄石经开区等10个园区先期启动报建审批

阶段承诺审批先建后验试点,2019 年已在全省范围内铺开试点。截至目前,全省先建后验已落地项目 483 个,从企业注册到项目开工最短时限普遍缩短到 50 个工作日以内。在跟踪试点情况,总结试点经验,协调解决试点工作中的困难和问题的基础上,形成可复制推广的经验。黄石市开展的工业企业投资项目“先建后验”改革试点得到李克强总理的批示肯定,并作为国务院第五次大督查发现的典型经验做法在全国推广。

(三)全面实施市场准入负面清单制度

会同省商务厅联合转发《市场准入负面清单(2018 年版)》,并就全面实施市场准入负面清单工作进行部署。组织各地认真梳理地方性法规设立的市场准入管理措施,清理清单之外设立的许可事项,规范各地设立的准入类负面清单。组织各地各有关部门开展市场准入负面清单修订工作,形成修订意见报国家发展改革委。2019 年 11 月,国家正式印发《市场准入负面清单(2019 年版)》后,省发展改革委认真研究完善配套措施,确保市场准入负面清单制度稳妥有序实施。

(四)深入推进社会信用体系建设

一是完善省社会信用信息服务平台功能,促进信用信息归集共享。平台共归集 6490 万名自然人基本信息、635 万法人和其他组织基本信息,已归集 22 亿余条信用记录,基本可以满足公众信用信息查询、部门信用信息共享交换、第三方信用服务机构产品应用等服务需求。

二是推进联合奖惩。研究制定了《关于规范公共信用信息评价和红黑名单制度的指导意见》,推动食品药品监管、环境保护、安全生产、商务等 17 个部门研究确定红黑名单认定标准,制定相应奖惩措施,加强行业领域的分类监管。

"信用中国(湖北)"网站共发布近20万个红黑名单。

三是推进政务信息资源标准化。组织省行业主管部门编制了《2019年湖北省行业信用信息目录》,报省政府批准后施行。

(五)组织开展全省优化营商环境专项督查

一是聚焦营商环境评价指标体系,全面对标国家标准,研究制定了《湖北省营商环境评价工作方案(试行)》,由省政府办公厅印发实施。引入第三方评价机构,对全省17个市州开展评价,通过对标国内先进城市,对比各项指标的实际情况及其与国内前沿值的差距,分析各市州营商环境存在的短板不足,帮助各地查问题、找原因、提建议、促优化。

二是聚焦营商环境建设关键环节,按照"标准量化、综合排名、定期通报、末位约谈"的原则,制定督查方案,会同省政府政务督查室组织开展3次专项督查,围绕企业开办、不动产登记等重点改革事项,查找各类问题217个(一季度98个,二季度62个,三季度57个),通报督查整改3次,开展督查问题"回头看"2次。全面了解各地各部门优化营商环境推进情况、典型经验做法,查找痛点难点堵点,督促抓好整改落实,形成"发现问题—督促整改—成效检验"的良性闭环。

二、省发展改革委法治机关建设主要工作方法

(一)积极推动重点领域立法

大力推动《湖北省开发区条例》立法工作,出台《关于进一步做好湖北省社会信用信息服务平台公共信用信息披露工作的通知》《关于运用省社会信用信息服务平台联合奖惩管理系统实施联合奖惩的通知》等配套制度,配合省人大

常委会开展了《湖北省社会信用信息管理条例》执法检查工作,着力解决信用信息归集难问题。

(二)全面深化"放管服"改革

一是持续深化简政放权。精简审批事项,对现行审批事项逐一论证,成熟一批、推出一批,实现行政许可事项"应放尽放",取消下放调整项。压减审批时限,对行政许可事项办理时间按法定时限压减50%,要求从受理、审核、审批、办结、送达5个环节统一承诺在10个工作日内办结。

二是不断创新监管理念和方式。创建"双随机一公开"监管为基本手段、以重点监管为补充、以信用监管为基础的项目实施监管机制。推行"照单监管",全面梳理职责范围内监管事项清单,分项录入和汇聚监管事项清单3项、实施清单10项、监管行为517条、执法人员147人信息,推动项目监管数据全程可追溯和"一网通管"。

三是深入推进政务服务"一网通办"。统筹编制和发布省、市、县三级发改部门政务服务和公共服务事项清单,建立权责清单动态管理机制,审批事项实现数据同源,同步更新。

(三)加强政务信息公开

着重做好优化营商环境、长江大保护、价格监测领域等信息公开。建设《湖北省优化营商环境专栏》《湖北长江经济带绿色发展十大战略性举措系列解读》《汉江生态经济带发展规划湖北省实施方案(2019—2021年)解读》《湖北省易地扶贫搬迁》《价格监测》等专题专栏,反映最新工作动态,工作做法,提出对策建议。推进重大决策预公开,涉及公共利益和公众权益的重大事项除依法应当保密外,决策方案在决策前向社会公布决策草案,通过调研等方式广泛听取公众意见，并及时公开意见收集采纳情况。

三、2020年工作思路及工作要点

一是制定全省发改系统2020年法治教育宣传工作要点。重点学习贯彻落实中央全面依法治国委员会和省委全面依法治省委员会的决策部署，扎实推进宪法法律法规实施，大力宣传《外商投资法》《政府投资条例》《优化营商环境条例》《湖北省开发区条例》等。

二是加强法规制度建设。加强重点领域立法，推进优化营商环境立法，优化完善湖北省营商环境评价工作规则，规范评价工作。修订规范性文件管理办法，完善重大行政决策和行政规范性文件合法性审核机制。

三是持续优化营商环境工作。大力抓好我省贯彻实施《优化营商环境条例》工作，研究制定《湖北省实施〈优化营商环境条例〉办法》，严格按照有关立法程序认真开展文本起草、征求意见、实地调研、专家咨询、评估论证、送审颁布等各个环节的工作。大力抓好督导检查工作。全面推进各地各部门开展优化营商环境自查自纠活动，配合省委督查室、省政府政务督查室开展各季度专项督查工作。大力抓好县市区营商环境评价工作，落实《湖北省营商环境评价工作方案（试行）》“2020年将试评价范围逐步扩大到全省县（市、区）”的要求，完善评价方法评价体系。

四是继续推进“放管服”改革。最大限度减少不必要的行政执法，创新行政管理和服务方式，加快推进一体化政务服务平台建设，规范执法自由裁量权。

省教育厅2019年度法治建设工作报告

2019年,省教育厅认真学习贯彻习近平总书记全面依法治国新理念新思想新战略和党的十九届四中全会精神,认真落实省委关于推进法治湖北建设的总体部署,坚持法治机关、法治行业、法治校园一体建设,部门依法行政、学校依法治校、学生法治教育共同推进,全面加强教育法治建设,厅机关、厅直系统和全省教育战线依法治理水平实现新的提升。

一、2019年工作情况

(一)全面加强对教育法治工作的组织领导

一是强化统筹领导。省教育厅党组严格落实领导班子和领导干部学法、述法制度,每年坚持学习党内法规和法律法规不少于两次,每年坚持报告履行法治建设职责情况。二是层层压实责任。制定实施《湖北省教育厅法治单位建设实施方案(2016—2020年)》和《2019年教育政策研究与法治建设工作要点及责任分工》,层层抓好落实。三是加强组织保障。省教育厅党组坚持落实重视法治素养和法治能力的用人导向,引导机关干部和直属单位干部职工自觉尊法学法守法用法。机关单独设置政策法规处,选优配强法制机构工作力量,坚持把法治工作经费纳入年度预算。专门制定《省教育厅任命国家工作人员宪法宣誓实施办法(试行)》,并组织新任命人员向宪法宣誓活动。

(二)不断加强法治政府建设

一是完善、规范行政执法依据和权力事项。积极推动教育立法,提请省人大常委会、省政府将湖北省学校安全条例、湖北省学校管理条例列入立法规划,起草两部地方性法规初稿。加强规范性文件管理,并公布清理结果。完善权力清单制度,重新修订编印《省教育厅行政权力清单和责任清单工作手册》,两次梳理省级教育部门证照事项,证照事项由12项精简至7项。取消证明事项13项。二是坚持科学民主依法决策。完善厅党组民主决策制度,先后制定《教育厅党组重大事项决策办法(试行)》等12项制度,和省委教育工委会、厅党组会、厅长办公会会、厅领导专题会4项会议制度。加强制度合法性评估,凡是以省教育厅名义制定发布的制度文件,均提交法制工作机构进行评估。三是严格规范行政执法行为。严格执行持证上岗制度,对30余名近几年进入机关的干部进行行政执法培训和办理执法证工作。专门编印《教育行政执法制度汇编》《教育行政典型案例选编》,以案说法提升行政执法人员法治意识和法治能力。深化"双随机一公开"监管体制改革,省教育厅两项行政执法检查全部列入"双随机一公开"抽查事项。

(三)持续推进各级各类学校依法治理

一是推进法治学校建设工作。根据省委法治办、省普法办统一部署,正式确定100所大、中、小学开展法治建设示范点创建。在市、县层面开展不同形式的法治建设示范点创建、法治校园创建等活动。会同省检察院继续开展"法治进校园"活动,推动各级检察长担任学校法治副校长,助力学校法治建设。二是强化监督考核。根据省委全面依法治省委员会统一部署,组织对高校领导班子和主要领导干部2018年度法治建设工作进行绩效考核,并通报考核结果。

(四)深入加强教育系统法治教育

一是扎实开展宪法宣传教育系列活动。组织全省学生广泛开展宪法知识学习,举办全省学生"学宪法　讲宪法"演讲比赛和知识竞赛,并遴选湖北省选手参加全国比赛,获得知识竞赛团队一等奖的好成绩。在第六个国家宪法日之际,组织百万名中小学生开展"宪法晨读"活动。面向广大教师和高校学生开展"我与宪法"微视频征集活动等。开展"争当宪法小卫士"在线学习活动,全省300多万名中小学生参与在线学习宪法知识。二是组织开展法治文化节系列活动。会同团省委、省委政法委开展"2019年湖北省青少年法治文化节"系列活动。开展以"预防校园欺凌　共筑美好明天"为主题的百场法治宣讲活动和"预防校园欺凌"在线有奖知识问答活动。

(五)加强法学人才培养工作

一是优化法学专业和人才结构。引导高校增设法学类本科专业,加快法学相关急需人才培养力度。目前,全省41所高校设置16种法学类本科专业101个专业点,占全省本科专业数3%。二是创新法学人才培养机制。遴选确定湖北大学"法学"等16个法学类专业为湖北省一流本科专业建设点,支撑高水平法律人才培养。推进实施武汉大学等高校立项的16项省级"荆楚卓越法律人才协同育人计划",与政法系统有关部门、单位、相关企业共同培养法学人才。推动实施国家"卓越法治人才教育培养计划2.0"。三是深化法学教学改革。支持高校开展相关研究实践,每年立项一批法学类相关省级教学研究项目。认定中南财经政法大学等高校法学系、教研室、课程团队等省级教学团队、省级优秀基层教学组织8个。四是夯实法学人才实践能力。继续推进2个法学类省级虚拟仿真实验教学示范中心和4个司法省级实习实训基地建设,强化学生技能培养和实习实训。加强法学类学生实践能力和双创能力培养,每年实施一批法学相关的国家级、省级大学生创新创业训练计划。

二、关于2020年工作思路和要点

2020年工作的总体思路是:以习近平新时代中国特色社会主义思想和党的十九大精神为指导,认真学习贯彻党的十九届四中全会精神,坚持把制度建设、推进制度实施作为重点,坚持依法行政、依法治校、法治教育一体推进,提升教育治理体系和治理能力现代化水平,为湖北教育高质量发展提供法治保障。重点抓好以下工作:

一是贯彻落实党对坚持和完善中国特色社会主义制度的领导,提高教育政策法治工作政治站位。召开全省教育政策法治工作会议,认真学习习近平总书记全面依法治国新理念新思想新战略和党的十九届四中全会决定,推动教育政策研究和法治建设战线切实把思想和行动统一到党的十九届四中全会精神上来,牢固树立"四个意识",坚定"四个自信",坚决做到"两个维护"。

二是对照构建职责明确、依法行政的政府治理体系目标,推进依法行政制度建设。推动湖北省学校安全条例、湖北省学校管理条例立法工作早日完成,并配合做好宣传贯彻、政策解读等工作。制定《省教育厅行政复议及应诉工作规程》,做好行政复议和应诉工作。

三是适应建设现代学校制度的内在要求,构建学校治理新格局。完善高校领导班子和主要负责人履行法治建设职责考核制度。深入开展"四个100"法治建设示范点创建,发挥典型示范作用。落实《关于建立健全高校章程执行机制的意见》,推动高校依章程办学治校。落实《湖北省中小学章程建设指导意见》,开展中小学章程建设情况专题调研。推进中小学法律顾问制度建设,实现法律顾问全覆盖。

四是以增强青少年学生制度自信为重要任务,加强以宪法核心的中国特色社会主义法治体系的宣传教育。深入落实习近平总书记关于宪法宣传教育的重要指示精神,加强以宪法为重点的法治宣传教育。继续开展全省学生“学宪法 讲宪法”系列活动,继续组织国家宪法日“宪法晨读”活动。会同有关部门继续开展“法治进校园”巡讲、“湖北青少年法治宣讲百场报告会”等活动,围绕青少年学生群体比较关注的内容开展普法宣讲。积极组织青少年学生积极参与法治知识网络大赛、“全省法治微电影微视频”评选等活动,提高法治教育吸引力实效性。

省公安厅2019年度法治建设工作报告

省公安厅全面贯彻落实《湖北省法治政府建设实施方案(2016—2020年)》要求,围绕中心工作,结合公安实际,认真贯彻公安改革新要求,持续深化执法规范化建设,进一步加强和改进新形势下的公安执法工作,努力在更高层次、更高水平上建设法治公安,不断提高公安工作法治化水平,促进法治湖北建设。现将主要工作情况报告如下。

一、2019年法治建设主要做法及成效

(一)加强组织领导,强化责任担当

严格落实党政主要负责人履行推进法治建设第一责任人的规定,每年制发《全省公安机关执法规范化建设工作要点》,将规范执法作为推进法治建设的重要抓手,责任到人、层层压实。将宪法和相关法律法规列为党委中心组理论学习的必修内容,领导干部轮流讲法、带头学法。持续推进依法行政工作,聘请法学专家和律师担任法律顾问,有效防控法律风险。

(二)聚焦中心工作,强化服务保障

一是全力服务经济工作,编制落实《湖北省公安厅优化营商环境重点工作

任务清单》,组织召开全省公安机关服务民营经济发展座谈会,制定出台《湖北省公安机关服务民营经济发展十条措施》,为民营经济发展保驾护航。二是全力服务社会治安防控,持续开展打击整治枪爆违法犯罪专项行动,强力保障公共安全和社会平安稳定。紧盯剧毒、易制爆危险化学品、烟花爆竹等危爆物品安全风险,全覆盖、常态化组织开展安全隐患大排查、大清理、大整改、大防范行动,确保实现“非法枪爆物品见底、枪爆安全隐患归零”工作目标。三是全力服务社会矛盾化解,组织全省公安机关开展为期半年的“矛盾纠纷大排查大化解”专项行动,结合“万名警察进社区入万户”和“一标三实”信息采集等工作,通过走访社区、乡村、单位、家庭,排查、化解矛盾纠纷,推动社会矛盾在基层发现、在基层受理、在基层化解。四是全力服务群众需要,省公安厅出台《湖北省公安机关居民身份证自助服务设备管理办法》《湖北公安机关户政管理“放管服”改革25条措施》等政策规范,指导武汉市出台调整户口迁移政策和完善积分落户办法,方便群众落户。

(三)聚焦实战需要,强化法治保障

一是紧紧围绕中华人民共和国成立70周年大庆、第七届世界军人运动会等重大活动安保及扫黑除恶等专项工作和重大专案、敏感个案办理,严格把好案件事实关、程序关、法律适用关。建立完善湖北省公安厅执法事件应急处置工作机制,明确执法事件应急处置原则、主要任务、处置分工、处置程序等要求。二是制定《湖北省公安厅行政执法责任清单》,明确行政执法权力类型、权力项目名称、责任主体、责任事项、追责情形等。严格规范文明办理行政复议、行政诉讼、国家赔偿等行政案件,保障申请人的合法权益,实现执法过程全流程记录。三是制定《湖北省公安机关重大行政执法决定法制审核办法》,明确县级以上公安机关作出重大行政执法决定之前,必须由本级公安机关法制部门对其合

法性、适当性进行审核,并根据公安工作实际列出审核清单。省公安厅出台了《湖北省公安机关行政案件快速办理工作规定》《湖北省公安厅重大执法事件应急处置规范》等一批制度规范,并指导各地制定具体细则规范200余件,有效堵塞执法漏洞。四是积极推进公安地方立法,将湖北省禁毒条例、湖北省养犬管理条例、湖北省公安机关警务辅助人员管理条例、湖北省高等校园道路管理办法等上报列入2020年立法计划项目。认真开展无谓证明事项、省本级地方性法规专项清理工作。

(四)聚焦问题导向,强化执法监督

一是严格执行《湖北省公安厅从严查处突出执法问题的若干规定》,从严查处群众反映的突出执法问题,重点评查因经济案件、伤害案件和现场执法引起上访投诉的案件、复议复核被撤销的案件。落实执法质量考评“一票否决”,实现评查督导与考核问责机制挂钩。二是进一步深化落实受立案、刑事案件“两统一”等重点改革任务,实现从接处警、受立案到办结案的全流程监督管控。落实《湖北省公安机关快速办理行政案件工作规定(试行)》,简化办案程序,减轻基层负担。三是组织各地有计划、有步骤、有重点地分类推进执法办案管理中心建设,按照智能化管理、合成化作战、专业化保障、全程化监督的要求,打造执法办案、监督管理、服务保障“一体化”的执法办案管理模式。四是印发《湖北省公安机关“智慧法治”工程建设实施方案》,推动全省公安机关完成执法监督管理、执法场所监督系统部署,实现对执法办案全流程、信息化、智能化监督管控。推广运用“湖北公安政务服务平台”,着力打造“阳光警务”。

(五)聚焦素质提升,强化教育培训

一是健全党委中心组学法、领导干部年度述法等制度,提升领导干部法治

思维和法治能力。制定民警通过国家统一法律职业资格考试激励政策,促进公安法律专业人才队伍建设。二是围绕常见多发执法问题,组织各地拍摄制作一批现场执法规范教学片,组织精干教学团队,下基层、上一线,深入开展警务实战送教活动。三是举办“公安法治大讲堂”活动,邀请法律专家通过视频会议系统组织全省民警集中学习法律知识。在《湖北公安手机报》中设立“学法辅导”“执法规范化建设”专栏,力促全警学法、懂法、规范执法。四是落实“谁执法谁普法”普法责任制,省公安厅汇编指导案例60余个,开展专题“以案释法”活动300余次,化解矛盾纠纷1000余起。

二、法治建设中存在的问题及2020年工作安排

尽管在推进法治公安建设上取得了一些成绩,但仍存在工作创新能力有待加强,对工作的新方法、新思路探索、实践还不够等问题。下一步,将进一步落实相关工作要求,聚焦公安执法规范化建设,重点做好以下方面的工作。

(一)继续深化执法权力运行机制改革

继续深化受案立案改革,加大督导检查力度,全面评估受立案机制改革的落实情况;继续深化刑事案件“两统一”改革,加强执法监督力度,将“两统一”制度红利转化为公安执法办案质效。

(二)继续推进执法办案管理中心建设

对照《关于加强公安机关执法办案管理中心建设的指导意见》《湖北省公安机关执法办案管理中心建设指导意见》,有计划、有步骤、有重点分类推进执法办案管理中心建设,切实发挥执法办案管理中心规范办案和提升质效的作用。

(三)继续推进智慧法治建设

按照《“智慧法治”项目建设(一期)实施方案》,推进各地整合汇聚“110”接处警、执法办案、执法场所监督、监所管理、信访、执法视音频管理、公安7大类基础信息库等数据资源,构建以执法监督管理系统为龙头,以执法场所监督、执法公开、执法视音频管理系统为重点的“智慧法治”体系,持续完善后续发展保障机制和发展规划。

(四)继续提升全警执法办案能力水平

创新执法培训方式方法,进一步加强与法学理论界的交流沟通。持续强化执法民警实战模拟训练,继续抓好执法资格等级考试,强化结果运用。继续鼓励民警积极参加国家统一法律职业资格考试,落实记功嘉奖、优先晋级晋职等奖励政策。

省司法厅2019年度法治建设工作报告

2019年,省司法厅在省委、省政府以及司法部的正确领导下,坚持以习近平新时代中国特色社会主义思想为指导,认真贯彻落实党的十九大和十九届二中、三中、四中全会精神,立足“一个统筹、四大职能”新定位,全力做好新时代司法行政各项工作,在实现湖北高质量发展中展现法治作为和法治担当。

一、强化责任担当,落实省委全面依法治省工作部署

(一)坚持党的领导

坚持党对法治建设的领导,提请省委常委会会议、省政府常务会议以及省委全面依法治省委员会第二次会议专题传达学习习近平总书记全面依法治国新理念新思想新战略和相关会议精神。邀请中央依法治国办成员、著名法学专家为省委常委会“不忘初心、牢记使命”主题教育读书班、省政府常务会议授课,深入学习贯彻党的十九届四中全会决定精神,教育引导全系统党员干部守初心、担使命。

(二)推进责任落实

对照《省委全面依法治省委员会2019年工作要点》,制定重要事项责任分

工，明确84项具体工作任务的牵头单位和责任单位。分别组织召开执法、守法普法协调小组第一次会议，部署推进重点工作。组织召开依法治市（州）专题研学会以及法治建设联系人会议，举办全省推进法治建设业务工作培训班，建立法治建设联络员制度，筹备建立湖北法治智库，启动法治湖北白皮书编纂工作。严格落实重要法治工作审批制度、请示报告制度、备案制度以及信息报送制度。编印《全面依法治省工作简报》14期，报送工作旬报32期。

二、规范立法执法，加快法治政府建设步伐

（一）以良法促发展保善治

加强与省人大常委会及省委全面依法治省委员会立法协调小组协调沟通，科学编制年度立法计划。严把草案审修关，聚焦促进中部地区崛起、长江经济带高质量发展、保障改善民生等重点领域立法，先后审修8部地方性法规草案和9部政府规章草案。坚持立改废释并举，严把备案审查关，组织开展涉及《外商投资法》、生态环境保护专项清理，对193部地方性法规进行集中清理，确保重大改革决策于法有据。

（二）促进严格规范公正文明执法

制定行政执法“三个办法”，出台《关于加强法制审核队伍建设的通知》《湖北省行政执法音像记录设备配备办法》，确保“三项制度”全面推行。落实省委主题教育领导小组工作要求，开展执法不严格、不公正、不规范、不廉洁、不文明等突出问题专项治理，纠正问题1517个。启动行政执法监督网络平台建设，清理行政执法主体7000余个，换发行政执法证和行政执法监督证2万余个，从源头上加强对行政执法部门及其工作人员监管。

三、服务群众需求,提升公共法律服务质效

(一)围绕服务大局开展主题宣传

在全省部署开展“服务大局普法行”主题实践活动,出台《关于切实加强乡村普法宣传工作的指导意见》,广泛开展“宪法进万家”“法律进乡村”“青年普法志愿者法治文化基层行”等法治宣传教育活动,惠及316万余名基层人民群众。

(二)健全多元化纠纷解决机制

坚持发展新时代“枫桥经验”,组织开展村(居)调委会清理规范整顿工作,召开武汉“1+8”城市圈联防联调工作会议,多层次多形式构建人民调解组织网络。全省设立律师调解机构596个,律师调解人员2849人,法院调解工作室、律师协会调解中心、律师事务所调解工作室覆盖率达100%,利用“调解网”统筹调配律师调解资源、建立警律联动工作机制受到司法部肯定。全省设立30,366个人民调解委员会,个人调解工作室237个,专职调解员2.2万名,受理调解案件273,887件,成功率达98%。

(三)着力提升法律服务质效

出台《湖北省基层法律服务队伍发展方案》,明确基层法律服务队伍发展方向。全省共推选人民陪审员1145名开展“法律惠民生·助力农民工”活动,受理农民工讨薪案件3051件,讨回欠薪2156万元。受理未成年人法律援助案件2947件,援助3074人次。

四、严格刑事执行，筑牢社会安全稳定防线

（一）加强和改进监狱工作

以贯彻落实中办、国办《关于加强和改进监狱工作的意见》为契机，推动出台《关于加强和改进全省监狱工作的若干措施》，推动沙洋监狱撤销、强化监狱保障、民警编制实名制登记、"三供一业"移交等重大改革任务向前迈进。认真抓好司法部驻在式督察检查反馈整改工作，梳理问题5大项48类1500余个，整改近1200余个。武汉女子监狱等3个单位被评为全国监狱工作先进集体，48名民警被评为全国监狱工作先进个人。

（二）加强和改进戒毒工作

全年新收戒毒人员6210人，收治人数达11,200人，处于历史最高点，收治人数全国第五。推行"4+1+1+1"教育模式，探索推广运动戒毒，受到司法部好评，并在全国会议上进行交流发言。积极开展"智慧戒毒所"试点，大力推进系统智慧戒毒"1332"工程建设，湖北省作为全国18个试点省份之一，确定省狮子山戒毒所为全国试点单位。5名教育矫正和心理矫治专家入选全国专家人才库。

（三）加强和改进社区矫正工作

全时空立体化监督管理格局初步建立，全年无一名社区矫正对象脱管，重新犯罪率0.03%。规范社区服刑人员集中教育工作，集中教育约28万人次。创新湖北教育品牌，1.7万余名社区服刑人员积极参与"中华魂"主题教育读书演讲活动。

全省建立社区矫正中心105个,中心建设覆盖率达102%。推进监狱和社区矫正刑罚执行一体化,抽调180多名监狱戒毒人民警察延伸社区矫正监管,基本确保每个县级社区矫正机构至少有2名警察参与社区矫正工作。

五、2020年工作思路

2020年,我们将深入贯彻党的十九届四中全会精神和习近平总书记全面依法治国新理念新思想新战略,围绕省委、省政府决策部署以及司法部、省委政法委工作要求,全面履行“一个统筹、四大职能”,深入学习《民法典》,积极践行《民法典》,以法治建设成效推进湖北治理体系和治理能力现代化。

一是全面推进依法治省,服务高质量发展。充分发挥省委依法治省办职能作用,推动召开全面依法治省委员会第三次会议、办公室主任会议和各地办公室负责人座谈会。强化顶层设计,积极谋划法治湖北建设规划和法治社会建设实施意见,编纂、出版法治湖北白皮书。落实司法行政改革重点任务,确保各项改革任务如期完成。对3项督察中群众反映强烈以及整改不力的问题进行“回头看”,进一步提升法治建设水平。

二是优化法治产品供给,切实增强法治获得感。认真做好《湖北省公共法律服务条例》立法工作,着力破解当前制约公共法律服务体系建设和平台建设中的突出问题。同时,继续在司法行政服务保障改善民生、国家重大战略实施和全省经济社会高质量发展的结合点上下功夫,创新拓展法律服务为企的路径,做好法律援助为民工作,不断增强人民群众和市场主体的法治获得感。

三是坚持全面从严治党,加快推进自身建设。组织召开全省司法行政系统政治工作会议和党风廉政建设工作会议,做好首轮巡察情况报告和反馈工作。加强“四化”干部队伍建设,抓好监狱戒毒人民警察实战大练兵工作,强化实践锻炼,增强斗争意识和精神,全面提升队伍战斗力。加强指挥中心建设和“数字法治·智慧司法”建设,发挥信息化引领作用,完善应急指挥系统,有效提升工作执行力,推动司法行政系统治理体系和治理能力现代化。

省财政厅2019年度法治建设工作报告

2019年,省财政厅深入贯彻党的十九大和十九届二中、三中、四中全会精神,围绕财政中心工作,切实履行法治建设主体责任,推进法治财政建设进程,依法行政、依法理财工作取得新成效。

一、法治建设总体推进情况

(一)切实提高政治站位,全面加强法治建设领导

领导高度重视,切实履行财政法治建设第一责任人责任。厅党组书记、厅长龙正才亲自担任湖北省财政法治建设领导小组组长。省财政厅把“加强法治财政建设,推进依法行政、依法理财”的重要内容写进《湖北省财政“十三五”规划》,印发了《湖北省法治财政建设实施方案(2016—2020)》等法治财政建设文件,将财政工作全面纳入法治轨道。

坚持立法先行。一是制定《湖北省财政厅全面深化改革工作规则》,用标准化程序保障工作质量。二是印发《湖北省医疗卫生领域财政事权和支出责任划分改革方案》,建立稳定的卫生健康投入机制,落实“健康湖北”战略。三是报送《省人民政府关于提请审议湖北省耕地占用税具体适用税额标准相关建议的议案(代拟稿)》,推进《耕地占用税法》在湖北省落地。

(二)领导班子带头学法,坚决维护宪法和党内法规

党组中心组集体学法。2019年厅党组中心组共开展了17次集体学习活动,通过集体学习、专家教授专题辅导等方式,提高财政领导干部法治思维和法治能力。

组织宪法宣誓仪式。根据《湖北省财政厅宪法宣誓仪式组织实施细则》(鄂财办人〔2017〕87号),每年组织宪法宣誓仪式。2019年7月2日,组织40名新任命任职人员进行集体宪法宣誓仪式。

财政干部常态化学法用法。一是将各类法规学习统筹纳入干部教育培训项目内容。二是推进党内法规“十进十建”活动,坚持党组中心组必学、全局性会议必讲、大型培训班必设,强化财政干部的法治意识。

(三)深入推进依法理财,不断提升财政管理水平

完善财政制度,提升资金使用效益。一是严格县级“三保”预算管理。兜牢“三保”底线,打造县级“三保”全链条管理体系。二是持续完善转移支付体系,健全革命老区、农业转移人口市民化、资源枯竭城市政法增编、军转安置等转移支付制度体系。

严格依法决策,健全完善合法性审核制度。一是加强财政内控建设,健全完善“1+3+N”内控制度体系。突出财政管理风险防控,推动内控管理向财政资金全流程延伸,提升财政治理水平。二是强化合法性审核。将合法性审核、公平竞争审查扩展至省财政厅拟出台的全部重要文件,从源头上提升政策的可行性。2019年度纳入合法性审核的文件共有64件。

切实防控政府债务风险。一是将政府债务管理和防范化解风险穿透到市县政府、项目主管部门和单位,构建政府债务借、用、管、还、风险防控、监督问责

的全生命周期制度体系。二是落实各项管理制度,全面清理违法违规举债融资行为,通报市县政府债务风险等级,建立考评问责机制。2019 年 10 月,财政部测算湖北省隐性债务等级由橙色下降到黄色。

强化业务指导,提升全省财政系统法治建设质量。指导市县创建了财政部第一批法治财政示范点,2019 年度鄂州市、沙洋县财政局法治建设工作获得财政部肯定,沙洋县财政局制定的“小微权力清单”被财政部作为先进经验向全国推广。

(四)依法履行监管职责,严格规范行政执法

依法履行监督检查职责。一是聚焦重大财税政策、财务监管、财政中心工作精准发力,开展专项监督检查。二是将检查结果向社会公开,提升财政检查工作的透明度。

严格落实行政执法规范。一是印发《湖北省财政厅全面推行行政执法公示制度执法全过程记录制度重大执法决定法制审核制度实施方案》,结合工作实际规范执法。二是严格清理行政执法资格,落实岗位与资格相匹配的要求,将执法人员压缩至 93 人。

(五)充分发挥法律顾问作用

聘请厅机关法律顾问。聘请律师团队提供法律服务,采取长期驻点与精英团队服务结合模式,提供法律咨询,预防规避法律风险。2019 年,厅机关法律顾问共参与审核法律事务文书和各类经济合同 71 件,重要文件法制审核 2 件。

聘请政府采购专业法律顾问。通过政府购买服务方式,聘请精通政府采购法律实务的律师担任专职法律顾问,协助处理政府采购供应商投诉。2019 年受理投诉事项 51 起,有力维护政府采购秩序。

（六）扎实开展法治宣传教育，营造浓厚普法氛围

上下联动积极普法。一是全面落实厅机关普法责任制。制定《省财政厅普法责任清单（2019年）》，明确普法责任。二是调动基层普法热情。参加财政部、省普法办主办活动，发动基层干部投稿，共收到普法微视频12个，选送5个；法治征文14篇，选送9篇。

全方位开展普法活动。一是普法内容涵盖多个领域。举办政府会计准则制度市县培训班和省直培训班，对全省120名财政系统干部和师资、370名省直单位财务人员开展培训。二是宣传方式多样，运用“湖北财政”公众号进行普法，在《财政与发展》上刊登法治文选。以赛促学，组织全省干部群众参与财政部主办的减税降费、政府购买服务在线知识竞赛，湖北省参赛人数为全国第一。

二、存在的问题

（一）法治观念还需要进一步提升

少部分同志仍然存在重实用、轻程序的惯性思维，财政行为不规范、不严密的现象一定程度存在，财政干部的法治思维还有待提升。

（二）财政普法宣传教育工作还需进一步加强

当前财政普法工作较分散，系统性和实效性有待进一步加强。财政法治干部队伍建设仍需加强，特别是基层财政法制机构还需健全，法治干部队伍的能力还需提升。

三、2020年度工作思路及工作要点

2020年的主要工作思路为：进一步推进财政体制改革，强化顶层制度设计；

通过流程再造,提升省级财政部门合法性审核质量;建立严格的行政执法标准,规范行政执法行为;推动法治建设向基层延伸,强化基层财政管理能力;进一步加强普法宣传教育,营造法治氛围。具体如下:

一是持续推进省以下财政事权与支出责任划分改革。继续推动教育、科技和交通运输领域财政事权与支出责任划分改革,加快形成权责清晰、财力协调、区域均衡的省以下财政体制。按照财政部统一部署,研究环保、农业等领域省以下财政事权与支出责任划分改革方向。

二是进一步加强法制审核工作,做好行政规范性文件合法性审核工作,严格制发程序、严格审核内容,压实审核责任。规范重大行政决策事项程序,强化法制审核作用,提升决策科学性、合法性、可行性。做好其他重要文件法制审核工作。

三是推动法治建设向基层延伸,研究制定市县、乡镇法治财政建设标准化实施方案,细化标准,指导规范市县、乡镇财政部门加强法治建设。

四是做好行政纠纷处理工作。合理合法、公平公正审理复议案件。通过行政复议指导市州财政部门依法行政,规范行政行为。探索运用多种方式多元化解决行政纠纷。

五是推广财政法律文书格式范本。编写行政执法文书范本,囊括事前事后公示、全过程记录、合法性审核等行政执法3项制度全内容。编写行政复议、行政应诉相关法律文书格式范本,指导行政纠纷化解的相关工作。

六是全面落实"七五"普法规划。全面落实《省财政厅法治宣传教育第七个五年规划》,以考核为抓手,加强法治宣传教育。

省人力资源和社会保障厅
2019年度法治建设工作报告

2019年,省人力资源和社会保障厅坚持以习近平新时代中国特色社会主义思想为指导,全面贯彻党的十九大和十九届二中、三中、四中全会精神,扎实推进法治建设,依法行政能力不断提高。现将法治建设情况报告如下。

一、推进法治政府建设取得的成效

(一)加强法治政府建设领导

厅党组始终将推进法治建设摆在重要位置,认真履行法治建设主体责任。认真开展宪法法律和党章党规学习,党组理论中心组全年组织专题学习5次。定期召开党组会、厅长办公会,专题研究法治人社工作。厅党组坚持依法决策,落实重大决策合法性审查制度。建立法律顾问制度,健全法律顾问履行职责工作机制。

(二)不断完善人社政策法规体系

一是加强重点领域立法。积极做好湖北省人力资源市场条例立法调研和草案起草工作,该条例列入了省人大2020年度立法计划。国务院常务会议通过《保障农民工工资支付条例(草案)》后,第一时间与省司法厅沟通,推动将湖北省保障农民工工资支付办法列入省政府2020年度立法计划。

二是加强规范性文件审查管理。对《湖北省职业技能提升行动实施方案(2019—2021年)》等11项规范性文件开展合法性审查。对事业单位聘用合同规定、湖北省职业年金计划受托管理合同等41件合同文书提出审核意见。常态化做好党内规范性文件审查备案工作。

三是开展政策法规清理工作。全面梳理人社领域现行有效法律法规144件。向市州人社部门征集对省级人社政策建议95条,反馈至相关业务处室修改完善。开展第二次党内法规和规范性文件、省政府行政规范性文件集中清理工作。对186项人社部规章、规范性文件设定的证明事项提出了清理意见,并对人社部、省政府已发文取消的144项证明事项进行了梳理。对省厅19项收费项目及收费标准进行了清理和动态调整。

(三)提高依法行政能力水平

一是举办全省人社系统法治建设培训班。邀请省司法厅、铁路运输法院专家领导在全省人社系统法治建设培训班进行授课,邀请省高级人民法院法官在全省仲裁员资格培训班上授课。

二是组织开展旁听庭审和行政执法案卷评查。印发《关于开展行政诉讼案件负责人出庭应诉和工作人员旁听庭审活动的通知》,制订旁听庭审活动计划。组织业务骨干对市州人社部门43份行政执法案卷进行评查,印发评查通报,提高依法行政水平。

三是加强劳动人事争议仲裁案件处理。完善仲裁办案制度,统一办案标准,提升仲裁办案效率。2019年,全省共受理仲裁案件34,023件,办结33,619件,仲裁结案率94.42%。

（四）严格规范公正文明执法

一是全面推行行政执法公示制度。研究制定《湖北省人力资源社会保障系统全面推行行政执法公示制度执法全过程记录制度重大执法决定法制审核制度工作方案》，积极推进各项工作任务落实。完成行政执法证件换发工作。

二是加强重点领域执法。加强劳动保障监察执法，成立根治拖欠农民工工资工作领导小组。开展根治欠薪夏季专项行动和冬季攻坚行动。全省办结工资类案件2945件，为4.1万名劳动者追发工资43,568万元。健全覆盖全省的劳动用工诚信体系，定期公布重大劳动违法行为。2019年全省各级人社部门向社会公布重大劳动保障违法行为141件，纳入“黑名单”管理对象35个，依法将相关信息推送至省社会信用信息平台实施联合惩戒。严肃查处虚报冒领养老金行为，重点对监狱服刑人员违规领取待遇行为开展调查。

三是开展社保基金专项监督检查。组织开展全省社会保险基金管理风险专项检查和全省机关事业单位养老保险基金管理问题清理工作，强化问题整改，促进规范管理。依法严厉查处社保欺诈行为，查处社保欺诈案件5起，向公安机关依法移送涉案人员35人，并追回损失基金。

（五）加强人社普法宣传

一是积极参加全国法治建设座谈会和法治人社知识竞赛活动。在2019年4月召开的全国人社法治工作座谈会上，湖北省作了题为《畅通法治宣传渠道推进人社政策惠民》的经验介绍。同时，积极组织参与全国人社法治知识竞赛，获“全国人力资源和社会保障法治知识竞赛晋级赛优秀奖”和“全国人力资源和社会保障法治知识竞赛优秀组织奖”。

二是组织“人社惠民政策进万家”活动。在门户网站建立活动宣传专栏，编印《人社惠民政策进万家宣传手册》,通过省厅微信公众号推送人社惠民政策解读50期。在襄阳召开推进会,组织各地现场观摩政策宣讲“进乡村、进企业”活动,开展市县经验交流。本年度全省人社系统开展形式多样的政策宣讲1.6万场次,发放政策宣传手册270万册。

三是做好普法宣传教育工作。弘扬宪法精神,组织开展“宪法宣传周”系列活动。印发《关于做好2019年度学法用法工作的通知》,全覆盖推动“网学网考”。组织编辑印发《人力资源社会保障政策法规汇编(2018年度)》和《依法行政相关目录清单汇编》,推动人社政策普及掌握。开展《宪法》《行政复议法》和全民国防教育专题辅导讲座。开展社保基金管理风险警示教育,宣传社保欺诈等违法行为处罚法律法规,曝光典型案例,制作H5宣传片等,进一步提升全社会风险意识、法纪意识、责任意识。

二、存在的问题

回顾2019年,省厅在法治建设方面做了一些工作,取得了积极成效,但也存在一些问题。

一是人社领域法规政策体系还需进一步完善。湖北省人力资源市场条例、湖北省保障农民工工资支付办法立法工作需加快推进。《湖北省工伤保险实施办法》《湖北省失业保险实施办法》相关条款需修订。养老保险的特殊工种提前退休政策,还是沿用20世纪70年代的政策,需进一步修订完善。

二是依法行政的意识和能力还需进一步加强。少数市县在行政执法中,仍然存在越权处理、处理方式不当、不同程序混用、执法程序颠倒、行为完成后画蛇添足、超出法定时限等情形。规范性文件监督管理有待进一步加强,有时还存在以会签代替审核的问题。

三是人社政策法规宣传还需进一步加强。政策宣传、政策落实离人民群众的需求还有差距。各地政策宣传工作也存在不平衡的问题,特别是基层政策宣传骨干队伍建设、经费保障亟待加强。

三、下一步工作设想

一是紧扣民生热点,推进立法工作。按照省人大和省政府工作部署,配合做好湖北省人力资源市场条例、湖北省保障农民工工资支付办法立法工作。根据国家法律法规的修订情况,做好《湖北省工伤保险实施办法》《湖北省失业保险实施办法》相关条款的修订工作。对基层和群众反映强烈的政策条款进行修订完善。

二是加强重大行政决策、规范性文件合法性审核。贯彻落实国务院、省政府关于全面推行行政规范性文件合法性审核机制的工作部署,进一步完善规范性文件合法性审核机制,提升行政规范性文件质量。做好规范性文件清理和党内规范性文件备案工作。

三是全面推行行政执法“三项制度”。做好全面推行行政执法公示制度、全过程记录制度、重大执法决定法制审核制度实施工作,着力解决行政执法中存在的不规范、不透明的问题,逐步实现执法信息公开透明、执法全过程留痕、执法决定合法有效的工作目标,依法处理好行政争议案件。

四是进一步加大普法宣传和政策宣传力度。继续推进“人社惠民政策进万家”活动,不断提升人社政策群众知晓度和政策惠及面,努力打造人社普法品牌。

省自然资源厅2019年度法治建设工作报告

一、自然资源法治建设主要成效

(一)强化组织领导,狠抓制度建设

一是提高法治建设政治站位,着眼法治建设治理能力。厅党组坚持以习近平新时代中国特色社会主义思想为指导,围绕贯彻落实习近平总书记全面依法治国新理念新思想新战略,认真贯彻落实习近平总书记视察湖北重要讲话精神,牢固树立"四个意识",坚定"四个自信",坚决做到"两个维护",全面落实党中央决策、国务院部署和部、省有关工作要求。厅党组召开3次专题会议,部署和推进法治工作,实行清单管理,签订目标责任书,将依法行政工作纳入年度目标管理考核体系,印发了《湖北省自然资源法治建设2019年工作方案》,细化量化指标,年中督促推进,年终严格考核。

二是推动自然资源领域立法,优化自然资源管理制度。组织开展《土地管理法》执法评估调研、湖北省不动产登记条例前期立法调研和《湖北省测绘管理条例》修订立法调研工作,将《湖北省土地管理实施办法》和《湖北省测绘管理条例》的修订工作申报省人大2020年立法项目,对省人大其他涉及自然资源管理的立法活动提出相关意见建议70余份。精简了"三重一大"决策事项数量,

从原国土资源厅的43项压缩至33项,减少10项,压缩23%。编撰自然资源法规规范性文件汇编,对截至2019年10月国家及湖北省现行有效且较常用的国土、矿产、地质环境、林业、测绘、城市规划等自然资源管理领域常用的法律、法规、规章及文件进行了整理汇编,共清理编撰600多个法规文件,固定制度成果。

(二)多种形式并举,开展法治教育

以"两个统一行使"和六项主要职责领域为重点,谋划普法布局。积极开展"2019年度环保世纪行"活动,武汉市江夏区矿山治理和生态修复工作被人民日报、新华社、中央广播电视总台等30余家媒体组成的2019年"中华环保世纪行"采访进行专题采访报道。加强自然资源法治文化示范点建设,确定2019年度自然资源法治文化建设示范点,将法治文化示范点创建纳入重点调研内容。联合共青团湖北省委、省普法办开展第11届全国海洋知识竞赛活动,联合教育部门开展"美丽中国"第五届国家版图知识竞赛和少儿手绘地图大赛,增强国家版图意识。

(三)持续推进"放管服",提升依法行政水平

一是简政放权。在审批流程上做减法。大幅压减审批时限,90%以上市县实现不动产一般登记、抵押登记业务5个工作日办结。所有审批时限压缩一半以上,其中21项压缩70%以上。建设项目用地预审、重点项目用地审查、土地征收审批、农用地转用审批从20个工作日压缩至6个工作日,矿业权审批从40个工作日压缩至12个工作日,建设项目压覆矿产资源审批从20个工作日压缩至5个工作日。

在审批事项上做减法。取消行政审批事项15项,下放审批(验收)事项5

项,合并整合审批事项9项。用地预审申报资料从17项减为7项,预审批复有效期调整为3年,清理取消26项证明事项。取消地质勘查资质审批、土地调查单位名录审核等6项审批事项、“建设项目用地预审可行性研究报告编制”“土地复垦方案编制”等9项中介服务事项。调整矿山地质环境治理和地质遗迹保护项目勘查(调查)、施工设计等审查程序,由承担单位自行组织专家审查。

在审批权限上做减法。土地征收和农用地转用审批已下放至武汉、宜昌、襄阳,土地复垦方案审查及市县两级发证的矿产资源储量评审备案、国有未利用地开发审批权下放至市州国土资源部门。下放省级矿山地质环境治理和地质遗迹保护项目竣工验收权限,由项目承担单位组织初审,市州国土资源管理部门终审。

二是创新监管。公平竞争是市场经济的核心,公正监管是公平竞争的保障。做到把信息公开贯穿监管工作始终、把方式创新贯穿监管工作始终。坚持公开透明公平公正,建立“湖北省征地信息公开平台”,便于群众及时获取相关信息。畅通投诉举报通道,建立快速查处反应机制;指导行业开展自查,聘请专家、督察专员充实监管力量,努力构建政府监管、行业自律、企业自治、社会监督的立体监管体系。全面推行“双随机一公开”监管、信用监管、大数据监管等新型监管方式,既提高监管效能,又减少对企业的干扰,抽查结果及时在省“双随机一公开”监管平台上予以公开。完善守信联合激励和失信联合惩戒制度,实行黑名单管理,在自然资源管理领域建立诚信制度。对全省土地整治从业机构处理情况进行通报,对28家机构取消信用登记资格,对28家机构限制从业1~2年。

三是优化服务。着力推进“一网通办”“一窗联办”。积极探索“互联网+政务服务”,让信息多跑腿、群众少跑路。所有行政许可和高频审批事项全部纳入省政务服务一张网,用地预审、选址意见书核发、建设项目压覆重要矿产资源审批实现全程网办。实施“互联网＋不动产登记”，积极推进网上申请、办理不动产登记业务，实现全省不动产登记信息掌上统一查询，部分地区已实现网上预约、查询进度、结果告知、自助查档、辨别真伪等功能。12个市州、90个县市区实现房屋交易管理、税收征缴、不动产登记“一窗联办、集中服务”，“一窗联办”完成比例87%。全省105个登记窗口已全部实现“一窗受理”。

二、存在的问题

一是在法治宣传的方式方法上还不够灵活，运用新媒体开展宣传的力度还不够。

二是法治服务精准度不够，法治便民有待加强，法律风险防控不够到位。

三是自然资源系统法治工作人员专业力量与全面依法治省建设的新要求还存在差距。

三、2020年工作思路及要点

（一）贴合基层实际，发挥法治引领和保障作用

加快构建自然资源法律制度体系，加强法律法规及规范性文件的“立改合废”工作，积极推进《湖北省土地管理实施办法》的修订工作。严格合法性审查，用法律制度引领自然资源改革。直面全省自然资源管理工作中的法治热点、难点，针对群众反映强烈的突出问题和基层自然资源部门反映的法治工作难点，扎实推进自然资源法治建设工作落实。

（二）抓好“放管服”改革，服务好高质量发展

继续推进政府“一张网”应用，持续推进各级行政职权事项的标准化建设。

全力做好省、市、县三级不动产登记数据共享工作,加快推进“互联网 + 不动产登记”建设,逐步建成市、州统一的不动产登记网上办事大厅。完善“多规合一”、“多测合一”、“多审合一”、“多证合一”、“一张网”审批等基础制度,简化申报程序、提升审批效能。按照《关于加快推进新增工业用地“标准地”出让的意见》,积极推进“标准地”区域性统一评价办法出台和成果互认应用工作。

(三)深入开展法治宣传,推进自然资源法治建设

落实好党政主要负责人推进法治建设第一责任人制度、“谁执法谁普法”制度,建立普法清单,压实法治工作责任。开展党组学法和国家工作人员学法用法,开展主题普法宣传和“法律六进”活动。认真做行政复议和应诉工作,保障人民群众合法权益。开展自然资源法律服务,积极化解矛盾争议。严格公正文明执法,全力推进自然资源依法行政。

省生态环境厅2019年度法治建设工作报告

2019年,在省委省政府的坚强领导下,在省人大、省政协的监督和各有关部门的大力支持下,省生态环境厅深入贯彻落实习近平总书记关于全面依法治国的重要论述,全面落实《湖北省法治政府建设实施方案(2016—2020)》《2019年法治政府建设工作要点》,紧紧围绕省委法治政府建设总体部署,认真履行工作职责,扎实推进依法行政,圆满完成了年度各项工作任务。

一、法治政府建设工作推进情况

省生态环境厅深入贯彻落实习近平总书记在中央依法治国委员会第一次、第二次会议上的重要讲话精神,认真贯彻落实习近平总书记关于法治政府建设的重要指示精神,以及党的十八届四中全会、党的十九大、党的十九届四中全会关于法治政府的工作要求,全面开展法治政府建设各项工作,推动党中央、省委的各项决策部署落实落地。

(一)推进落实法治政府建设主体责任

根据机构改革工作实际,调整了“省生态环境厅加强法治政府建设领导小组”,进一步完善了一把手亲自抓、分管领导具体抓、处室(单位)负责人分头抓、具体工作有人管的领导机制和工作机制。厅党组会议、厅长办公会议每年多次听取法治工作汇报,研究和部署法治工作。年初向省人民政府报告上一年度法治政府建设情况并在省厅门户网站公开。常年聘请法律顾问,协助推进法治建设。

(二)大力开展环境普法宣传工作

一是结合“七五”普法规划要求,制定年度普法责任清单,明确责任处室和责任单位。利用广告栏、宣传栏、新媒体等各种方式,集中宣传生态环境法律法规。二是贯彻落实国家工作人员学法用法制度。以无纸化学法用法平台为依托,通过党组理论学习中心组带头学、邀请专家辅导学、支部党员全覆盖学,切实提高干部职工依法行政的能力和水平。全年开展法治讲座 4 次,举办法制岗位培训班 2 期,国家工作人员无纸化学法参考率 100% 。三是利用“六·五”世界环境日、“12·4”宪法宣传日等重要节点,开展了省环境保护政府奖评选、生态环境法律知识竞赛、法治微电影制作等系列活动,广泛开展生态环境普法宣传。

(三)扎实开展生态环境立法工作

一是积极配合省人大常委会、省政府开展省级生态环境地方性法规的立法工作。《湖北省长江生态环境保护条例》已经省政府常务会议审议,《湖北省清江流域水生态保护条例》已正式颁布并于 2020 年 1 月 1 日起施行,《湖北省汉江流域水污染防治条例(修订)》已经省人大常委会一审。二是大力推进污染物排放地方标准制定。组织起草了《湖北省表面涂装(汽车制造业)挥发性有机物排放标准》草案,并已按程序报省市场监管局审查。

(四)进一步规范行政执法行为

一是抓好执法监督。配合省人大开展《水污染防治法》《湖北省水污染防治条例》等法律法规的执法检查。组织开展2019年度市县生态环境行政执法大练兵及处罚案卷评查。加强与公检法等部门协调联动,推进行政执法与刑事司法有机衔接,共享执法信息。

二是做好行政复议和行政诉讼工作,不断提高依法行政水平。2019年共办结行政复议案件11起,其中上年结转9起,本期2起。参与行政应诉9起,已审结8起,1起正在审理中。2019年开庭审理的5起案件中,二审案件1起,一审案件4起,有4起由厅级领导干部出庭应诉,应诉率达到80%。

三是深化行政执法体制改革。开展了全系统行政执法机构和人员摸底统计,统筹推进全省生态环境系统机构改革、监察监测执法垂直管理改革、生态环境综合行政执法改革。积极指导市县生态环境综合执法队伍组建。新成立了驻鄂东、鄂南、鄂西、鄂北、鄂中5个区域环境监察专员办公室。

四是严格落实行政处罚自由裁量制度。对2010年制定的《湖北省环境保护行政处罚自由裁量权细化标准》进行了修订并发布实施,进一步规范和细化行政处罚裁量标准。

五是全面推行行政执法"三项制度"。印发《关于全面实施行政执法公示制度执法全过程记录制度重大执法决定法制审核制度的通知》,促进了执法规范化和标准化。2019年全省各地生态环境部门共立案3555件,实施环境行政处罚案件2916件,罚款金额约2.83亿元。

六是严格执行规范性文件审查制度。从合法性、公平竞争、廉洁性等方面对2019年制发的6件规范性文件进行全面审核把关。

七是开展生态环境损害赔偿制度改革。报请省政府召开了全省生态环境损害赔偿制度改革工作推进会,制定出台了《湖北省生态环境损害赔偿磋商办法(试行)》等4项配套制度,为市州改革实践提供了指导和遵循。督促、指导市州生态环境部门开展案例实践,2019年全省共发起案例12起。

(五)营造法治化营商环境

一是深入推进审批服务便民化。按照全省统一部署,根据机构改革后行政职能调整变化情况,组织修订了政务服务事项清单,经省政务管理办核定,共有政务服务事项41项。组织将事项的办事指南进行了全面更新、完善,并在"湖北政务服务网"及厅门户网站发布。

二是大力推进政务服务"一张网"建设。按照省政府、省政务管理办要求,不断提高办事指南的标准化程度,统筹推进行政许可事项"减材料、减时限、减环节",不断提高事项办理的成效度,全面推进电子证照应用,保障共享数据及时更新。2019年,省厅在省政务服务"一张网"建设按月考核中,基本保持在第一方阵,其中有两个月位列第二,受到点名表扬。

三是有序推进"互联网+监管"。6项"双随机一公开"抽查事项全部按要求完成网上抽查,共抽查执法人员58人,占省厅现有执法证持证人员总数的34.9%;抽查企业213家,占抽查对象库内企业总数的12.4%,检查发现问题的企业97家,占抽查企业总数的45.67%。检查结果已全部进行了公示。

四是严格落实国家、省关于禁止环保"一刀切"的文件精神,工作中注重掌握标准,切实加强分类指导。坚决杜绝环保"一律不批"。对建设项目环评审批凡是环保法律法规没有规定的前置条件和程序,一律取消。对符合产业政策的改扩建项目,指导企业在改扩建项目实施过程中按照"以新带老"要求将现存的环境问题一并解决。

五是开展环境信用评价体系建设。修订了《湖北省企业环境信用评价办法》和"湖北省企业环境信用评价系统",进一步完善了企业环境信用惩戒和激励机制。

二、存在的问题和不足

虽然省厅较好地完成了 2019 年度法治政府建设工作任务，但与省委省政府的要求和人民群众的期盼相比还有一定差距。主要表现在：

一是规范性文件的管理有待进一步加强。部分处室工作人员对规范性文件的认识不足，未能准确把握规范性文件性质，不熟悉规范性文件的办理流程；少数行政许可案卷材料归档还不规范。

二是行政执法“三项制度”有待进一步落实。生态环境综合执法体制改革进度有待进一步加快，一线执法人员依法行政、文明执法能力有待提高，执法监督有待进一步落实。

三是法治建设配套制度有待进一步完善。主要体现在政务公开、行政审批等方面的制度还不够完善，需要在工作中加以研究改进。

三、2020 年工作思路

2020 年，省厅将继续深入贯彻党中央关于全面推进依法治国的决策部署，贯彻落实《湖北省法治政府建设实施方案（2016—2020）》有关要求，开拓创新，砥砺奋进，推进法治政府建设再上新台阶。

（一）稳步推进环境立法

配合省人大做好《湖北省汉江流域水污染防治条例》的审议、修改工作，完成《土壤污染防治法》《湖北省土壤污染防治条例》的执法监督工作。持续推进生态环境损害赔偿制度改革，积极开展案例实践和典型案例评选，宣传推广经验做法。

(二)深入推进依法行政

全面落实生态环境行政执法“三项制度”,继续组织开展执法案卷评查工作。强化规范性文件合法性审核、廉洁性评估、公平竞争审查以及党内法规报备工作。继续做好行政复议和应诉工作。切实加强新修订的环境信用评价办法的推广应用,完成网上信用评价系统的修订工作。全面推进“放管服”改革,切实加强“互联网 + 监管”,全面落实“双随机一公开”抽查工作制度。逐项落实省厅优化营商环境各项措施。

(三)扎实开展法律法规宣传

不断创新普法形式,丰富普法内容。组织开展法治培训,开展生态环境法律知识竞赛活动,制作环保法治微电影,广泛开展《清江条例》等生态环境法律法规宣传工作。

(四)积极开展法治机关创建

按照行政执法“三项制度”要求,继续做好行政复议、应诉工作。建设完善听证室、案件审理场所等硬件设施。落实规范性文件审核、报备制定。继续开展案卷评查和执法大练兵工作。

省交通运输厅2019年度法治建设工作报告

2019年，省交通运输厅深入学习贯彻党的十九大精神，以习近平新时代中国特色社会主义思想为指导，认真贯彻落实《法治政府建设实施纲要（2015—2020年）》《湖北省法治政府建设实施方案（2016—2020年）》和《湖北省省直单位领导班子和领导干部2019年度法治建设绩效考核指标》的有关任务要求，全面推进法治政府部门建设，为建设交通强国示范区、打造新时代九省通衢提供有力的法治支撑与保障。

一、2019年法治建设主要做法及成效

（一）贯彻落实习近平新时代中国特色社会主义思想，强化领导干部法治思维和法治意识

一是加强组织领导，提高依法行政能力。调整法治交通建设领导小组成员，持续提升工作作风，建立“四大机制”“六大制度”，贯彻《重大行政决策程序暂行条例》，对重大决策进行合法性审查，实行档案管理。二是紧盯重点难点，分解落实具体任务。将法治政府部门建设工作细化为30大项60小项具体措施，制定年度法治工作要点。三是培树法治精神，落实领导干部学法述法。制定领导干部年度学法计划，加强党章党规党建学习宣传教育，购买和发放法治

书籍,认真组织全省无纸化学法用法考试,组织干部学法述法。

(二)推动法律法规规章有效实施,完善依法行政制度体系

一是不断提高科学立法水平。编制2018~2022年立法规划,分别申报《湖北省道路运输条例(修订)》和《湖北省高速公路服务区管理办法》为省十三届人大常委会和省政府2018~2022年立法规划项目。编印《2019年全省交通运输地方性法规、规章、自治条例大全》,组织武汉大学法学院课题组对湖北省现行6部交通运输地方性法规进行全面评估。二是严格规范性文件管理。落实《湖北省交通运输规范性文件管理办法》《湖北省交通运输厅关于完善规范性文件合法性审查机制的意见》,完善规范性文件制定起草、分析评估、审查备案、公布清理全过程的长效工作机制。

(三)持续推进政府职能转变,促进交通运输治理体系、治理能力现代化

一是持续推进机构改革。厅机关三定调整方案已获省委编办批复,厅法规处、厅审批办整合成为厅法规处(审批办),实现了职责、编制、人员三加强,厅属行政类事业单位改革方案获得国家批复。二是认真落实执法"三项制度"。研究出台湖北省交通运输厅《关于全面推行行政执法公示制度执法全过程记录制度重大执法决定法制审核制度的通知》,对全省交通运输系统落实行政执法"三项制度"进行具体安排。三是"放管服"改革迈向深入。落实国务院取消、下放、调整事项,清理交通权力清单,积极开展跨省大件并联许可试点,在全国率先联网、开通办理。四是"亮剑"行动提升执法公信力。开展全省交通运输质量安全服务专项整治"亮剑"行动,推行"互联网+监管""双随机一公开"等新型监管方式。对工程建设、安全生产、运输服务、重点专项工作等突出问题进行专项整治,利用信用管理、红黑名单、联合惩戒等措施,打击围标串标行为。五是行业

安全保障成效显著。严格执行安全生产一票否决制,对全省所有渡口实施分片包干,推动建立了高速公路桥隧长制。

(四)加强执法队伍和信息化建设,严格规范公正文明执法

一是规范执法行为和执法队伍。推进政务公开,加强信息发布和政策解读,培育先进典型,严把执法人员准入关,对不符合行政执法人员持证要求的统一清理。二是推进执法信息化建设。湖北省交通运输行政执法综合管理信息系统已于2018年年底完成建设任务并顺利通过专家评审、交工验收,全省交通运输系统各执法单位大部分已实现执法检查、文书制作、行政处罚等案件办理全过程通过执法系统办理。三是强化行政执法监督。统一规范行政执法文书样式,开展网上案卷评查,印发《湖北省交通运输常用行政处罚自由裁量标准(试行)》,最大限度约束行政执法人员行政处罚自由裁量权。

(五)广泛开展法治宣传教育

一是认真开展普法活动。按照"七五"普法规划要求,落实年度普法任务清单,认真开展"12・4"国家宪法日活动,在"宪法宣传周"积极开展"七个一"活动。二是深入开展法治文化创建。着力培育法治文化基地,组织法治微电影(微视频)创作、展播,开展法治读书活动,丰富基层职工书屋,进一步弘扬交通法治文化。

二、法治建设工作中存在的问题

尽管省厅在法治政府部门建设方面取得了一些成绩,但仍存在一些不足之处,主要表现在:

一是行业管理面临新挑战。涉及网约车管理、无车租赁平台管理、高速公

路通信管道管理等新老问题层出不穷,亟待行业主管部门转变管理理念,强化主动担当意识,提升服务水平来实施有效管理。二是法治保障机制有待加强。部分地区受财力限制,执法工作经费未能全部纳入财政预算,执法车辆、服装、装备的配备和维护经费不足,站所标准化建设乏力,与交通运输部有关基层执法“四基四化”的要求有一定差距。三是执法信息化建设有待深入。湖北省交通运输执法信息化建设起步晚,推进过程受综合执法改革影响,各业务信息系统有待进一步整合。

三、2020 年法治建设工作安排

总体工作思路是:以习近平新时代中国特色社会主义思想为指导,认真贯彻落实党的十九届二中、三中、四中全会精神,交通强国建设要求和省委省政府依法治省决策部署,全面推进交通运输法治政府部门建设,持之以恒深化“放管服”改革、优化营商环境,在交通运输体制改革中发挥法治的引领作用,为交通运输高质量发展提供坚实的法治保障。

具体强化四个方面工作:一是统筹推进法治政府部门建设,发挥法治建设对交通发展改革的保障和引领作用。统筹开展法制和行政审批部门工作、制度机制建设、互联网信息化建设、扩大社会参与和重点工作推进、统筹立法普法执法和矛盾化解。二是围绕重点难点科学立法,创新交通运输普法宣传活动。对综合交通运输体系建设、新业态规范管理、高速公路建设管理体制改革、安全监督管理重要领域和重要问题,加强制度机制建设,建立立法清单。加强法治宣传教育,提高执法队伍整体素质,建立普法清单。三是进一步推进治理能力现代化,提高依法行政能力。健全行政执法监督制度,强化行政执法裁量权基准制度,全面落实执法责任制,落实行政执法公示、行政执法全过程记录、重大行政执法决定法制审核“三项制度”,完善复议机制、规范性文件审查机制。四是深化交通运输“放管服”改革，优化交通运输营商环境。加强政务服务，推进信用体系建设，继续简政放权，做到“一门受理”、省厅决定、专业审查、统一盖章，扎实推进优化营商环境的具体工作，落实“证照分离”改革。

省农业农村厅2019年度法治建设工作报告

2019年，省农业农村厅以习近平新时代中国特色社会主义思想为指导，深入贯彻党中央关于全面推进依法治国、省委关于全面推进法治湖北建设的战略部署和农业农村部关于农业农村法治建设的有关要求，深入推进法治建设各项工作，全省农业农村系统依法决策机制基本健全，干部依法行政能力明显增强，依法行政水平显著提高。

一、主要做法及成效

（一）健全工作机制，提升组织力

省厅历来高度重视法治建设，建立完善了法治建设工作机制，形成了主要负责人亲自抓、分管负责人主要抓、各处室（单位）分工负责、厅法规处综合协调，整体推进的工作机制。厅党组书记、厅长肖伏清同志对依法行政工作高度重视，每年多次在党组会专题研究部署法治建设领域重要工作。

（二）完善农业立法，产生推动力

立法工作一直是湖北省农业农村工作的一个亮点，处于全省和全国同行前列，全省现行有效农业农村地方性法规和省政府规章共34部。2019年，省厅在全国率先启动《湖北省乡村振兴促进条例》相关立法工作,2020年1月17日,湖北省十三届人大三次会议表决通过《湖北省乡村振兴促进条例》,成为全国首部引领、推动和规范、保障乡村振兴战略贯彻实施的地方性法规。

(三)重视制度建设,强化约束力

一是注重规划整体性。制定了《湖北省农业农村系统法治政府建设实施纲要(2017—2020年)》和年度法治建设工作要点,对法治建设重点领域提出明确清晰的目标。

二是体现决策科学性。先后出台《中共湖北省农业农村厅党组工作规则》和《湖北省农业农村厅工作规则》,严格落实公众参与、专家论证、风险评估、合法性审查、集体讨论决定等重大行政决策必经程序。

三是突出咨询专业性。已聘请专职法律顾问10多年,并专门制定了法律顾问工作制度,明确工作职责、工作范围等。2019年,在省厅法律顾问的全程参与下,圆满完成了2件行政诉讼、2件行政复议和5件政府信息公开答复相关工作。

四是增强考核权威性。提高依法行政在绩效考核中的权重,形成推进法治建设的倒逼机制。

五是把握法规规范性。2019年,省厅共制定3件党内规范性文件和1件行政规范性文件,均按要求进行报备。同时对18部地方性法规和57件党内规范性文件进行了全面清理,提出了具体意见。

(四)推动改革创新,形成驱动力

一是减化行政职权和公共服务事项。省级政务服务事项精简到76项,其中行政许可事项61项,公共服务事项15项。同时,全力推进"互联网+政务服务”和“互联网+监管”工作,明确省级检查实施清单81条,政务服务在线办理事项中可网办实现100%。

二是优化行政审批流程。做到了减事项、减环节、减时间、减收费,实现了提质、提速、提效。

三是量化“清单式”管理。制定完善政务服务事项清单76项,负面清单11项和行政监管责任清单40项。

(五)优化发展环境,凝聚战斗力

一是开展“绿剑护农”农资打假。向社会公开了5起农资打假典型案件,起到了较好的警示作用。据初步统计,全年全省共出动执法人员5万余人次,立案查处1700多起,挽回经济损失2600多万元。

二是深入推进执法检查“双随机一公开”。严格落实“一单两库一细则一表”的有关要求,抽查事项完成率100%,走在省直机关的前列。2019年9月29日,省厅在全省部门联合“双随机、一公开”监管电视电话会议上作了典型发言。

三是开展执法不公、随意执法、选择性执法等问题专项整治。全省农业农村系统自查问题53个,全部整改到位。

(六)规范执法工作,凸显执行力

一是改革推动。稳步推进农业综合行政执法改革,积极向省编委、省政府专题汇报改革工作相关情况,对全省17个市(州)开展三轮全覆盖督导调研。截至2020年7月中旬,已有14个地市(州、直管市、林区)、49个县(市、区)出台农业综合行政执法机构“三定”方案。

二是创建带动。积极争取农业农村部支持,3个市(县)农业农村局和3个市(县)综合执法机构被评为全国农业综合行政执法示范单位和示范窗口单位。

三是监督促动。评选全省农业行政处罚优秀案卷31卷,并有4卷获评全国农业行政执法优秀案卷,名列全国前茅。对农业农村部转办和群众投诉的5起行政执法案件进行了督办,责成相关执法机迅速整改。

四是培训互动。依托市(州)执法支队,组织市(州)相邻县,对每个县随机挑选执法案卷,由专家面对面与案卷承办人一对一、多对一、多对多点评与互动。组织全省基层农业行政执法人员到红安县法院旁听某涉嫌生产、销售假冒农药特大案件庭审现场,达到了"以案说法"的目的。

五是部门联动。起草《农业行政执法与刑事司法衔接工作实施细则(草案)》,不断健全"行刑衔接"工作机制。

六是信息驱动。组织开发全省农业行政执法综合信息平台,实时收集执法全过程信息和数据。

二、存在的问题

总体来看,省厅依法行政、依法护农的成效是明显的,为乡村振兴战略实施和农业农村经济稳定发展提供了坚实的法治保障。但由于多方面原因,法治建设还面临工作开展还不够平衡、部分农业法律法规普及程度还不够高的问题。

三、2020年工作展望

一要坚持依法履职,着力健全法治建设工作机制。严格落实《党政主要负责人履行推进法治建设第一责任人职责规定》和《湖北农业农村系统法治政府建设实施纲要(2017—2020年)》要求,进一步健全农业农村法治建设领导体制和工作机制,把法治建设与业务工作同谋划同部署同考核。

二要坚持与时俱进,着力完善法规和规范性文件体系。积极配合农业农村部和省人大常委会,对法规和规范性文件及时清理和修订,开展有关法规实施情况专项执法检查。

三要坚持严格公正,着力规范农业综合行政执法。待全省农业综合行政执法改革完成后,继续深化执法规范化建设。一是制度建设标准化。全面落实行政执法公示、全过程记录和重大执法决定法制审核制度。二是执法程序标准化。完成执法自由裁量权指导标准修订工作。三是工作机制标准化。健全农业农村部门内部不同层级以及与其他执法机构间的执法联动和衔接机制。

四要坚持多措并举,着力打造高素质的专业执法队伍。一是积极向有关部门反映,将基层农业综合执法机构工作经费纳入财政保障,指导督促各级农业农村部门严把执法人员准入关。二是强化学习培训。三是加强执法监督。对执法不规范行为继续开展专项整治,认真处理投诉举报线索。

省商务厅2019年度法治建设工作报告

2019年以来，省商务厅在省委省政府的领导下，结合全省商务经济发展，全面贯彻党的十九大精神和习近平总书记视察湖北重要讲话精神，贯彻落实《法治政府建设实施纲要（2015—2020年）》，深入推进法治商务建设，着力提升依法行政水平，为全省商务事业科学发展提供法治保障。

一、开展的主要工作

（一）完善法治建设工作机制

一是完善法治建设工作制度。由省厅主要领导担任法治建设领导小组组长，履行推进法治建设第一责任人职责，并由厅法规处承担领导小组办公室日常工作。二是落实法治建设工作措施。根据《湖北省法治政府建设实施方案（2016—2020年）》和省委全面依法治省委员会2019年工作要点，分解年内法治建设主要任务，形成法治建设工作方案。三是履行法治建设工作职责。贯彻落实法治工作集体研究制度、领导干部学法、述法制度。厅党组会、厅长办公会严格执行“三重一大”事项决策制度。

（二）加强依法行政制度建设

一是加强规范性文件监督管理。结合2018年以来国家和湖北省关于规范性文件合法性审核、公平竞争审查、备案管理、清理、文件解读等方面的新要求,研究出台省厅规范性文件管理办法。二是开展法规规章清理工作。对2件省委规范性文件提出废止建议。对省厅23件党内规范性文件进行清理,宣布废止2件、宣布失效6件,继续有效15件。

(三)深化商务领域“放管服”改革

一是进一步精简审批事项。将“省内企业在境外开办企业(非金融类)备案”下放至中国(湖北)自由贸易试验区3个片区。二是积极推进“互联网+监管”。完成省厅监管事项目录清单、检查实施清单梳理工作,全面实施“双随机一公开”监管,完善审管衔接工作机制。三是深化“互联网+政务服务”改革。积极参与全省一体化政务服务平台建设,推进与全国一体化在线政务服务平台对接。大力推进减证便民。对于能在政府间通过信息交换获取的材料,一律取消,行政审批事项办理时限全部压缩为3个工作日。

(四)夯实商务法治宣传教育

一是加强商务系统普法。与省法学会联合举办第十一届“法治湖北论坛”,邀请商务部外资司领导以《〈外商投资法〉立法背景与外商投资法治保障》为题作主旨演讲。开展单用途预付卡监管专题培训。组织印发《商务法律法规规章汇编》。组织2019年度无纸化学法用法工作。二是加大商务法律法规宣传。就《中国(湖北)自由贸易试验区条例》《电商法》组织专题讲座。邀请香港金杜律师事务所律师,围绕跨境投资及并购、对外承包工程等业务开展风险防控及危机处置培训,结合典型案例向湖北省企业进行宣讲和交流。三是加强商务法治调研。分别赴各市州开展商务法治工作调研,形成全省商务系统法治建设情况的调研报告《深化依法治国实践　加快商务法治建设》。

(五)多措并举优化营商环境

一是部署细化工作任务。贯彻落实省委省政府关于优化营商环境的工作部署,及时召开优化营商环境推进会,为迎接2019年全国和全省营商环境评价工作打下基础。二是扎实推进“放管服”。全厅处室密切合作,在简政放权、事中事后监管、《市场准入负面清单》解读等方面加大宣传、加快实施。三是建立公平竞争审查制度。出台厅内公平竞争审查管理制度,全面梳理商务部门起草的政策法规,清理不平等、限制竞争的市场准入条件和市场准入障碍,清理法定目录以外的审批事项。四是大力督促知识产权保护。紧密配合省委宣传部,分别赴武汉、咸宁、随州及黄冈进行使用正版软件检查,督促市州政府和企业增强知识产权保护意识,提升全省正版软件使用率。

(六)搭建商务法律服务平台

一是组建法律工作小组。依托厅专业人才资源,组建厅处室(单位)有关法学专业人员共同参与的省商务厅法律工作小组,组织法律工作小组积极参加吉尔吉斯政策宣讲会等涉及法律的活动,大力参与相关规章制度草拟、学习研讨《外商投资法》等有关法律法规。二是健全法律顾问制度。制定《湖北省商务厅法律顾问管理办法》,通过公开遴选,组建了15人的商务法律专家库,择优选聘湖北法辉律师事务所为厅法律顾问机构,健全厅法规处、法律专业人员以及法律专家、律师共同参与的法律服务体系。三是加强法律服务。结合商务职能,对《市场准入负面清单(2019年版)》等30余件法律法规规章及规范性文件提出建议,协调省厅法律顾问、法律小组成员为机电产品国际招投标投诉处理、贾某某政府信息公开答复等事项提供法律咨询和服务。审核行政规范性文件、重大合同40余份,办理我厅为被申请人的信息公开行政复议案件1件。

二、存在的主要问题和下步工作重点

湖北省法治商务建设工作稳步推进,为优化全省经济发展环境、促进商务事业的发展提供了坚实的法治保障。但也存在商务依法行政体制、机制尚待完善,商务普法的宣传针对性与实效性有待提升等问题。下一步,省厅将重点做好以下几项工作。

(一)抓法治宣传,提升法治思维

一是落实普法责任制。制定年度普法计划和普法责任清单,按照“谁执法谁普法”要求深入学习宣传商务经济法律法规。二是健全完善日常学法制度。组织好无纸化学法及考试工作。结合涉厅案件学习宣传《信息公开条例》及《商务行政执法程序规定》等相关的法律法规,提升干部法治能力和执法水平。

(二)抓制度落实,推进依法行政

一是严格执行公平竞争审查制度。将公平竞争审查纳入公文管理流程,对涉及市场主体经济活动的政策措施均纳入公平竞争自查范围,确保审查不漏项。二是严格落实行政执法“三项制度”。协调指导各行政执法承办处室做好行政执法事前、事中和事后公示和全过程记录,提高行政执法的透明度,主动接受社会监督,促进严格规范公正文明执法。

(三)抓作用发挥,助力商务发展

一是加强业务培训。结合商务部普法培训内容,开展《外商投资法》讲解,就行政规范性文件合法性审查、公平竞争审查等开展业务培训。二是开展专题研讨。就境外国家特别是“一带一路”沿线重点国家的法律法规、《电子商务法》、《外商投资法》等内容开展研讨，为外经贸业务发展出谋划策。

（四）抓营商环境，促进全面提升

一是积极做好全国经验复制推广。学习借鉴京沪先进经验，按照国务院《关于做好优化营商环境改革举措复制推广借鉴工作的通知》（国办函〔2019〕89号）要求，切实落实36条举措的复制推广借鉴工作。二是努力营造外资良好氛围。贯彻落实《外商投资产业指导目录》《中西部地区外商投资优势产业目录》，以《外商投资法》及其实施条例施行的契机，加强宣传解读及外商投资企业的知识产权保护工作，加快建立健全外资投诉处理机制和外商投资企业投诉维权机制。三是全面推动简政放权及贸易便利化。进一步精简审批事项、审批环节和审批流程，加快推进"证照分离"，持续做好"双随机、一公开"工作。继续降低企业通关成本、着力节省企业通关时间、努力提升口岸服务质效。四是健全夯实"单一窗口"功能。整合国际贸易"单一窗口"业务系统和数据资源，全面打造集数据共享、应用集成、在线服务、市场监测分析和工作成果展示为一体的大数据平台。

省文化和旅游厅2019年度
法治建设工作报告

2019年省文化和旅游厅在省委省政府领导下，深入贯彻落实习近平总书记全面依法治国新理念新思想新战略，不断健全完善法治建设工作机制，全面推进法治建设工作，现将有关情况报告如下。

一、2019年法治建设主要做法及成效

（一）落实法治建设主体责任

加强组织领导，成立省文化和旅游厅法治建设工作领导小组，落实《党政主要责任人履行推进法治建设第一责任人职责规定》，推动形成党组统一领导、各处室各司其职的法治建设工作格局。加强部署落实，成立政策法规与科教处，将法治建设作为重要内容纳入年度工作要点进行安排部署。严格落实重要法治工作事项审批制度、重大问题请示报告制度、重要法治决定和方案备案制度。加强法治宣传教育，组织开展"服务大局普法行"主题实践活动、《行政复议法》实施20周年纪念宣传活动及"宪法宣传周"法治宣传教育活动。

（二）完善依法行政制度，健全科学、民主、依法决策机制

一是提升立法供给质效，推动唐崖土司城址保护条例、湖北省历史文化名

城名镇名村保护条例、湖北省公共图书馆条例(修订)、湖北省红色文化遗址保护条例立法工作,其中湖北省历史文化名城名镇名村保护条例、湖北省红色文化遗址保护条例已被列为省人大常委会2020年度立法调研项目。二是加强行政规范性文件制定和监督管理工作,将规范性文件审核工作列入省厅2019年工作要点和厅2019年法治建设工作要点,在厅机关印发了《关于做好党内规范性文件、行政规范性文件及其他主动公开文件审查、备案、解读和公开等工作的通知》。三是健全科学、民主、依法决策机制,制定《湖北省文化和旅游厅工作规则(试行)》《湖北省文化和旅游厅党组议事规则(试行)》,进一步规范"三重一大"事项决策程序,规范权力运行机制。落实《重大行政决策程序暂行条例》,严格开展重大行政决策合法性审查,进一步完善法律顾问制度。印发《关于建立湖北省文化和旅游厅公平竞争审查制度的通知》,开展公平竞争审查工作。四是深化政府职能转变和"放管服"改革,梳理监管事项和权责清单,推动"互联网+放管服"建设。

(三)严格规范公正文明执法

一是加快推进全省文化市场综合执法改革工作。赴武汉、鄂州、孝感、咸宁等地开展文化市场综合执法改革工作推进情况调研,并形成调研报告;与省委编办联合下发加快推进全省文化市场综合执法改革工作的电话通知;经与省委编办沟通,省委编办、省委组织部、省司法厅、省人社厅印发了《关于市县综合执法机构和人员整合划转有关事项的通知》,推动全省文化市场综合执法改革工作。目前全省各市州文化市场综合执法机构改革方案均已制定完成,按照综合执法改革总体部署,2019年任务基本完成。

二是加强文化市场综合执法。开展文化和旅游市场整治行动,整治行动期间,全省各级文化市场综合执法机构共出动执法人员45,010人次,检查各类经营单位20,561家次,整改文化市场经营场所方面的问题219件,整改旅行社方面的问题38件,整改景区管理服务方面的问题30件。做好文物行政执法督查工作,组织查处和督办文物违法重大案件,督办国家文物局转办的武胜门遗址举报、国家文物局转办的十堰房县七里桥国宝单位两线范围违建举报、国家文物局督办的十堰市国宝单位两线范围地物变化查处,组织各市州填报2009~2018年文物安全刑事案件信息,已办理完毕。做好文化和旅游市场案件督办工作,督促各地文化市场综合执法机构做好全国“12318”举报平台、省阳光信访平台转办举报信的查处工作,共转办全国“12318”举报平台举报信35件,省阳光信访平台举报信9件,均已办理完毕。加大营业性演出市场执法督查。对大型演出活动内容审核、场地安全、票务,加强事前形势研判,建立约谈制度,防止出现负面舆情。严厉打击文化和旅游市场领域的侵犯知识产权行为,按照省打击侵犯知识产权和制售假冒伪劣商品工作领导小组的要求和部署,开展全省文化和旅游市场打击侵权假冒工作,各级文化市场综合执法机构先后调查处理了一批侵权盗版案件。

三是推行“互联网+综合执法”模式,提高全国文化市场技术监管与服务平台、湖北省双随机一公开监管平台、移动执法系统、“两法衔接”平台等平台的应用水平,利用全国文化市场技术监管与服务平台办理旅游案件,提升全省文化市场综合执法信息化、智能化水平。

四是认真贯彻落实行政执法“三项制度”。2019年,省厅各行政执法均做到全过程留痕,重大执法决定经过法制审核后才提交厅党组会议审议,进一步促进公正规范文明执法。

五是加强事中事后监管,构建以信用为核心的新型市场监管机制。深入推进全省文化和旅游行业信用体系建设,创新文化和旅游行业治理方式,印发《关于进一步加强全省文化和旅游行业信用体系建设的通知》,制定《湖北省文化市场和旅游市场黑名单管理办法》。

二、2020年法治建设工作安排

下一步,省厅将认真按照省委省政府对法治建设工作的要求,抓好法治建设各项工作,加大工作力度,进一步提高依法行政的工作水平和能力,更好地营造良好的法治环境。

(一)继续强化法治建设的组织领导

进一步落实厅领导班子和领导干部学法述法制度,发挥法治建设考核在推进依法行政中的主抓手作用,改进依法行政考核,强化对重大行政决策、行政不作为等方面的监督、考核。

(二)不断完善文化和旅游地方法规体系

深入推进唐崖土司城址保护条例、湖北省历史文化名城名镇名村保护条例、湖北省公共图书馆条例(修订)、湖北省红色文化遗址保护条例立法工作,根据《文物保护法》修订情况,研究修订《湖北省实施〈中华人民共和国文物保护法〉办法》。

(三)加强法治队伍建设,提高依法行政效能

严格要求,加强管理,有计划、有步骤地加强对厅机关工作人员的专业知识和法律知识培训。通过举办专题学习班,开展业务交流等方式,进一步提高工作人员业务水平和依法行政能力。进一步健全完善工作制度,把行政管理与服务有机结合起来,依法、便捷、高效地为群众服务。进一步探索文化和旅游市场信用建设,倡导诚实守信,建立对失信个人、单位联合惩戒机制,提高执法效能。

(四)加大法治宣传教育力度

进一步落实“谁执法谁普法”普法责任制,推动普法责任清单落实到位。进一步创新宣传载体,拓宽宣传渠道,切实提高普法宣传教育的广度、深度和力度,充分利用报刊、电视、网站、微信公众号、景区景点、公共文化场所等宣传平台和户外宣传阵地,扎实开展文化和旅游法治宣传教育。深化基层人员普法教育,结合湖北省文化和旅游工作实际,开展文化和旅游法律法规宣传教育、违法违纪案例警示教育。

省市场监管局2019年度法治建设工作报告

2019年，省市场监管局认真学习贯彻习近平总书记全面依法治国新理念新思想新战略，按照省委省政府的部署，全面落实《法治政府建设实施纲要（2015—2020年）》，着力推进市场监管部门法治建设，提升法治水平，取得了较明显成效。

一、2019年法治建设主要成效

（一）依法全面履行政府职能

深化“放管服”改革，优化营商环境。落实《优化营商环境条例》《湖北省深化商事制度改革实施方案》，全省企业开办5个环节时间压缩到3个工作日内。深化商事制度改革，改企业名称核准为自主申报，在电子商务、文化等行业先行先试住所信息申报制承诺改革，简易注销范围扩大到个人独资企业和农民专业合作社、改革试点地区公告时间由45天压缩至20天。工业产品生产许可实行告知承诺、现场审核后置和“一企一证”。探索推行食品经营许可“先证后查”“自主声明”“告知承诺”等制度，许可审批时限压缩1/3。特种设备许可事项由7类精简为3类。全面推进“互联网＋政务服务”，在省政务服务“一张网”上线企业开办和注销专区，实施“一网通办”，实现“一次不用跑”“不见面”办证照。

健全“双随机、一公开”监管机制,加强事中事后监管。以省政府名义印发《关于在市场监管领域全面推行部门联合“双随机、一公开”监管的实施意见》,全年抽查各类市场主体5.18万户。

严守安全底线,强化依法监管。针对“国庆”、军运会对安全保障工作的高标准、高要求,强化监督检查,督促引导企业落实安全主体责任。加强食品安全、特种设备安全、产品质量安全监管。会同相关部门开展整治食品安全问题联合行动,依职责做好非洲猪瘟疫情防控相关工作。2019年检查食品企业43万户次,发现、整改问题1.89万个,查办食品违法案件2523件。以省政府名义出台《加强电梯质量安全实施意见》,联合相关部门召开气瓶信息化现场观摩推进会、推进电梯责任保险工作。开展特种设备“打非治违”行动,全省共检查特种设备生产使用单位18,772家,整改隐患10,703处,万台设备死亡人数远低于国家和省0.3的控制目标。强化工业产品质量监督抽查和风险监测,全省完成产品质量监督抽查6244批次,发现不合格产品421批次,全部严格进行后处理。

提升产品和服务质量。实施“万千百”质量提升示范和服务业质量提升“1317”工程。开展2019年“质量月”、第八届长江质量奖评选等活动,新建社会公用计量标准94项,落实标准化联通“一带一路”行动计划。

落实公平竞争审查制度。出台省市场监管局《关于进一步加强政策措施公平竞争审查工作的通知》,在制定涉及市场主体经济活动的政策措施时进行公平竞争审查,防止出台排除、限制竞争的政策措施。组织召开公平竞争审查省际联席会议,申汉出台公平竞争审查联席会议制度,清理已出台规章、政策性文件2.2万件。

(二)严格规范行政执法行为

全面清理行政执法资格,加强行政执法队伍建设。严格实行行政执法人员持证上岗和资格管理制度，清理全局行政执法人员持证情况，省局换证人员177名，参加行政执法资格考试人员30余名。市县两级市场监管综合执法在整合原工商、质监、食品、药品、物价、商标、专利等执法队伍基础上，实行监管事项属地管理和执法重心下移，组建新的市场监管综合行政执法队伍，实现"一支队伍管执法"。

加大重点领域执法力度。调查群众反映强烈的出租车、水电气及人防工程等公用事业领域涉嫌垄断问题。在涉企涉农、医疗服务等重点领域开展违规收费专项检查，责成清退"转供电"多收费1.2亿元，涉及终端用户8.9万户。深入推进"2019网剑行动"，与阿里巴巴、美团等平台企业联手开展保健品、野生动物保护制品、军运会特殊商品网上排查，监测全国大型第三方平台网店65万家，发现涉嫌违法线索1704条。开展"订单式"打假行动，全省系统共办理行政处罚案件1.4万件，罚没金额4.28亿元，移送司法机关案件57件。开展"放心消费在湖北"活动，在房地产、汽车销售等领域开展格式合同评审，在重要消费节点发出消费提醒。对通信领域侵权热点和部分影院强制销售、租赁3D眼镜等消费者投诉的热点，开展约谈劝诫工作。推进投诉举报热线"五线合一"，"12315"五线整合系统已正式上线。

加强行政执法与刑事司法有机衔接。通过"两法衔接平台"，及时上传行政处罚案件信息，依法移交涉嫌违法犯罪案件。与省公安厅、省高级人民法院、省人民检察院等部门联合印发《湖北省食品药品行政执法与刑事司法衔接工作实施细则》，健全食品药品行政执法与刑事司法衔接工作机制，加大对食品药品领域违法犯罪行为打击力度。

（三）强化行政执法监督

加强法治监督，开展行政执法案卷评查。2019年全省市场监管系统审核案件12,000件,组织听证9000次。委托第三方律所开展案卷评查,共评查行政许可、行政处罚类案卷109件,涉及产品质量监督、市场主体管理、食品监督、物价等多个领域。

加强行政复议和应诉工作。2019年省市场监管局审结行政复议案件24件,撤销、确认违法、责令履行7件,纠错率29.2%,有力化解了行政争议。聘请执业律师作为法律顾问,参与4件行政复议案件审理、8件行政诉讼案件应诉。积极组织机关负责人出庭应诉,组织国家工作人员旁听庭审活动。

配合做好专项督查。积极协调接受省委全面依法治省委员会执法司法专项督察、营造法治化营商环境保护民营企业发展专项督察等外部监督,会同省司法厅督促市州抓好整改落实,不断规范行政执法行为。

二、存在问题及2020年法治建设工作计划

2019年,全省市场监管系统法治建设虽然取得一些成绩,但仍存在一些问题:一是行政决策制度还有待完善;二是法治思维和依法行政能力还有待加强。下一步,全省市场监管系统将继续认真贯彻落实党的十九大和十九届二中、三中、四中全会精神,促进市场监管部门依法履职,推动严格公正文明规范执法,狠抓各项制度落实,在市场监管领域不断推动法治政府建设。

加强建规立制。开展重点项目立法调研,出台《行政处罚案件办理若干规定(试行)》《湖北省市场监督管理局行政处罚自由裁量权适用规则》,加强权责清单动态管理,做好规范性文件清理和合法性审查、备案。

依法履职尽责。深化"放管服"改革各项工作,持续推进商事制度改革,加强食品、特种设备、产品质量安全监管,加强品牌建设,推动计量、标准、检验检测重点项目建设,推进"双随机、一公开"监管全覆盖、常态化。

强化执法监督。在全省市场监管系统组织开展行政执法案卷评查工作,推

进落实行政执法全过程记录、行政执法公示和重大执法决定法治审核等制度，健全法律顾问制度，落实行政负责人出庭应诉制度，切实发挥行政复议工作的纠错和行政监督作用。

省政务管理办公室2019年度法治建设工作报告

根据《关于做好法治建设情况年度报告工作的通知》要求，省政务管理办公室认真对照省委省政府关于依法治省的工作部署，以及省委全面依法治省委员会年度工作要点，对省政务管理办公室法治建设推进情况进行了全面梳理，现将有关情况报告如下。

一、2019年工作情况

(一)持续推进简政放权

一是更大力度取消下放。衔接落实国务院取消下放行政许可事项31项，向自由贸易区明确下放(委托)第二批省级经济社会管理权限35项，有序推动省级地方性法规设立的行政许可事项“应减尽减”。二是更大力度清理规范审批服务事项。全面梳理省、市、县三级政务服务事项。遵循标准化原则，规范发布115个事项办理要素，实现事项办理要素省市县“三级48同”，对130个群众企业高频申办事项进行了颗粒化梳理。三是更大力度的清单梳理。更新省、市、县、乡、村五级权责清单、跑动次数清单、通办事项清单、公共服务事项清单和收费清单、中介服务事项清单。

（二）协同推进专项领域改革

一是推进商事制度改革。在全省范围开展企业开办、证照分离、简易注销改革，企业开办3个工作日内目标任务基本实现。二是推进不动产登记改革。加强不动产登记与房屋交易信息共享，提升不动产登记便利度，全省不动产登记时间均在5个工作日以内。三是推进工业建设项目施工许可改革。推动出台区域性统一评价、"多审合一"、"标准地"等改革配套文件。自2018年11月以来90%的工业项目可以在50个工作日内取得施工许可。四是推进工程建设项目审批制度改革。按照"四个审批阶段"，分别明确了每个审批阶段的牵头部门、审批事项和审批时限。全省已有3574个项目按照全流程100个工作日实现网上审批。

（三）创新推进事中事后监管

一是建成"互联网+监管"系统。编制1张监管事项目录清单，建立1个监管数据中心，建成面向社会公众和面向政府部门2个系统界面，建设标准规范和安全运维2个支撑体系，建设执法监管、风险预警和决策分析3个应用系统，并完成与国家系统对接联通。二是推行"双随机一公开"监管。建立全省随机抽查工作机制，实现省、市、县三级"双随机一公开"监管全覆盖。2019年，全省各地已"双随机"抽查企业5.49万户、个体工商户3.9万户、农民专业合作社0.5万户。列入异常名录库企业11.42万条，移出经营异常名录4.32万条，5835户经营异常名录满3年的企业被列入严重违法失信企业名单。三是深化信用监管。建立完善信用评价、信用承诺、经营异常名录和"黑名单"等制度，建立健全企业信用监管体系。全省信用系统共归集16.3亿条信用记录。

(四)扎实推进"互联网+政务服务"

一是建成一体化政务股服务平台。建成以一个门户(湖北政务服务网门户)、一个系统(政务服务事项管理系统)、三个支撑(统一身份认证平台、统一电子证照平台、政务信息资源共享平台)为主体的全省一体化在线政务服务平台,并与国家平台对接互认,实现"一次认证、全网通办"在省市县乡村五级覆盖。二是加强移动端应用。优化、升级"鄂汇办"功能,督促指导地方和部门接入高频、特色服务事项,推动地方旗舰店建设,开通服务专区,"鄂汇办"实现777项高频便民服务事项掌上可办。三是提升网上政务服务能力。省级网办实现率为100%,市县级网办实现率达85%以上。建成并应用全省统一的"12345"政务服务热线、政务服务"好差评"系统,全天候回应群众诉求、接受群众评议,好评率达99.96%。四是推动政务服务"四减"。大力推动政务服务事项"减时限、减材料、减环节、减跑动次数"。目前,全省政务服务事项可网办率达98.37%,即办件比例68.09%。五是推动线上线下服务融合。推动线上线下政务资源共享,信息同源发布,实现政务服务中心与一体化在线政务服务平台深度融合。

二、2020年工作设想

(一)大力推动"放管服"改革走深走实

重点推进商事制度改革,全面完成证照分离改革全覆盖试点工作任务,大力推进"证照分离""照后减证";重点解决"50"和"100"改革中的突出问题,加快出台和落实好"多规合一""多评合一""多(图)审合一""多验合一"等相关制度措施;重点规范行政审批中介服务,多措并举加大中介服务供给,持续大力整治“红顶中介”；重点加强和规范事中事后监管，以全面推行“互联网＋监管”为主要抓手，实现“双随机一公开”监管、重点监管、信用监管、联合监管等监管数据集中归集，从而实现规范监管、精准监管、高效监管、监管全覆盖和对监管的监管，以方式创新提升监管效能。

（二）大力推动政务服务提质提速

一是重点推动审批便民化。进一步清理规范审批服务事项并落实事项标准，进一步压减审批自由裁量权，全面推进“四办”，最大限度“四减”，大力推进“一事联办”“集约套餐”，不断丰富政务服务套餐化场景化应用。二是重点推动行政审批流程再造。及时了解群众关切点，以减流程、流程再造、并联审批为手段，推动行政审批改革。三是重点推行“一窗通办”。建成全省统一受理平台，并与各地各部门业务系统及政务服务大厅叫号系统对接，构建“一窗受理、自动分办、一窗出件”的工作模式，提升实体政务服务大厅服务效能，推动线上线下深度融合。四是规范政务服务事项管理。研究制定政务服务事项管理规范，推动实现“清单之外无审批、清单之外无监管”，公布省级政务服务事项实施清单、市县政务服务事项通用目录以及乡村政务（便民）服务事项指导目录，做到同一事项“五级48同”。五是优化网上服务。加快升级一体化在线政务服务平台，实现更大范围“一网通办”“异地可办”“掌上可办”。加强一体化平台绩效的监控和分析，为湖北省“放管服”改革、优化营商环境提供数据支撑。

（三）大力推动事中事后监管有力有效

抓好“互联网＋监管”系统建设和推广应用，为新型监管体系提供平台支撑；推动各地各部门监管系统与“互联网＋监管”系统的对接，实现监管数据全量汇聚，监管工作整体联动。

(四)大力推动工作落实落细

一是强化统筹。在省政府办公厅领导下,充分发挥各地、各部门主观能动性,切实履责,狠抓落实。二是强化督办。全面推行“好差评”,继续强化“一张网”考核,并将“互联网+监管”工作纳入考核范围。三是强化协调。加强调查研究,及时发现解决改革中重点难点问题。

共青团湖北省委2019年度法治建设工作报告

2019年，团省委认真贯彻落实党的十九大和十九届二中、三中、四中全会精神，按照《法治政府建设实施纲要(2015—2020年)》《湖北省法治政府建设实施方案》和湖北省2019年度法治政府建设重点工作目标任务要求，积极参与法治湖北建设，全面完成各项目标任务。

一、2019年法治建设主要成效

(一)提高政治站位，扎实推进法治机关建设

深入开展理论学习。2019年，团省委党组把学习贯彻习近平新时代中国特色社会主义思想和党的十九大精神作为首要政治任务，加强习近平总书记全面依法治国新理念新思想新战略和宪法精神学习，扎实开展"不忘初心、牢记使命"主题教育和"争做四个典范"活动，通过集中学习、专题教育、无纸化学法用法、干部在线学习等方式，组织全体干部职工深入学习习近平总书记关于全面依法治国的重要论述及中国特色社会主义法律体系，学习宪法及其他法律法规，学习宣传党内法规，不断提升干部职工法治思维和依法履职能力。2019年，团省委直属机关干部学法用法统一考试优秀率达93.75%，为全省各级共青团

系统开展宪法学习作出了表率。

切实加强组织领导。成立由党组书记任组长,党组成员任副组长,各部室(直属单位)主要负责人为成员的法治建设工作领导小组,2019 年共 3 次召开党组会和书记办公会讨论研究法治建设工作,明确 2019 年度团省委法治建设工作计划及工作任务,把宪法法律和党内法规列入党组中心组年度学习计划。同时,积极争取省委政法委支持,继续将青少年法治宣传教育工作作为全省预防青少年违法犯罪工作重要内容,纳入各级平安法治建设暨综治维稳工作考评,有力促进了法治建设工作在全省共青团系统的落实。

规范完善决策机制。团省委始终坚持依法决策、科学决策、民主决策,严格落实"三重一大"制度和党内规范性文件合法性审查制度,规范重大行政决策程序,提高决策质量和效率。继续贯彻执行《团省委重大决策合法性审查制度》,对机关现行行政决策程序从合法性审查范围、审查内容、审查流程等方面进行了梳理和明确,建立了团省委党组重大决策法律咨询制度和法律顾问制度,为规范重大行政决策程序,提高决策质量提供了制度保障。

(二)强化统筹协调,稳步推进青少年工作法治化进程

深化《湖北省中长期青年发展规划(2017—2025 年)》(以下简称《规划》)贯彻实施。团省委牵头建立了《规划》实施工作厅际联席会议制度,省委宣传部、省委政法委、省教育厅、省民政厅、省人社厅等单位牵头,组建了 5 个专项小组,负责落实十大重点项目,专门解决青年发展中的重点难点问题。2019 年 10 月 16 日,《规划》实施工作厅际联席会议第一次全体会议召开,会议审议通过了《规划》责任分工清单、统计监测指标及 2019 年重点项目,有力推动了《规划》落地落实。

完善青少年司法保护体系。推进《关于构建未成年人检察工作社会支持体

系合作框架协议》贯彻落实。与省检察院协商合作，组织武汉市、十堰市茅箭区两地成功获评全国首批未成年人检察工作社会支持体系建设试点，并联合下发省级《关于开展未成年人检察工作社会支持体系建设试点工作的通知》，评审论证后确定武汉市江汉区等 26 个地区为湖北省第一批未成年人检察工作社会支持体系建设试点，逐步建立全链条的未成年人司法保护社会支持体系。

深化青少年法治宣传教育。团省委联合省委政法委、省教育厅启动实施第四届“湖北省青少年法治文化节”，以预防校园欺凌为主题，开展“百场法治宣讲”进校园、进社区、进企业、“预防校园欺凌”电台访谈、有奖知识竞答和“12·4”国家宪法日暨法治宣传日活动，共吸引 3 万余名青少年关注与参与。深化“青春湖北”微博、微信等全媒体网络普法平台建设，形成团属新媒体普法平台矩阵，加强线上普法宣传教育。2019 年 12 月 2 日，联合省司法厅、省法学会在咸宁市举办了“青年普法志愿者法治文化基层行活动”现场推进会，向全国成功推介了湖北经验，得到了中国法学会、司法部、团中央领导的一致肯定，《人民日报》、新华社、中央电视台等多家媒体给予了关注报道。

（三）深化品牌项目，着力维护青少年合法权益

加强“12355”青少年服务台建设。2019 年湖北武汉“12355”青少年服务台成功承接全国“青少年 12355”区域中心建设项目，与市长热线实现呼叫转接，与所辖各区建立转办机制，及时回应各类诉求，为青少年提供全方位精准服务。全省各级预青办、未保办积极推动“12355”青少年服务台与司法、民政、高校科研机构、相关社会组织等开展多元合作，深化实施中高考“阳光行动”、大中小学生寒暑假“青春自护教育”等品牌工作，服务中高考毕业班学生 5 万余人。

继续实施“希望伴飞”计划。2019 年，团省委投入资金 150 万元，通过公开招标和面向社会组织购买服务的形式，在全省 17 个市州开展困境未成年人服

务项目45个。聚合社会资源、公益组织、专业力量,面向省内城乡孤儿、事实孤儿,残疾青少年,服刑、吸毒强戒人员未成年子女,在未管所、未戒所、不良行为专门矫治学校等专门机构的未成年人,正在接受社区矫正的未成年人和其他特殊困境未成年人群体,提供更精准的精神性、发展性关爱帮扶。2019年,总计帮扶各类困境未成年人5000余人。

持续深化禁毒防艾工作。择优选派各级团干部分批次参加全国禁毒防艾社团骨干培训班,有力提升了各级团组织禁毒宣传教育专业化水平。积极联系协商省内高校配合团中央、中华红丝带基金会开展“高校学子防艾倡导行动”;择优推荐3家社会组织和4所高校承担团中央开展的禁毒防艾宣传教育和服务项目,进一步在青少年中加强禁毒防艾知识的宣传普及。

二、2020年法治建设工作计划

2019年,团省委及全省共青团组织在法治湖北建设工作方面取得了一定成效,但工作中还存在一些薄弱环节,如法治宣传教育不够深入、专业工作力量比较薄弱等。下一步,团省委将进一步加强法治机关建设,加大干部法治培训力度,切实增强干部的法治意识,提升依法办事水平。同时,进一步完善青少年法律法规和政策制度,丰富青少年法治宣传教育形式,不断提升青少年权益维护工作水平,为建设法治湖北贡献青春力量。

第三编　各市、州、直管市、神农架林区法治建设情况

武汉市2019年度法治建设工作报告

2019年，武汉市坚持以习近平新时代中国特色社会主义思想为指导，认真贯彻落实中央全面依法治国委员会和省委全面依法治省委员会决策部署，以加快建设全国一流法治城市为目标，统筹推进法治建设工作，全市法治建设开创新局面。

一、2019年法治建设主要成效

（一）切实加强地方立法

完善立法工作机制。加强党对立法工作的领导，市委常委会审议通过《武汉市人大常委会2019年立法计划》和《2019年市人民政府规章制定工作计划》。健全公众参与立法机制，通过媒体公布、热线电话、征求意见等方式寻求立法“最大公约数”。完善法规审议机制，实行法规草案表决前评估论证制度。

加强重点领域立法。围绕军运会、城市建设与管理、生态环境保护等市委市政府中心工作，出台13部地方性法规和市政府规章。

强化法规规章规范性文件清理。印发《武汉市人民代表大会常务委员会关于集中修改、废止部分地方性法规的决定》，对涉及证明事项清理、生态环境保护等方面的16部法规进行修改和废止。全面开展规章和规范性文件清理工作，审查清理市政府规章58件，市政府规范性文件及其办公厅文件245件。

(二)深入推进依法行政

统筹推进法治政府建设工作。委托中国政法大学编制法治政府建设指标体系,开展法治政府建设示范创建和全面督察。

进一步简政放权。出台《武汉市“情景式”审批事项目录(第一批)》《武汉市深化政务服务“马上办网上办就近办一次办”实施方案》,梳理“四办”事项清单,“一次办”事项占比达98%。

推进科学民主依法决策。在建立重大行政决策“1 +7”制度体系基础上,出台《武汉市人民政府2019年重大行政决策事项目录》。要求各区和市政府各部门制定本单位重大行政决策事项目录并严格履行法定程序。

严格规范公正文明执法。开展市场监管、生态环境保护、文化市场、交通运输和农业五大综合行政执法改革。制定出台《武汉市行政执法公示办法》《武汉市行政执法全过程记录办法》《武汉市重大行政执法决定法制审核办法》等“三项制度”和任务清单,将落实行政执法“三项制度”任务清单的结果作为“双评议”考核评分的重要依据。印发《关于机构改革期间推行“双随机一公开”监管的指导意见》,稳步实施全市“双随机、一公开”抽查。

推进行政复议体制改革。成立市行政复议体制改革领导小组,印发《武汉市行政复议体制改革方案》,实现市、区政府行政复议工作“一个窗口受理”“一个标准断案”“一班专业人马定纷争”。

(三)统筹推进公正司法

深入推进公安警务机制改革。推动信息化执法监管,全面建成市区两级执法监管中心和基层派出所执法监管室,实现对执法办案过程的可回溯式管理;抓好检察改革措施落地。印发《武汉市检察机关全面深化司法责任制改革实施方案》等5类制度性文件,坚持"谁办案谁负责、谁决定谁负责";完善和落实审判权力运行机制。开展"分调裁审"改革,推行"分流—调解—速裁—诉讼"的工作模式,出台《关于规范刑事裁判文书送达的规定(试行)》等制度;深化司法行政体制改革。规范社区矫正中心的管理运行和工作流程,制发《区社矫中心规范运行指导意见(试行)》;推动扫黑除恶向纵深发展。全市严厉打击恶势力犯罪集团、涉恶犯罪团伙。

(四)科学开展精准普法

落实普法责任制。全市组织法治讲座8983场次,法律培训3741次,法治宣传教育覆盖519.5万人次。推进"关键少数"学法用法工作落实,各级部门举办党委中心组学法3311次。大力实施"阳光行动",全市学校法治副校长覆盖率实现100%。

大力推进公共法律服务体系建设。加快整合法律服务资源,实现仲裁进驻市级网络、实体平台,公证、司法鉴定、律师调解进驻市、区级实体平台。组织开展全市公共法律服务示范点评估,实现市、区级平台公共法律服务自助服务终端全覆盖。

有效化解基层矛盾纠纷。2019年,全市人民调解组织共开展矛盾纠纷排查94,542次,调解纠纷77,128件,成功率99.95%,协议履行率99.24%。成功防止可能引发群体性事件纠纷443件,成功调解非正常死亡纠纷681件。

二、存在不足及2020年工作思路

2019年,法治武汉建设虽然取得了一些成绩,但还存在不足。一是少数地方和部门对法治建设重要性认识不够深刻。个别地方和部门党政主要负责同志履行法治建设第一责任人职责力度不够,法治建设专职人员参谋助手作用发挥不够。二是法治建设考核机制的科学性有待进一步完善。区级法治建设议事协调机构、人员、经费、机制等方面存在不足。三是法治队伍专职人才力量不够。改革重组后的部分执法部门法治工作缺乏组织体系和监督体系。2020年,武汉市将深入学习贯彻党的十九届四中全会精神,围绕加快建设一流法治城市目标,不断提升法治建设新质效。

提升立法质量,推进落实良法善治。加强立法工作的领导,推动落实市人大常委会分管副主任和市政府分管副市长任法规项目领导小组组长的“双组长制”。科学编制2020年立法工作计划,聚焦垃圾分类、大数据安全管理、城市治理等重点领域开展立法工作。完善党委领导、人大主导、政府依托、各方参与的立法工作格局,统筹做好立改废工作。

加强依法行政,打造法治化营商环境。围绕市委市政府中心工作、执法重点领域和人民群众关心的重大问题开展专项法治督察。坚持以提升信息化水平为导向,加快数字政府建设,持续开展“减证便民”。认真贯彻实施《重大行政决策程序暂行条例》,研究修订武汉市原有重大行政决策制度。加快市场监管、生态环境保护、文化市场、交通运输和农业五大领域综合行政执法体制改革。

公正文明司法,提升法律权威性。进一步深化司法体制综合配套改革。全面落实司法责任制,完善司法人员绩效考核指标体系,构建权责统一、规范有序的司法权运行新机制。加快构建立体化、多元化、精细化诉讼程序,推动大数据、人工智能等科技创新成果同司法工作深度融合,解决好“案多人少”难题。

坚持以人民为中心,强化法治服务保障。持续开展宪法宣传教育活动,建立完善领导干部学法清单制度,强化落实媒体公益普法责任。完善公共法律服务网络,将实体平台的深度服务、热线平台的方便快捷和网络平台的全时空性有效整合。扎实开展法治创建活动,推动健全基层社会治理体系。强力推进“民呼我应”改革,纵深掘进扫黑除恶专项斗争。

黄石市2019年度法治建设工作报告

2019年,黄石市深入贯彻习近平总书记全面依法治国新理念新思想新战略,按照党中央全面依法治国和省委全面依法治省部署安排,扎实推进科学立法、严格执法、公正司法、全民守法,努力开创全面依法治市新局面。

一、法治建设总体情况

(一)完善法治建设体制机制

健全法治建设领导体制。成立全面依法治市委员会、全面依法治县(市、区)委员会,组建立法、执法、司法、守法普法协调小组,印发工作细则。

建立法治建设工作机制。建立法治建设联系网络,印发市委依法治市办会议制度、请示报告制度以及联络员工作办法,建立信息报送机制,印发《全面依法治市工作简报》7期。

加强法治建设制度设计。印发《黄石市深入学习宣传贯彻习近平总书记全面依法治国新理念新思想新战略和重要讲话精神工作方案》《关于进一步提升法治黄石建设规范化水平的实施方案》。

严格法治建设绩效考核。制定法治建设绩效考核办法,考核结果作为政绩评价重要标准。

领导干部带头学法用法。市委市政府开展集体学法活动10余次,开展领导干部宪法宣誓活动近百次,举行市人大代表集体宪法宣誓仪式。

(二)推动科学立法

加强地方立法组织领导。市委印发《关于进一步加强地方立法工作的意见》,组织召开全市立法工作会议,组建地方性法规项目领导小组。市政府修订《黄石市人民政府规章制定程序规定》。

建立健全立法机制。出台《黄石市人大常委会地方立法工作流程》,制定《黄石市基层立法联系点工作办法(试行)》,建立基层立法联系点,协助省人大常委会法规工作室在黄石市召开首次全省市州报批法规联审联评会议。

推进重点领域立法。做好黄石市市容和环境卫生管理条例等立法工作,开展《黄石市商业网点规划建设管理条例》执法检查,听取《黄石市房屋安全管理条例》等实施情况报告。

(三)严格依法行政

全面履行政府职能。梳理42家部门3903项权责清单。1479个行政审批事项全部实现目录化、动态化管理。工业项目"先建后验"审批模式受到国务院通报表扬。政务服务平台全部接入电子政务外网,实现与省政务服务平台互联互通。黄石"市民之家"启用。"最多跑一次"事项占依申请事项总数的99.8%。

完善依法行政制度体系。审查规范性文件155件,规范性文件备案31件,报备规章和规范性文件3件。清理市政府规范性文件354件。

推进科学民主依法决策。落实《黄石市人民政府重大行政决策程序规定》《重大行政决策程序暂行条例》,对规范性文件、涉法事务、重大合同合法性审查

71件。市政府重新选聘法律顾问,出台《黄石市政府法律顾问管理办法(试行)》。

严格规范公正文明执法。市政府出台《黄石市全面推行行政执法“三项制度”工作方案》,组织赴浙江大学培训。开展行政处罚裁量基准修订,完成行政执法证件和执法监督证件换发。开展“双随机一公开”监管,更新47,890个检查对象、1234名执法人员的名录库,实现检查全覆盖;24家行政部门在国家“互联网+监管”系统认领发布监管事项991项,编发检查实施清单965项。开展行政执法案件质量评查,发现问题110个,整改92个。

强化权力制约监督。集中通报上半年行政机关负责人未出庭应诉情况,组织领导干部旁听庭审。

打造法治化营商环境。召开全市优化营商环境暨作风建设动员大会,印发《黄石市进一步优化营商环境行动方案》。

贯彻落实《法治政府建设与责任落实督察工作规定》。统筹组织中央依法治国办食品药品执法司法督察迎检、省委依法治省办法治政府建设实地督察迎检,按期完成食品药品执法司法督察反馈问题的整改落实工作,开展全市营造法治化营商环境保护民营企业发展专项督察。

(四)深化司法改革

推进法检内设机构改革。法院结案率同比上升5.9%。检察院全面完成内设机构改革和捕诉一体改革。

落实司法责任制。法院、检察院从严规范权力配置,严格司法责任追究。落实员额动态管理机制,完善业绩考核体系。

推进司法专项改革。开通妇女儿童维权绿色通道,审理婚姻解除、财产分割、子女抚育等案件2823件。印发《关于刑事案件适用速裁程序办理的实施意见(试行)》《关于落实认罪认罚案件值班律师的通知》,认罪认罚从宽案件占比70.21%,适用速裁程序案件占总数17.15%。建成53个“科技法庭”,实现庭审直播工作零突破。“智慧刑检辅助办案系统”被评为“全国智慧检务十大创新案例”。

开展“长江流域生态保护公益诉讼”“检察护长江、绿水育黄石”专项行动。公益诉讼立案211件,较2018年同期增长58.82%,下游湖生态环境保护公益诉讼案入选湖北省长江流域生态保护公益诉讼十大典型案例。

受理监委移送审查起诉职务犯罪案件66件82人,提前介入66件次,起诉54件68人。开展“规范执行年”,发布失信被执行人信息333条。法院受理执行案件15,170件,结案11,659件,执行金额17.9亿元。

做实公安、司法行政改革。印发《黄石市公安局案件管理中心(室)管理办法》,建设“五大中心”,启用黄石市禁毒警示教育基地。规范执行社区矫正工作“六个标准”“四统一”,在全省首创社区服刑人员外出记录查询机制,社区服刑人员电子定位监管率达到94%。

深化政法机关“放管服”改革。公安机关32项行政审批“上网”办理,压减出入境服务签办时限,车驾管服务“异地通办”“全国通检”,印章管理改为备案制。检察院完善“12309检察服务中心”建设,规范办结时限要求。法院推行网络诉讼服务。司法行政机关推行“互联网+公证”,建立7个公共法律服务中心、50个乡镇公共法律服务工作站、215个村级公共法律服务工作室。

(五)提升法治社会建设水平

加强社会信用体系建设。发布公共信用信息目录,“信用黄石”网站公开各类信息。被国家发改委授予“全国城市信用工作创新奖”。

做好矛盾纠纷化解。印发《进一步加强人民调解工作完善多元化解机制的意见》,出台《关于开展诉调对接工作的指导意见(试行)》《关于开展公调对接工作的实施方案(试行)》。成立黄石市疑难复杂人民调解委员会和黄石市劳动人事争议调解中心,组建42个个人调解工作室,筹建人民调解专家库,成立新华团队工作室。排查纠纷1313件,预防纠纷1448件,调解各类纠纷7004件,调解成功率达98%。

全面开展扫黑除恶专项斗争。制定方案制度等11个,建立每周重大线索会商研判机制。全省法院系统扫黑除恶工作推进会在黄石市召开,市检察院被评为全省扫黑除恶专项斗争先进单位。

落实普法责任制。开展“法律六进”、法治创建和国家宪法日等活动,被评为“全国民主法治示范村(社区)”10个,省级法治建设示范村(社区)6个,省级法治文化建设示范点17个。

二、存在的问题和不足

黄石市法治建设工作虽然取得了一定成效,但离上级要求和群众期盼还有一定差距,主要体现在全市法治建设进展不平衡、法治建设保障力度需要进一步加大、法治建设队伍需要进一步加强等。

襄阳市2019年度法治建设工作报告

2019年，襄阳市学习宣传贯彻习近平总书记全面依法治国新理念新思想新战略，健全完善全面依法治市工作体制机制，扎实开展立法、执法、司法、守法普法和法治督察工作，为襄阳市"一极两中心"建设营造了良好法治环境。

一、法治建设总体情况

（一）健全体制机制

成立中共襄阳市委依法治市委员会，下设立法、执法、司法、守法普法4个协调小组，委员会办公室设在市司法局。通过《中共襄阳市委全面依法治市委员会工作规则》《中共襄阳市委全面依法治市委员会协调小组工作规则》《中共襄阳市委全面依法治市委员会办公室工作细则》《中共襄阳市委全面依法治市委员会2019年工作要点》。

（二）加强地方立法

成立襄阳市委依法治市委员会立法协调小组。坚持立法服务地方发展，完成人大立法项目《襄阳市城市建筑垃圾治理条例》《襄阳古城保护条例》和政府规章立法项目《襄阳市养犬管理办法》。

（三）深入推进依法行政

统筹推进法治政府建设工作。市委依法治市办印发《襄阳市关于开展全国法治政府建设示范创建活动工作方案》，组织市、县两级政府总结本地区法治政府建设的成效和问题，择优推荐上报襄阳市人民政府、谷城县人民政府两个综合示范创建和老河口市人民政府、南漳县人民政府两个单项示范创建。

严格规范公正文明执法。全面推行行政执法“三项制度”，统一执法文书、统一执法程序、统一执法数据分析，严格规范行政执法事前、事中和事后监管，基本实现执法信息公开透明，执法过程全程留痕可回溯、重大执法决定法治审核。大力推行登记便利化改革，企业开办时间提前压缩至1日以内。加强执法队伍建设，举办法治政府建设干部培训班，为全市培训执法骨干100名。落实行政执法责任制，通过案卷评查、抽查等内部监督机制加强行政执法行为监督。持续推进“减证便民”，组织专班集中15天时间对全市证明事项进行一次拉网式清理，共取消证明事项603项。

开展法治政府建设专项督察。组成4个督察组，对9个县（市、区）、3个开发区和20个市直行政执法部门进行实地督察，汇总需整改问题5项14条，有效检验了各地各部门法治政府建设成效。拟制襄阳市2019年度法治建设考评办法和考评细则，将依法治市工作纳入各地各部门年终绩效考核内容。

认真开展行政复议应诉工作。2019年市政府本级共收到行政复议申请180件，受理153件，共审结135件；共办理以市政府为被告的行政诉讼案件99件，已审结59件，40件正在审理中。

（四）统筹推进公正司法

推动扫黑除恶纵深发展。市委政法委、市公安局、市人民检察院、市人民法院、市司法局协同配合,加强对涉黑涉恶案件中法律适用和证据标准的研究,进一步明确执法办案标准,全市共审结涉黑涉恶案件59件,426名被告人被追究刑事责任,其中129人被判处5年以上有期徒刑。

全市法院收案107,785件,结案96,251件,收案数、结案数均居全省第二位,同比分别上升16.08%、17.16%,共受理执行案件35,564件,实际执结31,676件,实际执行到位金额40.9亿元。检察院全年办理认罪认罚案件3207件3838人。

加强人民调解工作力度。调解案件总数48,319件,调解成功46,803件,调解成功率96.86%,调解协议涉及金额31,128.82万元。

加大社区矫正刑满释放人员管控力度。有效利用网络平台掌握矫正对象和刑满释放人员的行踪和思想动态,提高安置帮教工作的综合能力,取得重新犯罪率为零的优异成绩。

加强公共法律服务体系建设。整合法律服务事项,充实法律服务骨干力量,推进公证体制改革,办理法律援助案件8273件,办理其他法律援助事项74,652件,推广法律援助典型案例,提高法律服务质量。

(五)科学开展智慧普法

严格落实普法责任制。围绕企业生产生活、依法经营、维护妇女儿童老人权益等方面在市、县、镇、村四级集中设站开展宪法法律宣传120多场次,累计出动普法骨干、普法志愿者1.3万余人次。充分发挥一村一社区一法律顾问的作用,组织律师和法律服务工作者深入乡村、社区开展法治宣传。

严格落实以案释法制度。市、县两级法院、检察院运用网站、公众号开展以案释法,出动巡回审判“大篷车”,将庭审现场搬进村、社区、企业,增强广大基层群众法治观念。

提升领导干部法治能力。抓住领导干部这个“关键少数”开展法治教育,全市举办宪法法治讲座7075场,培训法治骨干1800多人,干部在线学法5.5万多人。

加强法治宣传教育。召开法律服务民营企业发展座谈会,提高民营企业防范风险化解纠纷的能力。开展校园法治讲座、法治实践活动1357场,普及青少年人数达到16万多。积极开展法治创建活动,累计单位、个人获奖98个。

二、存在的问题和不足

襄阳市全面依法治市工作站位高、起步稳、谋划早、措施实、效果好,虽然取得明显成效,但依然存在一些短板:一是少数地方和部门对法治建设重要性认识不够深刻。个别地方和部门党政主要负责同志履行法治建设第一责任人职责力度不够,研究法治建设工作虚化,法治建设专职人员参谋助手作用发挥不够。二是法治建设队伍亟待加强。各地人员配置不足,有编制缺人员,大部分采取与普法合署办公的模式,工作人员法律知识、工作经验不足。三是严格规范公正文明执法质效有待提高。落实行政执法“三项制度”不够彻底,少数单位行政执法公示制度落实不到位,行政许可、行政处罚执法决定信息公开不够,重大执法决定法制审核制度落实刚性不够。

三、2020年工作思路

2020年,襄阳市委全面依法治市委员会将以党的十九届四中全会精神为主线,紧紧抓住立法、执法、司法、守法普法4个重点,推进法治襄阳建设。

推动立法工作稳步发展。坚持党对立法工作的领导,深入推进科学立法、民主立法,加强重点领域立法,树立精细化立法理念,健全立法机关和社会公众沟通机制。完成《襄阳市电动车管理条例》《襄阳市瓶装液化气管理办法》等立法项目,做好襄阳市城市绿地管理办法立法前的调研工作。

加快推进法治政府建设。严格执行《重大行政决策程序暂行条例》,加强重大行政决策合法性审查,构建依法行政、职责明确的政府治理体系。贯彻落实法治政府建设与责任落实督察工作相关规定,开展法治政府建设督察。加强执法队伍建设,加强食品药品安全、生态环境保护、安全生产、文化旅游、交通运输、农业和城市管理等重点领域的行政执法力度。深入推进行政执法"三项制度",加强行政执法监督,推进严格规范公正文明执法。持续开展证明事项清理工作。优质高效办理市政府行政复议与应诉案件。

深化政法领域改革,进一步规范司法权力运行机制,建立权责明晰的司法责任制体系,健全新型执法司法监督管理模式;推进环境资源、知识产权案件集中审理;推动法官、检察官逐级遴选工作,市中级人民法院法官助理、市人民检察院检察官助理到基层人民法院、检察院任法官、检察官;加强对涉黑涉恶案件中法律适用和证据标准的研究,进一步明确执法办案标准,力争涉黑恶执行案件应执尽执;推进一站式诉讼服务机制建设;持续推进"公益诉讼守护美好生活"专项监督;继续深化公安领域受立案和刑事案件"两统一"机制改革,全面强化全市执法监督管理中心信息系统应用,进一步提升基层公安机关执法规范化水平;深化司法行政改革,持续推进落实统一戒毒模式,制定社区矫正各环节执行标准,进一步推进刑罚执行一体化建设。

扎实开展普法工作。深化宪法宣传教育,大力开展全面依法治国暨民法典大巡讲活动,重点宣讲习近平总书记全面依法治国新理念新思想新战略和习近平总书记关于《民法典》的重要论述,在全市公民中掀起学习《民法典》、崇尚《民法典》的热潮。加强新颁布新修改党内法规和地方性法规学习宣传。加强领导干部和青少年法治教育。组织开展好各级国家机关工作人员在线学法考试、旁听庭审和"以案释法"活动。开展丰富多彩的群众性法治文化实践活动。强化新媒体公益普法力度。

荆州市2019年度法治建设工作报告

2019年，荆州市认真落实中央全面依法治国委员会、省委全面依法治省委员会的各项决策部署，进一步加强党对法治荆州建设的集中统一领导，统筹推动立法、执法、司法、普法等各个领域工作，取得明显成效。

一、法治建设总体情况

（一）切实加强地方立法工作

聚焦立法机制建设。凝聚共识，召开市委全面依法治市委员会立法协调小组第一次全体会议，全面部署全市立法工作；注重把主导立法的着重点放在法规立项和草案起草环节，充分发挥政府依托作用，形成合力。整合资源，充分发挥常委会立法顾问组和基层立法联系点的智库、外脑作用。严格程序规范，相继出台有关立法评估、立法论证听证、地方性法规报批、公众意见采纳反馈、立法顾问、备案审查、立法联系点等多个工作规程以及立法技术规范。

聚焦重点领域立法。公布实施全省首个“一湖一法”——《荆州市长湖保护条例》，施行《荆州市扬尘污染防治条例》。成立湘鄂西条例立法联席会议制度并召开第一次会议，并赴江西赣州、福建龙岩、南平、宁德开展立法起草调研活动。

聚焦法规实施。市人大常委会听取市政府关于《荆州市文明行为促进条例》贯彻实施的工作报告,全面梳理已出台的4部地方性实体法规的部门职责,列出10家市直部门的35项监管事项,补充进入政府部门责任清单。实现法规规定和政府责任清单全面对接,并全部录入市政府政务服务和大数据平台的“互联网+监管”系统。

(二)深入推进依法行政

持续深化“放管服”改革。在全省率先实现省、市、县、乡、村五级“一网覆盖”、五级联通。深入推进行政审批事项公开办理,市、县两级依申请事项12,682项,网上12,187项,可办率96.01%。进一步扩大“一窗”受理范围,将卫健、交通、民政、文旅、应急等9个部门事项逐步纳入综合受理范围。加快“互联网+监管”事项梳理,共编制监管事项目录1049个、检查实施清单1039个。

开展无谓证明事项清理。出台《荆州市清理取消无谓证明事项工作方案》,严格证明事项清单式管理,组织开展证明事项清理调研,共清理取消市直单位无谓证明事项和村(居)出具证明事项99项。

健全完善决策程序。出台《荆州市各级人民政府重大行政决策出台前向本级人大及其常委会报告制度》;对推进棚改项目等涉及民生项目和一批涉及公众利益的规范性文件,广泛征求社会各界意见。对市政府常务会议审议的重大事项和文件,实行会前审查,会中参与,会后复审,努力实现高质量把关、零风险决策。

进一步规范行政执法。落实行政执法主体资格制度,清理审查市本级行政执法单位主体资格35家;严格执行行政执法人员持证上岗和资格管理制度,建立17,602名全市行政执法人员信息资料库。开展了行政执法损害群众利益突出问题专项整治活动,发现问题1890个,退赔1502万元,公开曝光12件,处理

2人;调取了16家行政执法单位2019年以来行政案件目录70,195份,委托第三方机构抽取65份卷宗进行了评查,查找出17个方面的问题。

充分发挥督察作用。市委依法治市办组织开展法治政府建设全面督察,全市8个县市区、3个功能区和28个政府组成部门结合《法治政府建设全面督察方案》完成自查,形成了自查报告。开展食品药品监管执法司法督察、营造法治化营商环境保护民营企业发展专项督察,查找出食品药品安全监管等9个方面26类问题、营造法治化营商环境7个方面29类问题,分别形成问题清单,提出整改措施。

(三)深化司法体制改革

纵深掘进扫黑除恶专项斗争。2019年,全市共打掉涉黑组织16个、涉恶犯罪集团24个、涉恶犯罪团伙247个,破获刑事案件568件,刑拘犯罪嫌疑人1271人,移送涉黑涉恶腐败和"保护伞"线索144条;起诉涉黑涉恶案件141件466人,一审判决涉黑涉恶案件24件114人,二审判决涉黑涉恶案件6件31人。

大力推进政法信息化建设。实施信息化"1234"工程,推进智慧检务、智慧法院、智慧公安、智慧司法建设。其中,公安部门全面启动总面积750平方米的市局"大数据中心"项目,打造"336"大数据运行体系,构建"1+N"大数据实战应用体系。

全面推行认罪认罚从宽制度。协调公安局、检察院、法院、司法局就律师参与认罪认罚从宽案件进行沟通协调。2019年,检察机关共提出量刑建议807人,法院采纳量刑建议622人,法院采纳量刑建议数占一审宣判数的82.1%,有效提升了办案效率,节约司法资源。

优化司法权力运行机制。检察机关严格执行领导干部带头办案制,共办理案件599件;强化监督制约,评查案件1187件。法院推进院庭长办案常态化,全市法院院庭长审理各类案件2万余件;完善"分调裁审"工作机制,组建速裁团队16个,化解各类矛盾纠纷4000余件;深化司法机关与国家监察体制改革试点衔接,探索建立与国家监察体制改革相适应的工作机制。

全面推进公益诉讼工作。建立公益诉讼督促起诉制度,完善检察建议工作机制。落实对涉及公民人身、财产权益的行政强制措施实行司法监督制度。成立荆州市人民检察院民事、行政诉讼监督及公益诉讼案件专家委员会。2019年,共对民事行政生效裁判提出(请)抗诉、提出检察建议39件;开展审判活动监督13件,执行活动违法监督20件。

(四)科学开展守法普法

全面落实普法责任制。指导全市64家市直单位制订普法责任清单,并接受群众监督。积极落实以案释法,把普法融入案件受理、调查取证、处罚决定、处罚执行等全过程,利用各类媒体平台开展以案释法。出台《荆州市关于切实加强乡村普法宣传工作的实施方案》,启动"小微企业法律服务共享计划",共开展法治宣传活动6200次,覆盖200余万人。

推进法治文化阵地建设。针对荆州市法治文化阵地建设发展不平衡的问题,提出了各县(市、区)每年打造不低于3个省级法治文化建设示范点,25家单位被命名为"省级法治建设示范单位"。

拓宽普法宣传形式。开展"荆风楚韵唱大戏,法治惠民赶大集"法治文化展示活动。全市多个法治宣传栏目深入开展法治宣传。拓展"互联网+法治宣传",共建有普法新媒体平台799个。全市各单位创作10余部法治动漫微电影作品。再版5000册《楚国法治小故事》向社会发放。

二、存在不足及工作展望

2019 年，法治荆州建设虽然取得了一定成效，但仍然存在各地各单位法治建设发展不平衡，立法、执法、司法、守法普法各领域的工作还存在薄弱环节，统筹协调推动督办的职能作用还要充分发挥等问题。2020 年，荆州市将坚持用党的十九大以及十九届二中、三中、四中全会精神和习近平总书记全面依法治国新理念新思想新战略为指导，切实维护宪法权威，进一步加大法治政府建设力度，坚持科学立法、民主立法、依法立法，持续深化司法体制改革，深入推动党中央全面依法治国、省委全面依法治省、市委全面依法治市的各项决策部署以及工作任务落实落细，努力为打造“万里长江、美在荆江”新画卷提供坚强的法治保障。

宜昌市2019年度法治建设工作报告

2019年,宜昌市全面贯彻落实党的十九大、十九届历次党中央全会精神和习近平总书记全面依法治国新理念新思想新战略,坚持党的领导,统筹推进科学立法、严格执法、公正司法、全民守法,深入推进市域治理体系和治理能力现代化。现将情况报告如下。

一、2019年工作开展情况

(一)坚持党的领导,着力构建法治建设大格局

一是切实加强法治建设整体布局。市县两级党委法治建设议事协调机构及其办事机构组建完成、人员配备到位、运转规范有序。召开市委全面依法治市委员会第一次、二次会议,市委依法治市办及各协调小组第一次会议,高位推进法治建设谋篇布局。二是压紧压实第一责任人职责。全面落实中心组学法、年度述法、任前考法、宪法宣誓等制度。2019年市委理论学习中心组集体学法3次;市政府常务会议专题学法2次;市人大常委会组织领导干部任前法律知识考试27人;32家市直执法部门90余名领导干部旁听法院庭审。三是健全完善全面依法治市制度机制。制定出台全面依法治市委员会工作规则、协调小组工作规则、办公室工作细则等工作制度。统筹市直各部门力量开展了法治政府建

设、食品药品监管执法司法、法治化营商环境等 3 轮专项督察。科学制定考核指标，客观规范公正开展法治考核，推动法治工作高效有序开展。

（二）坚持围绕中心，全力服务宜昌高质量发展

一是纵深掘进扫黑除恶专项斗争。2019 年全市共打掉涉黑组织 13 个、涉恶犯罪集团 30 个，“查扣冻”涉案资产 4.1 亿元，查办涉黑涉恶腐败和“保护伞”124 人，“百日追逃”行动 18 名目标逃犯全部抓获归案。二是优化法治化营商环境，深入推进“六多合一”、“3550 + 100”、工程建设项目审批制度改革。政法机关制定服务民营企业发展工作“九条意见”，成立市总商会人民调解委员会，组织开展“千名律师进千企，助推企业依法经营”活动，依法护航民营企业发展。三是服务保障“三大攻坚战”。依法化解重大社会风险，在处置城区出租车续权、化解宜化集团债务风险工作中，突出“宜昌方案”合法性审查，强化依法处置，得到中央政法委、国家银保监会充分肯定。依法服务脱贫攻坚，从严打击侵犯农民工合法权益犯罪行为，为建档立卡贫困户发放司法救助金 41.4 万元。依法保障污染防治，积极推进生态环境损害赔偿制度改革。市公安局侦办破坏环境资源类案件 172 起，市人民检察院立办 156 件，市中级人民法院依法审理 128 件。

（三）坚持制度引领，以良法促发展保善治

一是科学制定地方性法规《宜昌市扬尘污染防治条例》和市政府规章《宜昌市城区养犬管理办法》。二是组织开展新中国成立以来市委党内规范性文件的集中清理，废止 691 件、宣布失效 635 件、修改 12 件。深入推进党内规范性文件备案工作全覆盖，向省委报备文件 29 件，合法合规率 100%。三是制发《关于全面加强行政规范性文件合法性审核工作的通知》《宜昌市行政规范性文件界定

指引》,对2012年以来全市1208件行政规范性文件进行清理,全面落实合法性审核责任制,严格维护法制统一和政令畅通。

(四)坚持依法行政,深入推进法治政府建设

一是深入开展示范创建活动,主要领导先后4次召开会议研究部署法治政府建设示范创建工作;制定出台"宜昌方案",对100项创建指标进行细化分解,实行挂图作战、挂牌督办,宜昌市作为全省唯一市州入围全国56个候选城市。二是全面落实《重大行政决策程序暂行条例》。全年共召开市政府常务会议22次、市长例会36次,依法按程序审议决策事项290项。强化决策事项合法性审查,在全省首创市政府合法性审核专用章,强化了合法性审核权威。三是在全省率先落实行政执法"三项制度",深化流域和县域综合执法改革,"创新黄柏河流域综合治理体系"改革项目获第二届湖北改革奖,夷陵区综合行政执法改革经验受到中央编办肯定。四是自觉接受人大、政协监督,全年高效办理议案建议274件、提案342件,办复率100%、满意率99%。全年市本级受理复议案件130件,办结114件;办理行政应诉案件62件,无败诉案件发生;全市行政机关负责人出庭应诉率92%。

(五)坚持公正司法,进一步规范司法权力运行

一是全面落实司法责任制。全市法院院庭长结案数量占结案总数61.92%;全市检察院领导干部出庭支持公诉333件。二是深入推进司法体制配套改革。推进"繁简分流"机制改革。深化"捕诉一体"办案机制、公益诉讼制度改革。完善职务犯罪检察衔接机制。深化受立案制度、刑事案件"两统一"改革和公安机关案管中心建设。持续加强律师党建工作,推进刑事案件律师辩护全覆盖,推进统一戒毒工作基本模式,深入开展社区矫正工作,强化"两类人

员”管理。三是着力实现司法惠民。法院系统推进“一站式诉讼服务，一站式纠纷解决”建设，开展“执行难”攻坚；市检察院打造老百姓“家门口的检察院”；市公安局建成91个街面“密防快反”警务站；市公共法律服务中心整体迁入市政务服务中心，全年办理法律援助案件5526件。

（六）坚持普法依法治理，筑牢法治社会建设基础

以“法律六进”为载体，落实“谁执法谁普法”普法责任制，开展专项普法活动7069场次。成功举办第三届法治建设“十大人物”“十件大事”评选及致敬礼活动。出台《法治宜昌宣传平台建设方案》，打造集宣传服务于一体、线上线下全覆盖、联动融合相衔接的宣传平台。深入推进社会治理创新，宜都市推进“双基强化、三治融合”，被省委省政府确定为全省唯一试点；夷陵区“基层社会治理智能化平台”及“夷陵一家亲”移动客户端，实现区、乡、村三级覆盖；点军区联棚乡基层社会治理创新“三三制”工作法得到省领导批示推广。

二、当前工作存在的问题及2020年工作要点

2019年，全市法治建设全面推进，但与法治国家建设目标任务要求有一定差距，主要表现在全面依法治市工作处于启动实施阶段，成效不突出；县域法治建设基础比较薄弱，机构尚未高效运转；等等。下一步的工作任务是：

始终坚持党的绝对领导。坚持党对地方立法工作的领导，出台地方性法规《宜昌市生活垃圾分类管理条例》、政府规章《宜昌市政府规章制定程序规定》《宜昌市城市桥梁隧道管理办法》等。开展党政主要负责人履行推进法治建设第一责任人职责法治督察和法治政府建设法治督察。强化“法治宜昌”宣传平台建设，完善工作网络和制度机制。开展法治建设第三方实地评估。坚持以人民为中心，创新开展法治惠民活动，推广一批法治惠民优秀项目。

加快推进法治政府建设。市级创建抓巩固提升,坚持问题导向,补齐短板、挖掘亮点、系统集成打造品牌。县(市、区)要全面开展法治政府建设示范创建工作,对标对表、分解责任清单、补齐弱项、夯实基础,狠抓工作落实,继续走在全省示范创建前列。

进一步推进司法体制改革。深化司法责任制综合配套改革,深化以审判为中心的刑事诉讼制度改革,促进庭审实质化。

深入推进普法依法治理工作。认真组织开展"七五"普法检查验收,争创全国法治宣传教育先进城市。推进《民法典》贯彻实施,推进公共法律服务体系建设。积极申报市域社会治理现代化试点城市,总结宜都"双基强化、三治融合"基层治理经验,率先在全市推广。

十堰市 2019 年度法治建设工作报告

一、2019 年度法治建设总体推进情况

(一)加强党的领导,依法执政能力全面提高

提升政治站位。十堰市委市政府以习近平新时代中国特色社会主义思想为指导,全面贯彻落实党的十九大和十九届二中、三中、四中全会精神,深入推进法治建设工作。2019 年市委常委会共组织开展专题学法 2 次,市政府常务会共组织开展会前学法 4 次。

加强组织领导。市委成立市委全面依法治市委员会及办公室并完善工作运行机制。2019 年市委全面依法治市委员会第一次会议印发《中共十堰市委全面依法治市委员会 2019 年度工作要点及任务分解》,对全年工作进行总体部署和具体安排。召开守法普法、立法、执法、司法协调小组会议,印发各协调小组 2019 年度工作要点,对相关领域法治建设重点难点工作进行安排部署。

严格督察检查。高标准配合中央依法治国办、省委依法治省办来堰开展食品药品执法司法督察、优化法治化营商环境专项督察。赴十堰市下辖各县(市、区)开展法治政府建设专项督察。完成省委依法治省办对十堰市法治建设绩效考核工作。

整体联动推进,做实学习培训。丹江口市、郧西县、竹溪县、竹山县、房县、茅箭区、张湾区、郧阳区稳步推进法治建设工作。各县(市、区)、市直各单位近500人参加全市推进法治建设专题培训班。

(二)高质量推进地方立法,制度建设根基进一步夯实

不断完善党委领导立法工作的体制机制。市委下发《关于加强行使地方立法权工作的实施意见》,坚持将党的领导贯穿于立法工作全过程。

高质量推进地方立法。2019年经省人大常委会批准《十堰市扬尘污染防治条例》正式公布。《十堰市恐龙地质遗迹保护条例》《十堰市文明行为促进条例》先后进入市人大常委会审议程序。

层层压实立法工作责任。市人大常委会印发《关于全面推动地方性法规进入执法融入司法列入普法工作的决定》《十堰市地方性法规立法工作主体职责暂行规定》,进一步明确立法职责。

有力推进备案审查工作。2019年市人大常委会向省人大常委会报送法规及规范性文件5件,审查市政府报送的规章及规范性文件6件,市政府向国务院、省人大常委会、省政府、市人大常委会报送规章1件,报备及时率100%,合法合规率100%。

做好行政立法。市政府制定《十堰市城市公厕管理办法》(十堰市人民政府令第4号),印发《市人民政府2019年度规章立法计划》。

(三)深入推进依法行政,政府行为实现依法依规有序

规范政府行为,重大行政决策合法规范有序。逐步建立健全依法决策机制,增强公众参与实效,提高专家论证和风险评估质量,加强合法性审查,严格决策责任追究。

深化“放管服”改革。2019年共办理“两证整合”业务122,420件、“多证合一”业务41,643件、“证照分离”事项5734件、办理简易注销登记1827户,全程电子化系统办理企业登记3843家。市政府办公室印发《关于公布市级证明事项取消目录的通知》,取消证明事项56项。

扎实推进综合执法改革,加强行政执法监督。持续推进市场监管等领域执法体制机制改革,整合执法队伍。对20多个主要执法环节进行规范,对全市主要行政执法机关2019年76件行政执法案卷进行评查,加快构建权责明确的事中事后监管体系。

全力服务“民企”。2018年启动的“千名干部进千企,服务产业促发展”活动(“双千”活动)于2019年已解决企业诉求问题872个,全市公安机关先后排查化解涉企矛盾纠纷580余起,侦破假冒伪劣刑事案件27起。

(四)推进公正司法,法治化环境持续优化

深入开展“扫黑除恶”专项斗争。依法严厉惩治黑恶势力犯罪,严厉打击盗窃、抢劫、诈骗民营企业财务及由经济纠纷引发的绑架、非法拘禁等犯罪。中央督导组、省扫黑办交办线索办结率100%,重点交办线索查实率42%,侦破了湖北省首例涉命案的涉黑案件——“陈某某案”,有力打击了黑恶势力背后的“保护伞”,维护了社会大局和谐稳定。

全面深化司法体制配套改革。落实法官、检察官员额制改革,全市343名员额法官、198名员额检察官回归一线。落实辅助人员配备,法检系统共录用雇员制书记员、司法警务辅助人员、司法技术人员157人、146人。

深化刑事诉讼制度改革。市人民法院积极推进以审判为中心的刑事诉讼制度改革,加强少年、家事审判制度改革,不断健全审判工作机制,提高法院判决裁定的执行率。

完善公益诉讼案件审理程序机制。全市检察机关在对工程施工等行业领域环境保护突出、群众反映强烈问题进行公益诉讼检察监督的同时,配合行政机关落实“禁止环保一刀切、避免环保执法简单化”的政策,努力实现生态保护、绿色发展和服务企业“一案三赢”效果。十堰市检察机关公益诉讼工作经验被央视社会与法频道以《法治的阳光—共护清水北送》为题进行专题报道。

深入推进公安体制改革。推进公安行政审批服务“便利化”,健全完善“1 +5 +N”情指勤舆合成作战机制,大力推行“驻所民调”工作机制,成立直属分局,履行县级公安机关执法权限。

全面深化司法行政体制改革。加强社区矫正监管,有效保证“两会”等重要时段内重点人群的管控。全市现在册社区服刑人员 2157 人,全年未发生脱逃现象。

(五)创新社会治理,共建共治共享社会治理格局初步形成

深入开展宪法法治宣传教育活动,加强法治文化阵地建设。成功举办“12 · 4”国家宪法日法治宣传周启动仪式暨普法“快闪”活动,全市 60 名公务员代表向宪法进行庄重宣誓,积极开展形式多样、内容丰富的宪法宣传周活动。2019 年十堰市下辖 8 个县(市、区)共 22 个单位积极申报第三批“省级法治文化建设示范点”并顺利通过省检查组实地考核验收。

大力推进公共法律服务建设。基本完成公共法律服务实体、热线、网络“三大平台”建设,覆盖城乡的公共法律服务三大平台体系建设取得阶段性成效。深入推进律师“246”工作体系建设,将优质法律服务资源输送到基层一线。2019 年先后召开了律师“四进”郧西现场会和市直机关法律顾问“全覆盖”工作会,全市共计投入财政资金 2000 余万元,对 44 家律师事务所 491 名律师参与“四进”工作进行财政资金保障,村(社区)法律顾问覆盖率达到 100%,各村平

均经费标准约为每天390元,十堰市下辖10个县(市、区)已全部建立法律顾问工作领导机制,乡镇(街办)法律顾问覆盖率达到100%,村(社区)法律顾问覆盖率达到100%。律师"246"工作体系建设先后被《湖北日报》《人民日报》进行宣传报道。

学习和实践新时代"枫桥经验"。2019年全市共排查调解各类矛盾纠纷14,000余件,调解成功13,600余件,成功率97.14%。

二、存在的问题

法治建设基层基础比较薄弱,全市司法所建设、社区矫正安置帮教等工作短板仍然很突出。地方立法整体质量不高,地方特色不鲜明,地方立法人才队伍建设较滞后。食品药品安全、生态环境保护、安全生产等重点领域行政执法监督力度需要加强,行政执法队伍需要进一步整合。

三、2020年工作要点

充分发挥中共十堰市委全面依法治市委员会及其办公室工作职能,协调解决各领域突出问题;围绕市委中心工作和群众关心关注的热点问题开展专项法治督察;持续开展法治政府建设示范创建活动。积极发现典型、培育先进,积极配合中央、省开展法治建设领域专项督察,适时赴各县(市、区)开展综合性、专项督察,形成督察工作常态化、制度化。

高质量推进地方立法。围绕城乡建设与管理、环境保护、历史文化保护三方面地方立法权,在立法项目的选题上加强调研和科学论证,及时下发市人大常委会、市政府2020年度立法计划。

加强行政执法监督。加大对食品药品安全、生态环境保护、安全生产等重点领域行政执法的监督力度。持续推行行政执法领域"三项制度"。

完善公共法律服务体系。尽快将公共法律服务体系建设经费列入市、县两级财政预算,设立专项经费,进一步解决公共法律服务人员不足、资源分布不均衡等问题。

孝感市2019年度法治建设工作报告

2019年以来，孝感市委市政府深入贯彻落实党中央和省委关于法治建设的决策部署，实施系列严实举措高位推进法治建设，全面依法治市开启新征程，各项工作取得新的进展，现将年度工作情况报告如下。

一、主要工作情况

（一）建立健全体制机制

认真贯彻落实党中央和省委决策部署，切实加强党对全面依法治市工作的集中统一领导。市县两级党委对标组建全面依法治市（县）委员会及其办公室；建立工作制度，委员会办公室“一项统筹”职能全面履行。

（二）统筹推进法治工作

市县两级及时召开委员会第一次、第二次会议，全面落实党中央和省委关于法治建设工作部署，及时印发《市委全面依法治市委员会2019年度工作要点》及《重点工作任务责任落实清单》。印发《2019年度孝感市法治政府建设实施方案》《法治政府建设示范创建绩效考核评价指标体系》和“行政执法‘三项制度’实施方案”。

项目。

(八)深入开展全民守法

严格落实“谁执法谁普法”责任制,打造“法律六进”活动样本,扎实开展法治文化和法治单位“两项”创建,深化拓展普法“百千万”工程,“‘4821’工作法夯实普法主体责任”做法被省委依法治省办在全省专报推广。坚持发扬“枫桥经验”,“孝感市专业人民调解中心”创新建成运行。公共法律服务体系建设成效凸显,“12348”热线平台和“孝感掌上12348”网络平台提档升级,市县乡村四级公共法律服务实体平台逐步优化,村(居)法律顾问实现全覆盖。

二、存在的主要问题

2019年以来,孝感市全面依法治市工作全面开启新征程、取得新成效,但对标上级工作要求和目标考核体系还存在一些短板和薄弱环节,主要表现在:要进一步加强各级领导干部法治建设能力对称性建设力度,着力提升制度建设和社会治理能力水平;立法专业人才匮乏,地方立法能力建设与高质量立法需求还存在差距;法治政府建设示范创建推进不平衡,行政执法综合体制改革力度尚需进一步加大;要强化法律服务业发展的政策支持保障措施,补齐法治专业人才匮乏短板,增强法治保障能力等。

三、2020年工作要点

进一步强化法治理论武装。深入学习贯彻习近平新时代中国特色社会主义思想和习近平总书记全面依法治国新理念新思想新战略,把学习宣传党的十九届四中全会精神作为头等政治任务,把制度建设和治理能力建设摆在更加突出的位置。

进一步压实法治建设主体责任。坚持党对依法治市的全面领导，进一步加大法治建设“党政同责”、党政主要负责人履行推进法治建设第一责任人职责的督办落实力度，认真贯彻实施《重大行政决策程序暂行条例》和《法治政府建设与责任落实督察工作规定》，压紧夯实各级各部门抓落实的主体责任。

进一步提升地方立法质效。完善立法体制，严格立法程序，推动人大常委会和政府立法计划有序实施，健全公众参与立法机制和法规、规章实施情况评估制度。

进一步深化法治政府示范创建活动。大力开展示范创建活动，在抓实基层基础工作的同时，着力打造亮点，创新特色品牌。

进一步落实行政执法“三项制度”。全力抓好行政执法“三项制度”这一法治政府建设标志性工程，健全完善基本制度，加快综合执法体制改革步伐，强化执法要素保障，努力打造依法行政“孝感样本”。

进一步推进司法公正。认真贯彻落实《中国共产党政法工作条例》，始终坚持党对政法工作的领导，纵深推进扫黑除恶专项斗争，全力维护国家安全，全面落实司法责任制，全面深化司法体制改革。

进一步优化法治环境。深入开展普法与依法治理，拓展提升法治文化品牌，确保“七五”普法圆满收官。健全完善矛盾纠纷化解“三调联动”机制，推进“法治自治德治”三治融合。不断深化“放管服”改革，全面实现“一网一门一次”目标。

荆门市2019年度法治建设工作报告

一、2019年主要做法和成效

(一)强化组织领导,确保依法执政

及时组建机构。成立中共荆门市委全面依法治市委员会,召开委员会第一次会议,对全面依法治市工作进行安排部署。立法、执法、司法和守法普法协调小组先后召开第一次会议。2019年8月底前,市、县两级实现机构组建到位、人员配备到位、工作制度建立到位。

制定并落实年度工作要点。认真贯彻落实中央全面依法治国委员会和省委全面依法治省委员会决策部署,制定《中共荆门市委全面依法治市委员会2019年工作要点》,明确健全完善全面依法治市工作体制机制等7个方面28项年度重点工作。进行专项工作督察,形成督察报告。

提升"关键少数"法治思维。市委中心组先后开展2次法治专题讲座。针对全市政法系统领导干部开展法治专题培训班1期。开展领导干部旁听人民法院庭审活动,进一步强化领导干部的法治意识和法治思维。

(二)完善机制程序,彰显科学立法

强化市委对立法计划和法规制定工作的领导。市人大常委会党组及时向

市委报告立法计划编制情况。建立立法工作重要事项和重大问题请示报告制度,2019年10月21日市委常委会专题听取民用建筑装饰装修管理立法工作情况汇报。市人大常委会积极支持和服务机构改革,作出涉及本市法规规定的行政机关职责调整问题的决定。

健全完善立法工作机制。市人大法制委员会制定《法制委员会工作规则》《立法项目基础研究制度》,在每部法规审议修改过程中都征求立法顾问和专家库成员的意见,在法规草案表决前还委托语言文字专家对草案文本进行文字把关。

统筹推进法规、规章制定和实施工作。市人大常委会对《荆门市民用建筑装饰装修管理条例》等进行审议,及时启动2020年度立法计划编制工作。2019年5月底至6月初,市人大常委会对《荆门市生态环境保护条例》开展执法检查,市人大常委会第二十一次会议听取该条例实施情况报告。

不断加强规范性文件备案审查工作。市人大常委会向省人大常委会报送3件规范性文件备案,先后对市政府和县(市、区)人大常委会报送的5件规范性文件进行备案审查。市政府向省政府和市人大常委会报备规范性文件8件,对县(市、区)政府、市政府部门报备17件规范性文件进行审查。

(三)强化工作重点,推进依法行政

统筹推进法治政府建设。严格落实《荆门市法治政府建设实施方案(2016—2020年)》,各县(市、区)政府均出台并严格落实法治政府建设实施方案。

完善依法决策机制。重大行政决策严格遵循公众参与、专家论证、风险评估、合法性审查、集体讨论决定等程序。

依法全面履行政府职能。积极落实并完善行政审批改革,目前,市级有21

家市直部门的482项行政审批事项全部划转市行政审批局,7个县市区已经成立行政审批局并实质运行。2019年以来,市、县两级“零跑动”事项占比已达66.5%,“马上办”事项占比已达49.3%。全面推进“多证合一”和“证照分离”改革。大力推进企业名称自主申报改革和全程电子化登记。简易注销办理时限压缩至1个工作日,简易注销企业1309户。完善“一单两库一表一细则”,推动市场监管“双随机一公开”全覆盖。在水、电、通信、医药等行业和领域集中执法力量开展专项整治。

推进综合行政执法改革,全面推进行政执法“三项制度”,加强行政执法监督。积极推进市场监管等领域综合执法改革,将市直现有的24家执法机构全面整合。规定行政执法“三项制度”的工作目标、要求,明确时间节点,及时对各县市区和市直行政执法部门推进“三项制度”工作情况进行督办。推动市场监管“双随机一公开”全覆盖。组织开展全市行政执法案卷大评查,全市共评查40家市直执法单位82,996卷行政执法案卷。

(四)多点推进改革,保障公正司法

公益诉讼检察位居全省前列。市检察院不断加大公益保护力度,共发出诉前检察建议280件,提起公益诉讼10件,督促修复被污染水域1.5万亩、清理被非法占用的河道9.6公里、恢复被破坏林地160亩,投放渔业资源100千克,恢复基本农田101.1亩。

深入推进公安执法体制改革。确保严格规范公正文明执法。进一步做实案件评查,充分发挥执法监管中心作用,深化法综平台推广应用,健全完备地方公安执法制度体系。

司法行政体制改革取得新进展。建立司法鉴定统一管理机制,开展司法鉴定整改“回头看”工作和司法鉴定行业警示教育活动。进一步健全完善律师执

业保障制度机制。落实监狱社区矫正一体化建设。从2012年开始,截至2019年11月底共借调55人次监狱人民警察参与社区矫正,现有在岗监狱民警17人,实现监狱民警参与社区矫正全覆盖。各县市区先后落实社区矫正教育管理中心建设,全面推行社区矫正机构“四统一”工作模式。

(五)加强法治教育,促进全民守法

严格落实“谁执法谁普法”普法责任制。开展集中法治宣传活动102场次、涉及受众人群166,090人次、组织指导办案机关开展扫黑除恶“以案释法”宣传活动85场次。

公共法律服务进一步提质增效。基本建成网络、实体和热线三大法律服务平台。建立农民工维权法律援助绿色通道,受理指派涉及农民工各类案件313余件,共为农民工挽回经济损失722.8余万元。截至2019年11月底,全市受理各类法律援助案件1980件;办理法律援助事项8736余件;“12348”公共法律服务热线接听咨询电话1300人次,接待群众来访9240人次。

发扬“枫桥经验”。截至2019年10月,全市1839家人民调解组织8538名人民调解员调解案件7678起,调解成功7543起,调解成功率98%,执行率99.5%。定期与不定期组织开展矛盾纠纷排查化解“百千万”活动,排查纠纷4802起,预防纠纷5465起。新成立总商会人民调解委员会,在全市42家保险公司建立44个调解室。通过政府购买服务方式保障专业调委会经费。

法治文化建设和法治创建活动不断深入,推动青少年法治宣传教育常态化。积极参与省级法治文化建设示范点创建工作,全市有条件的中小学校分期分批组织学生到屈家岭“金色农谷”青少年法治实践教育基地体验法治实践活动。

二、2020 年工作思路及要点

进一步学习宣传贯彻习近平总书记全面依法治国新理念新思想新战略。组织开展全面依法治市工作调研,为市委推进全面依法治市、建设法治荆门提供决策参考。

进一步健全完善全面依法治市工作体制机制。严格落实"两规则一细则",法治建设情况年度报告、重要法治决定和方案备案、重大法治事件报告等制度。规范法治督察,提高督察质量和效率。

着力提升立法制度供给质效。落实《荆门市人大常委会 2020 年度立法计划》《荆门市人民政府 2020 年规章立法计划》。加强涉及全面深化改革的地方性法规、政府规章的立改废释工作,严格遵守备案审查制度。

加快推进全市法治政府建设。落实《荆门市法治政府建设实施方案(2016—2020 年)》,大力开展法治政府建设示范创建活动,进一步推进政府职能转变和"放管服"改革,严格规范公正文明执法。

进一步深化司法体制改革。深入推进司法体制综合配套改革,进一步推进以审判为中心的刑事诉讼制度改革、公安领域重点改革和司法行政体制改革,做好公益诉讼工作。

加强法治社会建设。严格落实"谁执法谁普法"普法责任制。进一步完善自治、法治、德治"三治融合"机制。

鄂州市2019年度法治建设工作报告

2019年，鄂州市深入贯彻党中央关于全面推进依法治国和省委关于全面推进依法治省的决策部署，统筹推进法治鄂州、法治政府、法治社会一体建设，立足新起点、担当新使命、展现新作为，全面依法治市各项工作呈现新局面。

一、2019年法治建设主要做法及成效

（一）坚持党的领导，健全全面依法治市领导体制和工作机制

鄂州市组建市委全面依法治市委员会，委员会办公室设在市司法局，委员会下设立法、执法、司法、守法普法4个协调小组，召开委员会第一次会议，建立委员会、协调小组及办公室运行机制，各区相应建立健全依法治区领导体制和工作机制，基本实现了全市"一盘棋"和党的领导下推进法治建设的新格局。印发《市委全面依法治市委员会2019年工作要点任务分解方案》《湖北省市（州）党政领导班子和领导干部2019年度法治建设绩效考核指标的鄂州分工方案》，明确责任分工，逐项抓好落实。印发《关于进一步提升法治鄂州建设规范化水平的通知》，切实提高法治鄂州建设规范化水平。优化法治建设绩效考核办法及评价标准，不断提升考核的权威性、科学性和可操作性。

(二)坚持服务大局,为高质量发展提供有力法治保障

积极营造法治化营商环境,强化公平竞争审查,将优化营商环境工作列入2019年全市专项目标考核内容。依法防范化解政府债务风险、地方法人金融机构风险、重点企业债务风险,开展非法集资风险、互联网金融风险、“非法校园贷”专项整治。加强对扶贫领域腐败问题专项治理和扶贫资金项目监管,开展扶贫领域腐败和作风问题专项治理和第二批次149个村(社区)巡察。加大污染防治专项治理,开展2019年“散乱污”企业污染问题整治、饮用水水源地环境问题整治,全面推进油烟噪声污染专项整治。积极服务乡村振兴战略,推进平安法治乡村建设,推进作风建设“治庸、提能、问效”到基层,健全农村公共安全体系。

(三)聚焦重点领域,深入推进立法制度供给质效

围绕市委决策部署确定重点立法项目,合理编制年度立法计划。不断健全立法机制,规范立法程序,着力提高立法质量。坚持开门立法,广泛听取意见,摸清社情民意。坚持科学立法,发挥专家智囊作用。2019年,鄂州市制定出台36件党内规范性文件、1部地方性法规、3部政府规章、2件政府规范性文件,修订1部政府规章,完成1部政府规章的调研。其中,《鄂州市现代物流业发展促进条例》的出台,标志全国首部由设区地级市起草制定的物流业地方性法规在鄂州市诞生。加强法规规章实施情况评估,规范地方性法规和政府规章后评估程序。同时,开展文件清理,加强备案审查工作。

(四)坚持依法行政,加快推进法治政府建设

深化“放管服”改革,推进“一窗受理、集成通办”改革,加强政务服务“一张

网”建设，提高政务服务透明度。持续推进“减证便民”，深入开展无谓证明清理和社区证明专项清理，探索证明事项告知承诺制。规范和完善权责清单制度，落实市场准入负面清单制度，实行收费清单动态管理。加强事中、事后监管，推行“双随机、一公开”监管，加强信用监管。严格执行《重大行政决策程序暂行条例》《鄂州市人民政府重大行政决策程序规定》等规定，规范权力运行，提升决策质量。深化综合行政执法改革，全面推行行政执法“三项制度”，印发《鄂州市全面推行行政执法“一册一单一表”工作方案》《关于做好行政执法自由裁量权调整公示工作的通知》。创新行政执法机制，加大关系群众切身利益的重点领域执法力度。进一步推进行政复议权相对集中试点改革工作，加强行政应诉工作。积极开展法治政府建设示范创建活动，加强法治政府建设督察考核。

（五）深化司法改革，切实维护社会公平正义

全面落实司法责任制改革，积极推进以审判为中心的刑事诉讼制度改革，严格落实庭前会议、非法证据排除、法庭调查3项规程，健全完善证人、鉴定人、侦查人员出庭作证制度，推行认罪认罚从宽制度，实行简案快审、繁案精审。持续推进公益诉讼工作深入开展，出台《关于在检察机关开展公益诉讼工作中加强协作配合的意见》《关于建立公益诉讼案件线索移送反馈的意见（试行）》。推动公安领域重点改革，在全省率先出台《关于全市公安机关机构改革实施方案》，推进人民警察管理制度改革，推进执法规范化，探索“互联网＋警务服务”新模式。全面深化司法行政体制改革，深化律师制度改革、公证体制改革；加强公共法律服务体系建设顶层设计，出台《鄂州市公共法律服务平台建设实施方案》；有序推进社区矫正规范化建设和司法鉴定服务提档升级，优化法律援助和公证服务。加强执法司法机关与监察机关协作配合，健全日常联络、个案协调、重大事项通报和线索双向移送反馈机制。纵深掘进扫黑除恶专项斗争，将扫黑

除恶专项斗争工作纳入年终综治考评和“一感一度一率一评价”测评体系,制定“四个同步”操作规范,严格落实“一案三查”。健全纠纷多元化解机制,促进矛盾纠纷源头化解。2019年,共调解各类矛盾纠纷5446件,调解成功5371件,调解成功率98.62%。

(六)推进守法普法,不断提升社会治理法治水平

严格落实普法机制,制定国家机关2019年度普法责任清单,推行季度普法实绩榜制度。不断扩充普法形式,深入开展“法律六进”活动,充分利用节日氛围进行法治宣传。发挥新媒体新技术的作用,2019年9月,鄂州市成功举办“第二届全国新媒体快乐学法大赛湖北鄂州现场赛”。加强社会主义法治文化建设,2019年鄂州市有7个法治文化阵地被命名为省级法治文化示范点,积极打造市级法治文化主题公园,创作推广法治文化作品。

二、法治建设工作中存在的问题

2019年全市法治鄂州建设工作中还存在一些问题和不足:一是部分政府部门对地方性法规和政府规章工作的积极性不高,跨部门立法没有形成联动态势;二是推进法治政府建设的创新举措不多,“放管服”改革仍需进一步统筹和深化;三是多元化解机制有待完善;四是少数部门守法普法工作有待进一步加强。

三、2020年法治建设工作安排

2020年,鄂州市将以习近平新时代中国特色社会主义思想为行动指南,不断推进鄂州市治理体系和治理能力现代化,重点做好以下工作:

一是坚持将贯彻习近平总书记全面依法治国新理念新思想新战略引向深

人。深入学习习近平总书记全面依法治国新理念新思想新战略,抓住领导干部这个“关键少数”。深入开展法治工作调研,坚持理论与实践相结合。

二是深入推进科学立法。坚持党对立法工作的领导,统筹推进党委、人大和政府立法工作。加强重点领域立法,启动长港河保护立法工作。健全立法协同机制,加强立法队伍建设。

三是深入推进依法行政。继续开展法治政府示范创建和法治政府督察,构建法治政府建设与责任落实工作机制。进一步优化政府职能,开展“营商环境提升年”活动。全面推行行政执法“三项制度”,加强行政复议规范化建设。

四是深入推进公正司法。深入贯彻开展扫黑除恶专项斗争,不断增强人民群众获得感、幸福感和安全感。统筹推进政法领域各项改革,进一步提升司法公信力。完善司法保障机制建设,规范司法权力运行。

五是深入推进全民守法。全面实现“七五”普法的主要目标,落实“谁执法谁普法”普法责任制,普遍实施以案释法制度。加快构建公共法律服务实体、热线、网络三大平台,加强司法调解、行政调解、人民调解的整合对接工作。

黄冈市2019年度法治建设工作报告

2019年，黄冈市全面依法治市工作在省委全面依法治省办的指导和市委的正确领导下，狠抓开局、强化措施、突出重点、擦亮品牌，圆满完成了各项任务，为全市经济社会发展提供了坚强的法治保障。

一、做到“四个聚焦”，构建工作新格局

一是聚焦起步。黄冈市高度重视全面依法治市工作，组建市委全面依法治市委员会并召开会议，成立市委全面依法治市委员会办公室，召开了守法普法、执法、立法和司法协调小组第一次会议。二是聚焦保障。专门设立了秘书科，和市司法局法治调研科、法治督察科一起承担全面依法治市的日常工作任务。各级财政将全面依法治市工作经费列入同级财政预算，确保工作的顺利开展。三是聚焦规范。出台了《中共黄冈市委全面依法治市委员会工作规则》《中共黄冈市委全面依法治市委员会协调小组工作规则》《中共黄冈市委全面依法治市委员会办公室工作细则》，明确了全面依法治市委员会及办公室工作规则。四是聚焦推进。市政府第七十一次常务会议传达学习市全面依法治市委员会第一次会议精神，听取了全市法治政府建设情况汇报，并对法治政府建设重点工作作出安排。市委依法治市办赴10个县市区就依法治市工作进行现场指导督办。全市工作整体推进有力，机构人员逐步调整到位，法治建设“一盘棋”的工

作格局逐步形成。

二、突出“四大重点”，探索工作新路径

一是突出良法善治，推进地方立法。2019年黄冈市共出台了一部地方性法规、两部规章，分别是《黄冈市白莲河库区水环境保护条例》《黄冈市餐厨废弃物管理办法》《黄冈市农村生活垃圾治理办法》。市委常委会确定了加大普法宣传力度、强化地方性法规的司法适用、完善地方性法规实施保障、加强地方性法规贯彻实施执行情况的监督检查四大举措。

二是突出品牌平台，推进法治政府建设。扎实组织市县两级按照示范创建的意见和标准，补短板强亮点，积极申报“法治政府示范”综合或单项创建。认真贯彻落实国务院《重大行政决策程序暂行条例》，扎实推进政府依法决策。积极推进行政执法公示、执法全过程记录、重大执法决定法制审核等行政执法“三项制度”落实，提高依法行政能力和水平。深化“放管服”改革，切实为高质量发展提供法治保障。

三是突出普法宣传，营造良好法治氛围。在全市部署开展了习近平总书记全面依法治国新理念新思想新战略的学习宣传教育活动，做到学习入脑入心。大力加强法治创建、法治文化阵地建设，黄冈市有26家单位被表彰为全省“4个100”法治创建示范单位，24个法治文化阵地被评为省级法治文化示范点。开展“服务大局普法行”主题活动、“12·4”宪法宣传周等系列活动。

四是突出考核督察，落实第一责任。全面落实党政主要负责人履行推进法治建设第一责任人职责，将全面依法治市工作纳入党政领导班子和领导干部实绩考核评价体系。制定考核办法，对全市11个县市区和市直各单位法治建设工作进行全面考核。在全市扎实开展“食品药品监管执法司法”“营造法治化营商环境、保护民营企业发展”“法治政府创建”3项专项督察活动。

三、叫响“四大品牌”,打造工作新亮点

一是“市长审案”品牌更响更亮。全市持续深化复议体制改革,市本级共受理行政复议案件113件,组织“市长审案”3次,其中邱丽新市长亲自主持1次。出庭应诉20次,组织行政诉讼案件庭审观摩2次。“市长审案”项目被省委依法治省办推荐到中央依法治国办,并在全国评选中入围法治政府示范创建候选项目。市行政复议局成功入选“新时代司法为民好榜样”。

二是扫黑除恶战果丰硕。深入贯彻党中央决策部署和省委工作要求,坚持“12345”总体要求,全市共侦办涉黑组织案27起、涉恶犯罪集团案29起、涉恶团伙案339起。立案查处涉黑涉恶腐败党员干部和“保护伞”188人,留置41人,处分处理152人,其中“保护伞”64人,荣获“全省扫黑除恶专项斗争先进单位”,两次迎接中央督导“大考”,工作受到中央督导组的高度肯定,被全国扫黑办确定为“重点培育地市”。

三是无证明城市建设全省领先。深化行政审批制度改革,在全市范围推行行政服务“一网覆盖”,积极创建“无证明城市”。公布第一批行政机关取消证明事项清单共168项;创新开展了证明事项清理工作进政务中心服务大厅、进政务服务中心显示屏、进政务服务中心办事窗口“三进”工作;开展公共服务单位证明事项清理工作。

四是法治基础不断夯实。聚焦司法所建设,出台《关于加强全市司法所建设的意见》,对人员、经费、司法所长的选派和前景作了硬性规定。大力发展律师队伍,2019年全市新增注册律师数188人,总数达到746人,其中2019年新注册律师人数是2016~2018年新注册律师总和的3倍。发力律师党建,黄冈市律师党建做法在全省进行了经验交流,1人荣获全国律师行业优秀党员律师,2个律师事务所党支部、6名党员荣获全省律师行业党建工作表彰。

四、围绕“四个着力”，再上工作新台阶

在全面总结2019年工作成绩的同时，我们也十分清醒地认识到黄冈市全面依法治市工作存在统筹协调能力需要进一步加强，工作创新力度不够，推进不够均衡，协调小组作用发挥不够明显等问题和不足。为此，2020年黄冈市将在以下四个方面下功夫，开创全面依法治市工作新局面。

一是着力机制构建，促进工作顺利运行。要充分发挥市委依法治市办在依法治市重点工作中的指导协调督促作用，大力加强对全市全面依法治市重点工作的调查研究。要组织召开好我市全面依法治市委员会第二次会议，要着力推进全面依法治市办的实体化运行，配齐建强全市各级委员会办公室队伍，提升全面依法治市工作经费保障力度。要健全完善市委依法治市办内部运行机制。

二是着力重点难点，落实工作任务。要围绕省定目标任务，及时出台黄冈市2020年工作要点。要加强考核，不断健全完善全市法治建设绩效考核体系建设，提高考核的公信力，充分发挥考核在推进工作中的指挥棒作用。要做好督察工作，围绕群众关注的热点难点问题开展督察。

三是着力部署协调，促进合力形成。要充分发挥立法、执法、司法、普法守法4个协调小组作用，加强市级协调小组对县市区协调小组的工作指导。要抓重点、带全面：依法执政方面重点抓党委依法决策规范化建设；科学立法方面抓地方性法规、政府规章的实施；法治政府建设方面重点抓行政执法“三项制度”落实；公正司法方面重点抓“执行难”问题的解决；全民守法普法方面重点抓“七五”普法验收。

四是着力增强实效，提高人民获得感。要大力开展基层法治创建和法治惠民工作，推动基层自治、法治、德治的融合。要大力加强法治宣传教育，积极推进“谁执法谁普法”普法责任制的落实。

咸宁市2019年度法治建设工作报告

一、2019年法治建设总体情况

（一）全面提高依法执政能力

加强党对法治建设的领导。认真学习习近平总书记依法治国新理念新思想新战略精神和中央全面依法治国委员会、省委全面依法治省委员会第一次、第二次会议精神。市、县两级成立法治建设议事协调机构及工作专班，完善工作机制。

积极举办领导班子法治专题教育，开展政府及其部门领导班子成员旁听人民法院庭审活动。2019年，举办40余期法治专题讲座，举办领导干部法治专题培训班21期。建立健全政府及其部门领导班子成员观摩庭审活动的长效机制。

严格落实党内规范性文件合法性审查制度、清理制度。全年累计审查市本级文件107件，向上报备党内规范性文件29件，备案县（市、区）党内规范性文件74件。开展党内规范性文件清理，全面梳理从1998年建市至2018年以来市委、市委办印发的2882件规范性文件，清理党内规范性文件892件。

进一步擦亮咸宁市领导干部“三述”品牌，并将“述法”制度作为推动法治咸宁建设的“指挥棒”，大力推行述职述廉述法“三述同步”综合考核。

(二)切实加强地方立法工作

加强党对立法工作的领导。印发《中共咸宁市委关于加强地方立法工作的意见》，推进党的领导入法入规。市委常委会专题听取2018年度立法情况汇报，审议2019年度立法计划，提高立法质量。着重加强生态环境保护领域立法，制定《咸宁市农村生活垃圾治理条例》。

加强和改进立法工作机制。建立和完善立法顾问、立法联系点以及法规立项、审议等工作机制，为提高立法质量提供制度保障。坚持主任专题会议研究修改制度，立法中突出公众参与，执法监督中强化检查。2019年10月30日市人大首次对咸宁市制定的地方性法规执行情况开展的专题询问，进一步强化人大依法监督实效。

认真落实备案审查制度。2019年度，市人大常委会共审查规范性文件30件，向省人大常委会报备规范性文件5件、人大常委会公报10期。报备率达100%，备案审查率合格率达100%。

(三)深入推进法治政府建设

深化“放管服”改革，全面推行行政审批制度改革。市县级政务服务事项网上可办率高于80%，且80%以上实现“一窗”分类受理，市县100个高频事项实现“最多跑一次”。进行全市行政审批事项、行政审批中介服务事项清理，全面清理各类证明事项。

加强行政执法领域建设。推进市场监管、文化市场等领域综合行政执法改革。全面推行行政执法“三项制度”，落实良好，人民群众满意度达91%以上。加大对食品、药品等重点领域执法监督力度。扎实开展行政执法案卷评查工作,抽查市直25家单位30份案卷。

大力优化法治化营商环境。推出“511”模式进一步压缩登记审批时限。持续推进“双随机、一公开”监管和“告知承诺+事中事后”监管。开展“营造法治化营商环境,保护民营企业发展”专项督察。依法严厉打击涉企违法犯罪,2019年以来,先后攻克“4·24”网络诈骗等一系列全国性大案要案。

强化节能和生态环境保护。严守生态红线,严格环境准入,严格总量控制,严格持证排污,严格损害赔偿,创新环保执法,引入环评机制。

加强行政规范性文件管理。明确4大类177项合法性审查标准。全面推进规范性文件清理工作,2019年以来,对拟以政府名义出台的61份文件进行合法性审查。

建立健全法律顾问、公职律师制度,推进行政决策科学化、民主化、法治化。各级政府、各级单位按要求落实法律顾问制度,各级政府及政府部门每年聘任律师顾问团和律师参与重大行政决策过程。

切实落实行政机关负责人出庭应诉制度。行政机关负责人出庭应诉率达81.2%。支持行政机关依法履职,办结行政非诉审查案件317件。

(四)深入推进公正司法

坚持党对政法工作的绝对领导。严格落实政法机关党组织向市委请示报告重大事项制度,深入贯彻落实总体国家安全观。

深入开展扫黑除恶专项斗争,截至2019年12月5日,咸宁市打掉涉黑涉恶犯罪团伙283个,破获涉黑涉恶刑事案件935起。

全面落实司法责任制,稳步推进司法体制综合配套改革。率先在全省推行并完成内设机构改革工作,严格落实检察官和入额院领导一线办案制度,全市法院进一步完善法官业绩评价体系。

推进以审判为中心的刑事诉讼制度改革。认真落实认罪认罚从宽制度,2019年以来,全市共适用认罪认罚从宽1539件1955人。加快构建多元化纠纷解决体系,持续推进“分调裁审”机制改革。

不断完善健全公益诉讼机制。截至2019年11月,办理涉及长江流域生态保护的案件60件,食药领域案件77件,并对2018年办理的119件诉前检察建议和9件起诉案件开展回头看。

深入推进公安体制改革。加强法制队伍建设,强化执法管理,完善监督机制。慎用人身强制、资金冻结、财产打押措施。

全面深化司法行政体制改革。全市无社区服刑人员脱管漏管。建立司法鉴定市级统一管理机制,健全律师执业保障制度,加大司法援助救助力度。

(五)深入推进全面普法

有效落实“谁执法谁普法”普法责任制。全面推动各级各部门开展普法宣传活动。2019年,全市26个单位、企业、学校、广场等被授予“省级法治文化示范点”的牌子。

加强重点对象普法,深入推进法治宣传教育。加强青少年法治宣传教育,推进青少年法治教育中心和实践基地建设。强化干部任前法律知识考试和宪法宣誓全覆盖。

坚持发扬“枫桥经验”,打造共建共享共治的社会治理格局。健全依法化解纠纷机制,率先建成全省一流的市级人民调解中心。咸安区通过咸宁义工活动吸收特殊人群参与志愿服务,通山县7个试点行政村成功调处矛盾纠纷13起,没有发生一起诉讼案件和越级上访现象。

加快构建公共法律服务实体、热线、网络三大平台,形成覆盖城乡居民的公共法律服务体系。全市共建成市级公法平台1个、县市区公法平台6个、乡镇公法平台69个。2019年以来,共接待群众来电来信来访3.2万人次,提供各类法律服务4.5万件次。

二、存在的问题和不足

各县(市、区)、市直各单位之间法治建设工作进展不平衡。法治政府建设开展不够平衡,有的地方和单位对法治政府建设所承担的工作任务专题研究较少,对实施纲要“时间表”中确定的任务完成不够好。法治队伍专职人才力量不够,改革重组后的部分执法部门法治工作缺乏组织体系和监督体系。

三、2020年工作思路和要点

进一步完善运用法治建设组织体系,充分发挥4个协调小组的作用。健全法治建设制度体系。修订完善法治建设考评细则,完善法治建设考核体系。

紧紧围绕咸宁市委“133”高质量发展区域和产业布局,人民群众普遍关注的问题,持续加强立法制度建设,提高立法质量。审议通过《咸宁市陆水流域保护条例(草案)》。

完成2016~2020年咸宁市法治政府建设验收。加强民生等重点领域政府制度建设,强化规范性文件合法性审查备案。持续做好综合行政执法体制改革工作,积极推行行政执法“三项制度”。强化重大行政决策程序化、规范化、法治化建设。

深入推进全面普法守法,顺利通过全省“七五”普法验收。抓好宪法学习宣传,突出领导干部、青少年学法用法。构建“互联网+法治宣传”普法宣传模式,结合咸宁实际,打造一批法治文化阵地和法治创建示范点。充分发挥“禁毒警示教育馆”的青少年法治宣传教育基地作用。

随州市2019年度法治建设工作报告

2019年，随州市坚持以习近平全面依法治国新理念新思想新战略为引领，对标《省委全面依法治省委员会2019年工作要点》，紧密围绕《市委全面依法治市委员会2019年工作要点》确定的任务目标，扎实开展各项工作，法治建设各项指标任务取得了不错的实效，有力推动了全市的法治进步。

一、法治建设总体情况

（一）强化法治建设主体责任，完善领导机构和工作机制

市委市政府高度重视全面依法治市工作。成立市委全面依法治市委员会，制定2019年度工作要点。市委依法治市办印发《随州市2019年法治政府建设工作督察方案》《随州市2019年法治政府建设工作计划》《关于申报法治政府建设单项示范创建的通知》，在全市开展法治建设督察活动，推动县（市、区）法治建设上台阶。

（二）精选立法项目解群众所需，多途径立法走群众路线

围绕群众实际需要。针对全市停车难的问题，随州市第四届人民代表大会常务委员会第十五次会议审议通过《随州市机动车停车条例》，湖北省第十三届

人民代表大会常务委员会第九次会议批准。

精选立法项目。选取《随州市历史文化街区和历史建筑保护条例》作为2019年度立法项目。立法调研组实地察看了随县安居“九街十八巷”“浙河老街”“草甸子街”3个历史文化街区和广水十里“千户冲”、曾都洛阳“小林冲”等历史建筑,召开座谈会20余场,收集意见建议300余条。

(三)大力营造法治营商环境,不断深化行政执法监督

深化政府职能转变,为营商环境提供法治保障。大力推进“马上办、网上办、就近办、一次办”,实现“关联事项、一表申请、一链办理”。清理无谓证明,制定市县两级保留证明事项通用清单。简化优化投资报建申请,推进“多规合一”“多评合一”,工程建设项目审批时间控制在100个工作日内,新开办企业办理时限压缩至3个工作日以内。探索推进不动产登记与房屋交易“一窗受理、一窗联办”,实现一般登记、抵押登记5个工作日内办结。实现全省政务服务“一张网”“五级联通”。提升实体大厅“一站式”服务功能,先后为70余家企业提供全流程免费服务。

落实行政执法体制改革。在环保、文旅、交通、农业、市场领域推进综合执法。开展行政执法事项清单及运行流程图梳理和公开。市政府印发《随州市全面推行行政执法公示制度执法全过程记录制度重大执法决定法制审核制度工作方案》,有序推行行政执法“三项制度”。

加强重点执法领域监督。加大对非法采砂、违建别墅等方面执法行为的监督,狠抓省委依法治省办食品药品监管执法督察反馈问题的整改,在发改、公安、人社、自然资源和规划、生态环境等12个执法领域组织开展专项治理活动,集中纠正和查处突出问题10项。对全市20个行政执法单位2019年度的三类案卷集中评查,现场核实《随州市行政执法突出问题专项治理重点检查及行政

执法卷宗评查情况的通报》列举问题的整改情况。

(四)深入开展扫黑除恶斗争,力推司法便民利民举措

深入开展扫黑除恶斗争。自党中央部署开展扫黑除恶专项斗争以来,市公安机关共立案侦查5个涉嫌黑社会性质犯罪组织,办理恶势力犯罪集团案件6起,打掉涉恶犯罪团伙107个,刑拘涉案嫌疑人601人,缴获枪支5支,投案自首88人,移送涉黑恶腐败和“保护伞”线索117条;起诉涉黑恶案件14件118人,一审判决涉黑恶案件8件72人,二审判决涉黑恶案件4件43人。全市纪检监察机关已立案查处涉黑涉恶腐败和“保护伞”以及失职失责问题76人,处理92人,其中党纪政务处分54人,对16人采取留置措施,移送司法机关10人。

不断推动司法体制改革。市人民法院新建成的集诉讼引导、立案缴费、流程查询、律师调解、法律咨询、“逢四说事”、信访接待于一体的诉讼服务中心正式投入启用。市人民检察院制定服务保障民营经济健康发展实施意见,对涉案民营企业人士依法审慎采取强制措施,依法不批捕5人,不起诉3人,开展羁押必要性审查2人;对公安机关违法插手民营企业经济纠纷等问题及时予以监督纠正,依法监督立案6件、撤案2件,对确有错误的刑事判决提出抗诉1件;对侵犯企业合法权益的12名犯罪嫌疑人依法快捕快诉。

(五)严格落实普法责任,精心开展法治创建

深化普法责任制督导各地各部门落实“谁执法谁普法”普法责任制。狠抓“关键少数”“重点人群”普法,各地各部门党委(党组)理论中心组学法3100余次,开展法律进校园活动920余场次,开展宪法宣讲1700余次,全市国家工作人员网上无纸化学法用法参学率达95%以上。2019年9月,由市司法局牵头,开展行政复议法实施20周年集中宣传活动。2019年12月,在全市开展法治宣

传月活动,法治宣传走进了社区、校园。

大力开展法治创建。全市9个“全国民主法治示范村(社区)”均通过省市复核验收,23家单位被命名为省级法治文化建设示范单位,1家单位和1名个人获得全国“七五”普法先进表彰。4所学校被命名为省级“法治建设示范学校”、5个村(社区)被命名为省级“法治建设示范村(社区)”、3家医院被命名为省级“法治建设示范医院”、5家企业被命名为省级“法治建设示范企业”、6家单位被命名为省级“法治文化建设示范点”。

二、存在的问题和不足

法治工作队伍力量薄弱,部分具有行政执法职能的市直单位法制工作人员配备不够,缺乏工作经验,不能完全适应工作需要。全市万人律师比不到0.5,难以满足社会法律服务需求。依法治市工作体制机制还需在实践中进一步完善,工作流程、制度设计、任务督办等各项工作娴熟度不够。

三、2020年工作思路和要点

(一)强化党对法治政府建设的领导

继续将法治政府建设纳入经济社会发展总体规划和年度工作计划,政府每年向同级党委、人大常委会和上一级政府报告上一年度法治政府建设情况,政府部门每年向本级党委和政府、上一级政府有关部门报告上一年度法治政府建设情况,并通过报刊、政府网站等向社会公开。

(二)强化对县(市、区)考核评价和督促落实

考核党政主要负责人切实履行推进法治建设第一责任人职责情况;把法治

建设成效作为衡量县(市、区)领导班子和领导干部实绩的重要内容。

(三)加强规范性文件备案审查和清理机制

继续开展行政规范性文件审查和清理工作,做好规范性文件实施后评估,主动向社会公示。对不适应全面深化改革和经济社会发展要求的规范性文件及时修改和废止,并按规定报送备案。

(四)推行重大决策合法性审查机制

凡是重大决策严格按照"公众参与、专家论证、风险评估、合法性审查、集体讨论决定"程序作出。推动法律顾问做好法律相关活动的事前、事中和事后法律服务。

(五)加强法治宣传教育培训

抓好法律法规的宣传,突出提高行政执法人员特别是领导干部的依法管理水平和群众依法维权意识。创新形式,做好新法律法规宣传和执法人员培训,提升领导干部运用法治思维和法治方式的能力。

恩施土家族苗族自治州
2019年度法治建设工作报告

2019年以来,恩施土家族苗族自治州(以下简称恩施州)坚持以习近平新时代中国特色社会主义思想为指导,深入贯彻党的十九大和十九届二中、三中、四中全会精神,全面落实党中央、省委法治建设决策部署,立足恩施实际,法治恩施建设步入快车道,为奋力谱写新时代恩施发展新篇章提供法治保障。

一、突出政治引领,提高依法执政能力

(一)强化政治引领

始终将党的领导贯穿到法治恩施建设全方面。州委常委会多次集中组织学习习近平总书记全面依法治国新理念新思想新战略,坚定推进法治恩施建设的思想行动自觉。州委书记柯俊、州长刘芳震带头履行法治恩施建设第一责任人职责,压实法治建设责任。

(二)强化机制保障

一是健全组织网络。落实党政机构改革精神,成立党委依法治州、县(市)委员会。二是落实工作保障。发挥法治建设绩效考核"指挥棒"作用,全州两级

司法行政机关配备专职法治工作人员共35人。推进法治信息化建设,建成政法信息化指挥中心,稳步推进雪亮工程建设,如期建成司法机关第一期信息化工程。

(三)强化能力建设

一是常态学。推动支部主题党日学法、机关工作人员旁听庭审等活动,增强党员干部法纪意识。二是重点讲。针对当前工作实际,邀请康均心、秦前红、刘光远等知名专家学者授课辅导,组织法治专家库成员深入乡镇、机关开展专题讲座,让文本上的法律进入寻常人家。三是重点训。安排法律实务部门领导进党校宣讲,组织法治副校长到中小学讲座,开展禁毒知识、税法知识、法治征文等竞赛活动,营造法治氛围。

二、突出立法为民,推进科学立法

(一)加强工作机制建设

一是建立立法专家智库。与湖北民族大学深度合作,建立恩施州立法研究与人才培养基地。二是建立立法联系点。根据《州人大常委会基层立法联系点工作办法》,确定利川市司法局、宣恩县城市管理局、建始县红岩寺镇人民政府为首批基层立法联系点,提高基层群众立法参与度,共收集各类意见300余条。三是建立立法制度规范。印发《恩施土家族苗族自治州人民代表大会及其常务委员会立法条例》《恩施土家族苗族自治州人大及其常委会立法工作程序规定(试行)》《恩施土家族苗族自治州人大常委会立法顾问工作规定》《恩施土家族苗族自治州人民政府拟订地方性法规草案和制定规章程序规定(试行)》,完善自治法规、规章的立项、起草、审议、决定、公布、备案、清理、立法后评估等机制,全面推进各项立法工作。

(二)加强地方立法实践

立足州情,用好自治立法权、地方立法权。围绕州委中心工作和改革需求谋划、实施立法项目,制定法规1部、表决法规1部、立法调研1部、启动修改法规2部,年度立法稳步推进。建州至今,恩施州共制定23部法规,废止3部,现行20部,立法数量、质量居全省第二位。在湖北省人民代表大会成立65周年暨地方人大设立常委会40周年纪念会上作为两个典型单位之一作经验交流。

三、突出制度建设,推进依法行政

注重顶层设计。一是加强制度建设。印发《2019年法治政府建设工作要点》,配套出台加强食品药品工作的十条意见等,出台落实"三项制度"的具体措施,集中清理党内规范性文件744件,宣布废止287件、失效163件,修改49件。积极做好自治法规报备工作,先后向省委、省人大常委会和省政府共报备规范性文件38件,报备率100%,备案审查合格100%。二是落实机构改革。整合、重组相关职能部门,提升行政执法效能。三是推进综合执法改革。有效推进交通运输综合行政执法、农业综合执法等领域执法改革试点。

注重过程监管。一是开展"双随机、一公开"。召开全州部门联合"双随机、一公开"监管电视电话会议,举办"双随机、一公开"工作培训班。全州市场监管系统制定抽查计划150余次,抽查各类市场主体4759户,三类市场主体检查结果全部录入并公示,全州跨部门"双随机一公开"共录入检查结果并公开1340次。二是加大督查力度。组织人大代表视察法治政府建设,开展食品药品、生态环境保护等重点领域执法监督力度。

四、突出公平正义，推进公正司法

（一）深化政法领域改革

落实以审判为中心的诉讼制度改革，突出庭审功能。深化司法责任制改革，突出法官办案主体地位，独任法官、合议庭依法独立行使审判权，两级法院院庭长办案数占结案总数的 60%。修订完善检察官业绩考评办法、司法责任认定追究机制，建立与检察官主导地位权责一致的内部监管机制。深化司法体制综合配套改革，完成基层法院内设机构改革，重新调整组建检察业务机构。各县（市）人民检察院按“8 + 1”和“5 + 1”模式设置内设机构，改革后两级人民院共减少内设机构 33 个。

（二）严格规范公正文明司法

全州法院系统共受理各类案件 65，882 件，居全省第 4 位；已结 55，622 件，居全省第 4 位；结案率达 84%，居全省第 2 位。建立重大敏感案件分析研判工作机制，依法审理非法吸收公众存款案、涉校刑事案件等关乎群众切身利益、社会影响重大的案件。持续推进执行攻坚，实际执结率、执行完毕率等多项指标居全省法院前列，巴东县人民法院打击拒执犯罪工作经验在全省推广。全州检察系统批捕各类刑事犯罪 1914 人、起诉 3138 人，坚持普案快办，适用速裁程序办理案件 364 件。

五、突出效果导向，推进全民守法

（一）深化法治宣传教育

一是落实“谁执法谁普法”责任制。以案释法，创办“普法微课堂”广播栏目,组织8个县市、40家州直单位上线说法,推动普法责任制落实。二是开展法治宣讲。整合各类普法资源,以“三学三知”为主线,组织各方面力量,开展法治宣讲2640场次,近200万人接受法治教育。三是深化法治创建。创建“全国民主法治示范村”11个。5所学校、7个村(居)、4家医院和4家企业获得全省法治示范学校、村(居)、医院、企业。

(二)强化法治供给

一是构建制度体系。州人民政府印发了《关于推进公共法律服务体系建设的意见》,州司法局印发了《公共法律服务体系建设实施方案》,发布了全国首个公共法律服务地方标准——《公共法律服务中心服务规范》,制定了《恩施州公共法律服务平台形象识别规范》等9部州级行业规范。二是创建工作标准。发布全省首个公共法律服务产品指导目录——《恩施州公共法律服务产品指导目录(第一批)》。三是落实法治惠民。整合各类法律服务资源,组建8个县(市)公共法律服务中心、90个乡镇(街道)公共法律服务站、2500个村(社区)公共法律服务服务室。2019年,共办理法律援助案件4435件、完成法律援助事项29,872件,挽回各类经济损失4825万元,为群众现场解答法律咨询3791人次。

(三)创新基层社会治理

一是探索“三治融合”实践。推进自治、法治、德治有机融合,基层治理活力竞相迸发。二是实施基层矛盾化解。建立矛盾纠纷层级调处、人民调解“以奖代补”、律师参与人民调解、普法调解对接等机制,设立人民调解“以奖代补”专项资金,推动构建起多部门联合的大调解工作格局,矛盾化解在村组一级成功超过92.5%,矛盾上行率年均下降45.43%,为建档立卡贫困办理法律援助案件 1414 件，直接挽回经济损失或取得经济利益约 2200 万元。三是开展企业法治体检。组建非公有制企业法律服务库，为企业提供权威公正的法律服务。

仙桃市2019年度法治建设工作报告

2019年,仙桃市坚持以习近平新时代中国特色社会主义思想为指导,全面贯彻习近平总书记在中央全面依法治国委员会第一次、第二次会议上的重要讲话精神,认真落实国务院《法治政府建设实施纲要(2015—2020年)》《湖北省法治政府建设实施方案(2016—2020年)》,围绕中心,服务大局,全面做好依法治市各项工作,法治仙桃建设取得新成效。

一、强化法治工作保障

强化组织领导。市委成立了市委全面依法治市委员会,由市委主要领导分别担任主任和副主任,下设办公室和执法、司法、普法3个协调小组,加强对全面依法治市工作的领导。将法治建设列入市委常委会重要议事日程,与经济工作同研究、同部署、同检查、同考核。

强化主体责任。2019年年初签订《仙桃市2019年平安法治建设暨综治维稳工作目标管理责任书》,明确推进法治建设的第一责任人。制定《中共仙桃市委全面依法治市委员会2019年工作要点》,要求各地各部门按照“谁主管谁负责、一级抓一级、层层抓落实”的规定,全面完成法治建设各项目标任务。

强化督办考核。出台《法治建设绩效考核计分办法》和《评分细则》,形成“年初制定标准、平时开展督查、年终开展考评”的工作机制。

二、深化行政体制改革

推进市政府机构改革。认真落实《仙桃市机构改革方案》,调整优化市政府及其工作部门职能,整合部门职责和内设机构。市委市政府工作部门由91家减少为63家,其中具有执法职能的政府工作部门减少到34家。

深化行政审批事项改革。主要行政审批部门进驻政务服务大厅,对行政许可事项进行集中审批,编制完善依申请行政权力事项和公共服务事项通用清单,向社会公布并实行动态调整。推进"双随机一公开"监管。

推进"放管服"改革。将"3550+100"改革(企业开办3个工作日内、不动产登记时间5个工作日内、工业投资项目审批时间50个工作日内、工程建设项目审批时间100个工作日内)作为"放管服"改革的重点,积极督办责任单位抓落实,确保改革到位。实施106项"证照分离"和"多证合一"等商事制度改革,实行清单之外"零收费",社保参保手续不断简化,医疗保险已实现异地就医联网结算。

推进"一网一门一次"改革。全市34家单位共开通网办事项1604项,网上可办率达100%,网办实现率达到91.4%。全市行政许可事项764项,其中673项进驻中心,入驻率达88.1%;28家公共服务职责部门392项服务事项,进驻事项30项。全市发布"马上办"事项1270项、"一次办"事项583项、高频事项306项。

三、推进科学民主决策

健全依法决策制度。把公众参与、专家论证、风险评估、合法性审查和集体讨论决定作为重大事项决策的必经程序。建立健全重大决策合法性审查机制。组建经济合同审查和规范性文件审查两个团队,采取政府购买法律服务的方式,聘请武汉大学法学博士团队加入,共审查各类文件、合同245件。

强化规范性文件备案。落实规范性文件调研起草、征求意见、组织论证、合法性审查、集体审议、公布等程序,把所有规范性文件纳入备案审查范围,做到“有件必备”“有备必审”“有错必纠”。以政府及政府办名义出台的规范性文件均按时报送省政府和市人大常委会备案,备案政府令3件。

实现法律顾问工作全覆盖。落实市政府律师顾问工作机制,与湖北得伟君尚律师事务所签订政府法律顾问合作协议,并聘请王利明、张明楷两位知名教授为政府名誉法律顾问,聘请6名专家为市政府日常法律顾问。全市63家市直部门和22个镇(办、场、园、区)根据工作需要分别聘请专业律师担任法律顾问。全市713个村(居、社区)统一配备了法律顾问。

四、严格规范公正文明执法

深化综合行政执法体制改革。全面推进行政执法“三项制度”。各行政执法部门制定并公布重大执法决定目录清单,对本部门重大执法决定进行法制审核。各部门结合实际,制定完善相关制度和考核办法,加强培训、督办和考核,推动了“三项制度”执行和落实。

强化行政执法资格管理。严格执行行政执法人员持证上岗制度,制定执法人员培训、学习、考核等相关制度,建立健全行政执法人员档案。加强行政执法资格管理,全面开展了执法人员清理、调入和换证培训工作。

规范行政执法行为。严格执行行政处罚裁量基准制度,规范完善案件评查细则。印发《关于开展执法不公、选择性执法、随意性执法等漠视侵害群众利益问题专项整治工作的实施方案》,开展专项整治活动。开展食药监管执法司法督察,针对涉及仙桃市的4个方面12项问题下达交办函,督促相关部门整改到位。

五、依法化解矛盾纠纷

依法办理行政复议案件。严把复议案件受理、审查、结案关，把行政争议化解在复议程序中，实现定分止争、案结事了。共受理行政复议案件32件，办结24件。

切实做好行政应诉工作。成立了仙桃市"行政诉讼与行政执法"协作机制领导小组，严格落实行政机关负责人出庭应诉工作，认真履行生效的判决、裁定。应诉行政诉讼案件18件。

全力化解社会矛盾纠纷。调处各类矛盾纠纷2110件，调处成功率95%。认真落实"五个一"要求（一个信访问题、一名领导包案、一个专班攻坚、一套方案化解、一包到底），持续开展领导包案化解活动，共化解涉法涉诉信访积案83件。

六、提高司法部门公信力

全面启动"阳光司法"建设。全面开展以"阳光审判""阳光执行""阳光检务""阳光警务""阳光普法""阳光调解"为主要内容的"阳光司法"工作，对依法需要公开的事项，定期面向社会公布。先后直播庭审301场次，公开公布裁判文书11,316份，公开各类警情信息67,475条，通过"阳光调解"模式化解矛盾纠纷807件，开展"阳光普法"专题讲座1036场次，公开检察程序性案件信息1349件、发布重要案件信息110件，公开法律文书654份。

持续推进司法体制改革。组织召开司法体制改革专项组会议2次，督促政法部门基本完成了改革任务。全面实行刑事诉讼三项规程。推进家事审判改革，投资300余万元挂牌成立全市婚姻家庭纠纷人民调解委员会驻法院工作站。全市审结家事案件3258件，结案率98.33%。升级仙桃"公安云"，完善"天网四期"设计方案，升级改造"反诈合成作战中心"，新建"智慧平安小区"3

个,投入3600万元。

合力攻坚基本解决执行难。共组织“执行风暴1、2、3、4”等大规模强制集中执行活动38次,拘留235人次,扣押车辆25台、物资3.7万吨,腾退房屋18套,强制拆迁5处,1100余名失信被执行人被列入“黑名单”,限制高消费650人次,对1466名失信被执行人通过电视台、公众视频进行集中曝光,受理执行案件4051件,执结3803件,执结率为93.88%,执行到位标的89,798.45万元。中央电视台《新闻直播间》栏目、湖北电视台《执行聚焦》栏目先后对仙桃市强制集中执行活动进行了报道。

健全完善公共法律服务。按照“四有四统一”标准积极推进市、镇、村三级法律服务体系建设,规范建立三级公共法律服务实体平台。全年通过三级法律服务体系平台解答群众法律咨询16,000余人次,引导办理诉讼案件316件,引导办理各类公证82件。

七、完善行政监督机制

自觉接受人大和政协监督。依法接受市人大及其常委会的法律监督和工作监督,主动接受市政协的民主监督和社会舆论监督,认真办理人大代表建议和政协委员提案,做到了件件有回复,事事有落实,办结率100%。

加强行政监督、审计监督。严格落实分事设权、分岗设权、分级设权、定期轮岗等制度。加强重点领域审计监督。共查出问题金额1658万元,向相关部门移送审计线索9件。

强化舆论监督。市纪委监委主办“持续深化作风建设,创新创优营商环境”全媒体问政活动,5部门“一把手”现场接受民声质询,回应民生“考问”。通过组织公职人员旁听庭审,强化对公职人员纪法教育。共组织国家工作人员旁听庭审活动3次,参加旁听庭审1500多人次。

八、强化法治宣传教育

落实领导干部学法制度。两次举办市委中心组(扩大)法治专题学习辅导报告会。成功举办仙桃法学会成立大会暨第一届仙桃法学论坛,全国各地仙桃籍法学专家、教授、学者和市“四大家”领导、各镇(办、场、园、区)和市直各部门单位主要负责同志、从事法治工作相关人员500多人聆听讲座。

提高国家工作人员法治能力。印发《关于调整全市各级国家机关“谁普法谁执法”责任清单的通知》,推进“七五”普法工作开展。运用“法宣在线”学法用法平台,认真组织网上学法考法,2000多名党政干部参学参考,参考率100%,合格率100%。

完善领导干部宪法宣誓制度。市人大办、市委组织部组织新任职27名领导干部进行宪法宣誓,56个市直单位和14个镇办组织7374名工作人员向宪法进行宣誓。

强化法治主题宣传和阵地建设。组织开展各类法治主题宣传活动。出台《关于在全市深入推进法治示范点创建活动的实施方案》,新建了一批法治公园、法治文化长廊、法治文化示范点。利用传统媒体和新媒体法治平台,扩大法治宣传覆盖面和社会影响力。共开办“法治仙桃”48期,“法在身边”12期,“律师说法”12期,开展法治主题宣传活动150余场次,发放法律宣传资料2万余份,接受现场法律咨询3800多人次,直接受惠群众达3万余人。

2019年,仙桃市法治建设工作虽然取得了一定成效,但还存在一些差距和短板,各项工作制度和机制还不够健全完善,一些重点工作还需要加快推进。2020年,我们将突出问题导向和目标导向,认真贯彻落实党中央和省委关于法治建设的各项决策部署,迎难而上,补齐短板,不断提升法治建设工作水平,为加快仙桃市高质量发展提供坚实的法治保障。

天门市2019年度法治建设工作报告

2019年，天门市认真贯彻落实省委全面依法治省委员会、市委全面依法治市委员会的决策部署，并结合本地实际，聚焦文明执法、公正司法、全面守法“三个重点”，扎实推进法治天门建设。

一、法治建设总体情况

（一）建立机制，形成全面依法治市合力

市委成立全面依法治市委员会，并于2019年6月召开第一次会议，制定中共天门市委全面依法治市委员会工作规则、各协调小组工作规则、办公室工作细则等。成立执法协调小组、司法协调小组、守法普法协调小组，履行重大问题谋划督导等职责。设立市委依法治市办，发挥日常运转主力作用。

（二）突出重点，做实依法治市“十项活动”

加快法治政府建设。市委依法治市办对照《市县法治政府示范建设指标体系》，将天门市法治政府建设的主要工作量化为36项目标任务，并分解到责任单位。以权责清单清理公布、“放管服”改革、行政机关负责人出庭应诉为抓手，规范政府权力运行。

严格规范公正文明执法。一是市委依法治市办全面部署推行行政执法公示、行政执法全过程记录、重大行政执法决定法制审核“三项制度”。二是强化执法监督。畅通群众举报、投诉渠道,以“双评议”(全市执法单位机关科室和基层站所“十优满意单位”“十差不满意单位”)执法案件评查、“不忘初心、牢记使命”主题教育等为载体,对执法不严格、不公正、不规范、不廉洁、不文明等问题开展整治。

加强食药安全监管。根据《中共湖北省委全面依法治省委员会办公室关于印发〈湖北省贯彻落实中央依法治国办食品药品监管执法司法督察反馈意见的整改方案〉的通知》要求,对照中央依法治国办反馈湖北省的问题,对涉及天门市的3个方面15个共性问题,组织市场监管局、卫健委、公安局等单位对标对表,制定清单,认真整改。

推进证明事项管理。2019年7月,《天门市进一步深入推进减证便民专项行动实施方案》发放到各部门,向社会公布2019年第一期证明事项取消清单(共31项)。2019年8月,汇总73项取消清单并向社会公示。2019年9月,天门市清理取消无谓事项12项。积极研究开展证明事项告知承诺制试点,推动“减证便民”工作的落实。

注重普法责任落实。一是制成《天门市市直单位2019年度普法责任清单》,扎实推进天门市普法责任制落实。二是开展“全国民主法治示范村(社区)”创建和动态管理。三是开展“法治文化建设大提升,争创法治文化示范点”行动。天门市渔薪镇荣获“三星”法治文化村居(社区、街道)类、天门市杭州华泰中学附属小学荣获法治文化机关(单位)类全省第三批“省级法治文化建设示范点”荣誉称号。

突出矛盾纠纷化解。一是结合人民调解“四级联调”建设,规范提升访调委、医调委、家调委、交调委等专调委工作水平。二是采取组织专题培训、横向交流、开展旁听专家授课等方式,加强人民调解队伍能力建设。三是扎实开展大调研活动,创新矛盾纠纷预防和化解途径。全市司法所和各级调解组织共排查矛盾纠纷线索1913条,预防矛盾纠纷1880件;共受理人民调解案件2527件,调解成功2489件,调解成功率达98.5%。

推进扫黑除恶专项工作。市人民检察院实行案件线索双向移送和"签字背书"制度,建立长效联络机制。对公安机关移送涉黑涉恶案件认为确属涉黑涉恶案件41件122人,作出批准逮捕决定38件80人;依法提起公诉37件113人,提起抗诉2件7人。受理监察委员会移送涉黑涉恶"保护伞"案件1件1人并依法起诉。市人民法院审判涉黑涉恶案件6件33人、"保护伞"案件1件1人,审结九类涉恶重点罪名案件46件91人,移送案件线索2件2人。制定关于办理涉黑涉恶案件"五个一律"的规定,加强审判监督,发出司法建议书7份。加强扫黑除恶宣传,组织专班巡回宣讲,发放宣传单3500余份,制作宣传标语25条,发布微文154篇。还组织较大规模涉恶案件、"保护伞"案件公开宣判活动3场。市公安局紧盯"深挖根治"阶段性目标,共收到涉黑涉恶线索246条;打掉涉黑组织1个、涉恶犯罪集团3个,摧毁涉黑涉恶团伙16个(其中农村团伙10个),在侦团伙成员61人;破获九类涉黑涉恶案件67起,抓获犯罪嫌疑人134人;查、冻、扣黑恶资产1625万元。

强化行政案件诉讼。市人民法院共受理行政诉讼案件51件,审结49件;办理非诉行政审查案件331件。做好行政纠纷研判协调,行政相对人撤诉率36.73%;推动行政争议实质性解决,判决确认行政违法或者要求行政机关履行法定职责6件,行政机关负责人出庭应诉率保持100%。

加大公益诉讼、未成年人保护检察力度。开展"保障千家万户舌尖上的安全""保护生态环境,促进绿色发展"专项活动。落实公益诉讼"回头看"活动。共发现公益诉讼案件线索34条,办理各类公益诉讼案件49件,发出诉前检察建议49份。坚持“教育为主,惩罚为辅”的原则,贯彻“教育、感化、挽救”的方针,实施捕、诉、监、防一体化工作模式,共受理审查逮捕未成年人案件13件14人,对8件8人依法予以批捕,受理审查起诉未成年人犯罪案件9件15人,提起公诉5件6人,受理审查起诉侵害未成年人案件8件11人,提起公诉6件6人,落实法律援助11人。同时依托社会力量,创建未成年人检察工作“1+x”模式。在全市各中小学举办巡讲活动近40余次,发放法制讲座视频光盘近200盘,覆盖率达到100%,并被确定为首批省级未成年人检察工作社会支持体系建设试点单位。

推动公安领域重点改革。一是推进智慧公安建设。市公安局各基层执法单位均已进行了办案区、案管室和涉案财物管理室的新建和改造工作,市公安局执法办案管理中心选址、建设方案已确定。二是行业公安管理体制改革。原天门市森林公安局已转隶至天门市公安局,成立“天门市公安局食药环森侦查支队”临时党支部。

二、2020年工作思路和要点

(一)加强领导,全面落实责任制

压实主体责任,严格执行《党政主要负责人履行推进法治建设第一责任人职责规定》,统筹安排全年法治建设工作;坚持大局意识,细化落实各项法治建设规章制度。

(二)健全和完善规范性文件出台机制

坚持重大行政决策集体决定和合法性审查机制相结合,严格按照《天门市行政规范性文件合法性审核实施办法》的规定,全面推进天门市的规范性文件合法性审核工作。

(三)完善重大行政决策机制

将公众参与、专家论证、风险评估、合法性审查和集体讨论决定作为重大行政决策必经程序,完善征求意见制度,对涉及天门市经济发展全局、与群众利益密切相关的重大行政决策,坚持公开征求意见,依法组织听证,进行合法性审查,并经市政府常务会议集体讨论决定后予以实施。

(四)深化法治教育宣传教育活动

重点做好天门省、市两级百姓宣讲员普法教育的培训工作,增强其宣讲水平。开展覆盖村、社区、学校、工厂、机关等的百姓宣讲活动;协调市群艺馆、花鼓剧院和文艺工作者创作和演出具有天门特色、群众喜闻乐见的法治文艺作品。

(五)推进社会主义核心价值观与法治建设相融合

做好2019年度、2020年度文明村和2018~2019年度文明单位(校园)评选工作,在继续组织开展"天门市道德模范"、"最美家庭"、"文明家庭"、天门楷模、天门好人等活动中,突出法治精神,彰显法治力量,发挥典型示范作用,营造崇法修德向善的氛围。

潜江市2019年度法治建设工作报告

2019年,潜江市坚持以习近平新时代中国特色社会主义思想为指导,围绕市委市政府中心工作和2019年市委全面依法治市委员会工作要点,突出重点,解决难点,全力落实法治建设各项工作任务,为全市经济社会发展提供了有力法治保障。

一、法治建设总体情况

(一)强化法治建设主体责任

市委市政府认真落实法治建设主体责任。市委常委会和市政府常务会共5次专题研究包括深化“放管服”改革、政法队伍建设、公共法律服务体系建设等工作在内的重大问题,严格履行法治建设主体责任。

完善领导机构和工作机制。市委全面依法治市委员会第一次会议讨论通过“两规则一细则”和2019年工作要点。

强化领导干部法治教育。以“潜江论坛”为载体举办市委中心组集中学习暨法治建设专题讲座。市委政法委和市法院组织旁听“付某涉黑案”庭审活动。

法治建设绩效考核“真考、严考”。制发《潜江市2019年区镇处和市直单位党政领导班子和领导干部法治建设绩效考核办法》,压实工作责任。实施考核档案制度,档案作为干部提拔任用重要依据。

(二)推进法治政府建设

科学谋划法治政府建设。出台《潜江市法治政府建设实施方案》,将法治政府建设工作具体细化为36项工作内容共103项具体措施。

完善依法行政制度体系。完善行政决策程序,市政府对拟出台的60余件各类文件、方案,拟签订的100余项重大事项,严格落实"公众参与、专家论证、风险评估和制度廉洁性评估、合法性审查和集体讨论"5个必经程序,强调合法性审查;严格规范性文件管理,落实《湖北省行政规范性文件管理办法》;规范法律顾问制度,全市各区镇处和市政府部门均建立政府法律顾问制度,基本实现律师进政府机关、进社区、进农村全覆盖。

推进政府职能转变。推进政府机构改革,取消和减少挂牌机构12家,减少派出机构2家,调整消化不规范设置机构23家,13家承担行政职能事业单位中3家与行政机关合并,10家不再保留。市政府机构从34家精简到28家,政府直属事业单位从12家精简到5家;深化行政审批制度改革,市政府出台《关于取消和调整行政许可等权力事项的通知》《市级行政权力清单和责任清单动态调整管理办法》;开展无谓证明事项清理工作,印发《全市清理取消无谓证明事项工作方案》,继续开展无谓证明事项清理,共取消市政府部门证明事项6项;推进政务公开,市政府推动决策、执行、管理、服务、结果"五公开",向社会主动公开政府信息3.6万余条,依申请公开信息31件。

坚持公正文明执法。推进"双随机、一公开"监管工作,市审改办印发通知,组织各监管部门进一步完善"一单、两库、一细则",对实施情况实行半月一通报;认真办理行政诉讼案件,受理行政复议14件,已全部办结;办理市政府为被告的行政诉讼案件16件,市政府胜诉15件。

（三）提升司法公信力

坚持党的领导。一是贯彻落实《中国共产党政法工作条例》。市委政法委下发《中国共产党政法工作条例》，要求全市政法机关展开学习。二是开展“扫黑除恶”专项斗争。市公安局、市人民法院、市人民检察院、市司法局会签了《潜江市办理黑恶案件会商工作制度》。三是贯彻落实总体国家安全观。市委国安办组织召开潜江市国家安全委员会会议，开展《国家安全法》普法宣传活动。

落实司改各项任务。一是深化司法体制综合配套改革。市人民法院印发合议庭工作规则、院庭长权力清单、审委会工作规程等文件，完成第三批员额法官遴选、定岗工作，直播庭审109场，文书上网3541件，上网率为85.42%。二是做好公益诉讼工作。通过行政公益诉讼，督促国土部门收回土地闲置费284,000元，督促市人防办收回人防易地建设费160,152元；开展“学校周边食品安全公益诉讼专项监督活动”，将食品安全违法行为作为公益诉讼案件予以立案。三是推进公安执法体制改革。市公安局制定《潜江市公安局执法过错责任追究办法》《潜江市公安局警务督察扣分细则（试行）》，对存在问题的单位进行了2次通报，对执法问题下达3份《执法建议书》。四是推进司法行政体制改革。市司法局加强社区服刑人员教育管控，在矫社区服刑人员418人，重新违法犯罪率低于全省平均水平，办理各类法律援助案件554件。

（四）持续推进全民守法

提升全民法治意识。一是落实普法责任制。市司法局制发《潜江市2019—2020年度普法责任清单》，明确71个市直单位责任。二是落实宪法宣誓制度。市人大组织领导干部宪法宣誓30人次；市委依法治市办联合27个单位举办2019年国家宪法日暨“我执法我普法、我服务我普法”活动。三是弘扬法治文化。市中小学综合实践基地、市委党校两家单位被评为全省第三批“省级法治文化建设示范点”。

探索基层法治工作。一是将村(居)法律顾问专项经费列入财政预算,保障公共法律服务实体、热线、网络三大平台建设。二是为全市431个村(社区)选聘1885名专职人民调解员,各级调解组织排查矛盾纠纷隐患6283件,化解纠纷6222件,调解成功率99%。三是开展法治创建活动,市田家炳实验小学、市泰丰办事处棉原社区、市中心医院、市城投公司等9个单位分别获得法治建设示范学校、村(社区)、医院、企业。

二、存在的问题和不足

部分国家公职人员法治理念不强、法律知识水平不够、依法行政观念不牢。部分执法机构整合后,还存在体制机制运转不顺畅、权力下放和权力承接不协调的问题。基层执法力量与执法任务之间的矛盾尤为突出。

三、2020年工作思路和要点

(一)加强党对法治建设的领导

全面贯彻习近平总书记全面依法治国新理念新思想新战略,坚持把党的领导贯穿到法治潜江建设的全过程和各方面,努力为新时代潜江高质量发展提供坚强的法治保障。

(二)加快法治政府建设

深化政府职能转变和“放管服”改革,健全完善依法决策机制,严格执行重大行政决策五步法定程序。深化行政执法体制改革,加强执法监督,促进严格规范公正文明执法。

(三)深化司法体制改革

推进司法责任制综合配套改革,深化司法人员管理制度改革,持续深化司法公开,强化司法活动监督,切实规范司法权力运行,不断提升司法公信力。

(四)推进基层依法治理

加强基层人民调解工作,完善多元化纠纷解决。深入开展扫黑除恶专项斗争,确保除恶务尽。加强社会治安防控体系建设和社会信用体系建设,深入推进多层次多领域依法治理。

(五)强化法治宣传教育

落实普法责任制,迎接“七五”普法考核验收工作,积极营造遇事找法、办事依法、解决问题用法、化解矛盾靠法的社会氛围。

神农架林区2019年度法治建设工作报告

2019年，神农架林区深入学习贯彻习近平总书记全面依法治国新理念新思想新战略，认真贯彻落实党中央和省委关于全面依法治国各项决策部署，全区法治建设工作取得显著成效。

一、法治建设总体情况

（一）政治引领，服务能力更强

召开了林区党委全面依法治区委员会第一次会议，2019年年初出台《2019年度全面依法治区工作要点》并配套印发责任清单，明确法治建设任务、责任和完成时限。2019年8月，政府常务会听取了法治政府情况汇报；2019年9月，向林区党委常委会议报告了全面依法治区和法治政府建设工作。

（二）谋篇布局，机制格局更优

一是体制机制逐步完善。由委员会牵头，林区党委依法治区办协调，法律监督、执法、司法、守法普法4个协调小组分别负责法律监督、依法执政、公正司法、全民守法等领域法治建设，各部门负责推进本系统法治建设。委员会在司法局设依法治区办，司法局设依法治区办秘书科，具体开展法治日常工作。

二是规则制度逐步建立。经第一次党委全面依法治区委员会审议,通过印发林区《委员会工作规则》《协调小组工作规则》《办公室工作细则》。

三是调研督查有序推进。2019年6月,依法治区办联合委员会法律监督协调小组、守法普法协调小组在全区8个乡镇和8家单位开展法治建设工作调研,并提出工作建议。先后开展交办纠纷处置、保护民营企业、扫黑除恶、食品药品等专项督察;推动法治政府、依法治区全面督察和综合督查考核,通过调研督察考核等。

(三)务实推进,支撑作用更好

深化法律监督。严格落实全国人民代表大会常务委员会《关于实行宪法宣誓制度的决定》及湖北省宪法宣誓组织办法的规定、《神农架林区行政规范性文件管理办法》等,开展宪法宣誓,加强行政规范性文件制定、清理和监督管理。

推进法治政府。一是细化法治政府建设工作任务。《关于分解落实〈神农架林区法治政府实施方案(2017—2020年)〉工作任务的通知》中法治政府建设项目完成率达92%。二是研究出台《关于全面推行行政执法公示制度执法全过程记录制度重大执法决定法制审核制度15项措施》,配套制定《神农架林区全面推行行政执法“三项制度”工作清单》。三是结合林区实际,出台《神农架林区综合行政执法改革实施方案》,采取“条块”结合的设置模式,科学界定执法职责。

提升司法公正。一是通过全面落实司法责任制、优化诉讼资源配置、推进以审判为中心的刑事诉讼制度改革和推进公益诉讼检察工作,统筹协调推进司法体制改革。二是通过公安大数据建设、深化公安服务、户籍制度和人民警察管理制度改革等,稳步有序统筹公安体制改革。三是通过推进公共法律服务体系建设,完善法律援助工作深入,稳步推进公证改革,推进信访工作法治化建设等措施,持续深化司法行政体制改革。

加强全面普法。一是发挥守法普法协调小组职能,召开全区“七五”普法工作推进会,细化普法工作职责和任务。二是落实《关于落实国家机关“谁执法谁普法”普法责任制的实施方案》,开展“法治宣传一月一主题活动”;会同纪委监委,扎实开展宣教月活动;创新开展送法进出租进公交活动。三是打造特色鲜明的法治宣传品牌。持续开展“乡村说事”“法治道德讲堂”“以案说法”等法治宣传活动313场次。四是注重文化引领。做好“民风民俗法治文化一盘菜”,组织开展火炮《劝君莫学懒汉哥》,下谷堂戏《劝夫莫赌》《骗低保》等法治文艺演出70余场。

发展“三治融合”。一是坚持统筹安排部署。研制《神农架林区自治、法治、德治三治融合乡村(社区)治理体系建设实施意见》等文件。二是坚持强化人民参与。认真开展人民陪审员、人民调解员、人民监督员的选拔任用,引导村民参与依法治理;按照《神农架林区阳光村务工作实施方案》的相关要求,规范村务公开,保证群众监督实效。以村民会议的方式制定自治章程、村规民约、诚信公约等规范,明确村民的权利义务、强化德治建设。三是坚持提供法治保障。持续开展“以案说法”“乡村说事”“送法进乡村”等法治宣教活动;推进“一月一村一治”,2019年5~9月,集中开展矛盾纠纷排查化解专项行动;按照“有黑扫黑、有恶除恶、有乱治乱”要求,开展重点治理,确保长治久安。

二、存在的问题和不足

4个协调小组作用发挥的机制还需进一步探索。各小组的工作还未能有效运作,年度要点制度拟定、重点工作研究落实、定期督办推进、重大事项报告等工作缺乏进一步的机制来落细。

围绕中心支撑作用还需强化。依法治区委员会及办公室成立以来,构建了区乡村三级法治建设网络,汇聚了全区的法治资源,主动围绕中心提供法治支撑效果不佳。

依法治区队伍还需加强。一是依法治区办队伍不足;二是法治专业队伍不够强,且专业人才不断流失,现阶段难以招录到适格人员。

普法工作实效需要加强。普法问题导向和需求导向没有好的载体承接,"互联网 + 法治宣传"运用较少。

三、2020 年工作思路和要点

(一)建章立制,以制度促机制活力

坚持林区党委全面领导,明确协调小组和牵头单位工作职责,探索通过重点事项交办、重要工作联办等制度,形成委员会、办公室和各协调小组的统一部署、统筹协调闭环式制度体系。

(二)践规蹈矩,以实践促能力提升

一是落实《神农架林区法治政府建设实施方案(2017—2020 年)》,确保 2020 年基本建成法治政府。二是将法治参与落实到各单位行政决策、制度建设、规范执法、监督制约等全过程,让行政权力在法律和制度的闭环框架内运行。三是提升社会治理法治化水平。探索"三治融合"神农架路径,坚决打赢扫黑除恶这场硬仗;坚持发展新时代"枫桥经验",健全社会矛盾纠纷预防化解机制,探索多元化纠纷解决机制;加强乡村、社区治理体系建设,实现政府治理和社会调节、居民自治良性互动。

(三)学思贯通,以学习促普法实效

一是重点推进"关键少数"学法用法。1 年内,党委中心组法治专题讲座不

少于2次,领导干部法治专题培训班不少于2期,政府部门领导班子旁听法院庭审不少于2次。二是落实普法责任制,完善普法责任清单、以案释法等制度,实现“七五”普法圆满验收。三是深化法律“七进”活动,实施法治文化“一地一品”工程,把法治宣传融入社区生活。

(四)长抓常新,以考核促“法治样本”

一是要根据省委依法治省办法治建设绩效考核办法及标准,优化神农架林区区直、乡镇法治建设考核指标、办法。二是落实中央督察检查和减轻基层负担的要求,建立法治建设日常工作台账,为年终考核提供依据。三是做实法治督察。通过法治专项和全面督察,推动神农架林区法治建设再升级。

第四编　法治建设绩效考评

湖北省市(州)党政领导班子和领导干部 2019年度法治建设绩效考核办法

第一章 总　　则

第一条　为了深入贯彻党中央关于全面推进依法治国的决策部署,全面推进法治湖北建设,加强对市、州、直管市、神农架林区党政领导班子和领导干部法治建设绩效考核工作,根据《省委办公厅省政府办公厅印发〈关于加强领导班子和领导干部法治建设绩效考核的意见〉的通知》(鄂办发〔2015〕1号)、《省委办公厅、省政府办公厅关于印发〈湖北省实施《党政主要负责人履行推进法治建设第一责任人职责规定》办法〉的通知》(鄂办发〔2017〕16号)、《省委全面依法治省委员会办公室关于印发〈湖北省市(州)党政领导班子和领导干部2019年度法治建设绩效考核指标〉的通知》(鄂法办发〔2019〕15号)、《省委全面依法治省委员会办公室关于印发〈湖北省法治政府建设与责任落实督察工作实施办法〉的通知》(鄂法办发〔2019〕16号),制定本办法。

第二条　本办法适用于各市、州、直管市、神农架林区党委和政府领导班子[以下简称市(州)党政领导班子]以及党委和政府主要负责人2019年度的法治建设绩效考核。

第三条　法治建设绩效考核工作在省委领导下,由省委全面依法治省委员会办公室具体组织实施。

第四条 法治建设绩效考核根据省委的工作部署,与省委有关重要工作考核统筹安排、同步开展。

第二章 考核内容与程序

第五条 市(州)党政领导班子法治建设绩效考核内容包括贯彻落实党中央和省委、省委全面依法治省委员会关于法治建设的决策部署,以及省委全面依法治省委员会办公室部署的法治建设各项工作,提高依法执政能力、提高地方立法质量、深入推进依法行政、深入推进公正司法、深入推进全民守法等重点工作,以及加强组织领导、深化改革、推进法治建设、提高法治能力、强化法治保障等情况。

领导干部法治建设绩效考核内容包括带头尊法学法守法用法和履行法治建设第一责任人职责等情况。

第六条 市(州)党政领导班子和领导干部法治建设绩效考核具体内容根据党中央、省委和省委全面依法治省委员会年度法治建设重点工作具体安排,突出重点,注重实效。

第七条 市(州)党政领导班子评分主要由考核组年度法治建设实地考核得分(30%)、平时法治建设重点工作评价得分(50%)、群众法治建设满意度第三方测评得分(20%)以及加分、扣分项目组成。

市(州)党政领导班子民主测评分由党委领导班子和政府领导班子民主测评分各50%计算。领导干部评分由党政领导班子民主测评得分(70%)和个人民主测评得分(30%)以及个人扣分项目组成。

第八条 考核组年度法治建设评价以实地考核的方式进行,主要是听取汇报、个别谈话、网络查询、实地检查抽查等。对群众反映的突出问题等,采取专项调查等方法进行核查。

考核工作人员由从省直相关部门抽选的政治素质强、业务能力精、法治素养高、工作作风硬的同志担任,向各市(州)派出考核组。

第九条 市(州)党政领导班子对照年度法治建设绩效考核评分表进行自查,形成党委领导班子、政府领导班子年度法治建设自查报告,提交考核组。

第十条 市(州)召开年终工作考评大会时,党政领导班子和领导干部的综合述职报告内容应当包括领导班子履行法治建设职责和领导干部本人尊法学法守法用法等情况。

参加民主测评人员对党政领导班子和领导干部进行民主测评,填写《湖北省市(州)党政领导班子法治建设民主测评表》(见附表一)和《湖北省市(州)党政领导干部法治建设民主测评表》(见附表二),作出总体性评价。测评票由考核组负责回收并汇总。

第十一条 实地考核结束时,考核组将考核中发现的主要问题向被考核市(州)党政领导班子反馈,并将实地考核情况进行综合分析,形成考核报告。

考核组根据年度法治建设绩效考核评分表,对市(州)党政领导班子全面履行法治建设主体责任进行评分(80%),统计党政领导班子民主测评得分(20%),汇总形成考核组年度法治建设实地考核得分,与考核报告一并报省委全面依法治省委员会办公室。

第十二条 法治建设重点工作评价由省直有关职能部门根据平时掌握各市(州)法治建设重点工作情况和省委全面依法治省委员会办公室部署的法治建设重点任务完成情况进行考核,考核结果及评价依据一并提交省委全面依法治省委员会办公室。

第十三条 群众法治建设满意度第三方测评由省委全面依法治省委员会办公室委托省统计局开展,测评内容主要包括法治建设获得感、执法司法满意度、法治环境满意度、法治宣传知晓率、法治创建合格率等,测评结果按比例计入各市(州)总分。

第十四条 法治建设绩效考核评分实行加分、扣分制。

推进法治建设措施有力、成效明显,获得中央或者省委省政府表彰及经验、做法被推广的,领导班子可以在综合评分的基础上获得相应加分。

因违法违纪或者履行法治建设职责不力出现应当予以扣分情形的,对领导班子、领导干部在综合评分的基础上进行扣分。

加分、扣分项目根据年度法治建设绩效考核评分表确定。

第十五条 考核结束后,省委全面依法治省委员会办公室按照本办法规定的计分方式对各市(州)党政领导班子和领导干部各项评分进行汇总,并报省委或省委全面依法治省委员会审定。

第三章 考核结果运用

第十六条 市(州)党政领导班子和领导干部法治建设绩效考核结果,全省进行通报。对法治建设绩效考核综合成绩排名在前七位的评为优秀,其他评为合格。同时,考核结果提供给省考核办,作为市(州)党政领导班子和领导干部政绩考核的重要组成部分。

第十七条 建立突出问题整改督察办制度。考核中发现的问题整改落实情况作为法治建设专项督察及下一年度考核重点内容。

第十八条 建立法治建设绩效考核档案。市(州)党政领导班子和领导干部法治建设绩效考核情况实行档案管理。

第四章 附 则

第十九条 考核工作坚持实事求是、客观公正原则。对在考核评价工作中不负责任、弄虚作假、隐瞒问题、泄露秘密,情节严重或者造成严重不良影响的,依法依规追究相关人员责任。

第二十条 本办法的具体解释工作由省委全面依法治省委员会办公室负责。

附表一:湖北省市(州)党政领导班子法治建设民主测评表

市(州)	总体评价			
党委领导班子	好 (100~95分)	较好 (94~85分)	一般 (84~75分)	较差 (74分以下)
政府领导班子	好 (100~95分)	较好 (94~85分)	一般 (84~75分)	较差 (74分以下)
评价要点:主要考虑领导班子对本地法治建设重视程度、推进法治建设工作力度、推进法治建设实效、运用法治思维和法治方式开展工作等情况。				

1. 此表适用于参加民主测评人员对党委、政府领导班子的民主测评。

2. 请参加测评人员对照评价要点,在总体评价选项栏中,选择合适的一栏写明具体分数。

附表二:湖北省市(州)党委、政府领导干部法治建设民主测评表

领导姓名	职务	总体评价			
		好 (100~95分)	较好 (94~85分)	一般 (84~75分)	较差 (74分以下)
		好 (100~95分)	较好 (94~85分)	一般 (84~75分)	较差 (74分以下)
评价要点:主要考虑党委、政府领导干部对本地法治建设重视程度、推进法治建设工作力度、推进法治建设效果、领导干部个人法治意识和法治素养等情况。					

1. 此表适用于参加民主测评人员对党委、政府主要负责人的民主测评。

2. 请参加测评人员对照评价要点,在总体评价选项栏中,选择合适的一栏写明具体分数。

湖北省省直单位领导班子和领导干部 2019 年度法治建设绩效考核办法

第一章 总 则

第一条 为了深入贯彻党中央关于全面推进依法治国的决策部署，全面推进法治湖北建设，加强对省直单位领导班子和领导干部法治建设绩效考核工作，根据《省委办公厅、省政府办公厅印发〈关于加强领导班子和领导干部法治建设绩效考核的意见〉的通知》（鄂办发〔2015〕1 号），《省委办公厅、省政府办公厅关于印发〈湖北省实施《党政主要负责人履行推进法治建设第一责任人职责规定》办法〉的通知》（鄂办发〔2017〕16 号），《省委全面依法治省委员会办公室关于印发〈湖北省省直单位领导班子和领导干部 2019 年度法治建设绩效考核指标〉的通知》（鄂法办发〔2019〕14 号），《省委全面依法治省委员会办公室关于印发〈湖北省法治政府建设与责任落实督察工作实施办法〉的通知》（鄂法办发〔2019〕16 号），制定本办法。

第二条 本办法适用于省委各部委，省级国家机关、人民团体，中央在鄂行政执法机关、中央在鄂及省属国有企业、中央在鄂及省属高校、省级民主党派机关（以下统称省直单位）的领导班子和主要负责人的法治建设绩效考核。

省直单位领导班子主要负责人属于副省级以上领导干部的，考核常务或者党组（党委）副职；党政主要负责人分设的，分别考核。

第三条 法治建设绩效考核工作在省委的领导下，由省委全面依法治省委员会办公室具体组织实施。

省委各部委，省级国家机关、人民团体，中央在鄂行政执法机关领导班子和领导干部的法治建设绩效考核由省委全面依法治省委员会办公室组织实施。

党的关系归口省委、省国资委党委管理的中央在鄂及省属国有企业领导班子和领导干部的法治建设绩效考核，由省国资委党委组织实施。

党的关系归口省委高校工委管理的中央在鄂及省属高校领导班子和领导干部的法治建设绩效考核，由省委高校工委（省教育厅）组织实施。

省委统战部负责联系的省级民主党派机关和人民团体的法治建设绩效考核，由省委统战部组织实施。

第四条 法治建设绩效考核根据省委的工作部署，与省委有关重要工作考核统筹安排、同步开展。

第二章 考核内容与程序

第五条 省直单位领导班子法治建设绩效重点考核贯彻落实党中央和省委、省委全面依法治省委员会关于法治建设的决策部署，以及省委全面依法治省委员会办公室部署的法治建设各项工作，提高依法执政能力、提高地方立法质量、深入推进依法行政、深入推进公正司法、深入推进全民守法等重点工作，以及加强组织领导、深化改革、推进法治建设、提高法治能力、强化法治保障等情况，领导监督本单位依法依章程履行职责等情况。

领导干部法治建设绩效重点考核领导干部带头尊法学法守法用法和履行推进法治建设第一责任人职责等情况。

第六条 为了增强考核实效，突出考核重点，力求简化管用，便于操作打分，结合省直单位职能特点，将省直单位分为无具体行政执法职能的省直单位、履行行政执法职能的省直单位和省直政法单位共三大类进行考核，其中：

省委办公厅、省人大常委会办公厅、省政府办公厅、省政协办公厅、省纪委机关、省委各工作部门，省委管理的群团组织，省级民主党派机关，湖北日报传媒集团，以及其他无行政执法职能的省直单位的领导班子，按照无行政执法职能的省直单位的标准考核。

具有行政执法主体资格的省政府部门，中央驻鄂行政执法机关等单位的领导班子，按照履行行政执法职能的省直单位的标准考核。

省高级人民法院、省检察院、省公安厅、省司法厅、省国家安全厅等单位的领导班子，按照省直政法单位的标准考核，其中省公安厅、省司法厅、省国家安全厅同时按照履行行政执法职能的省直单位标准考核。

第七条 省直单位领导班子法治建设绩效考核具体内容根据党中央、省委和省委全面依法治省委员会年度法治建设重点工作具体安排，突出重点，注重实效。

第八条 省直单位领导班子评分主要由考核组年度法治建设评价得分(30%)、平时落实法治建设重点工作评价得分(70%)以及加分、扣分项目组成。

领导干部民主测评得分由领导班子民主测评得分(70%)和个人民主测评得分(30%)以及扣分项目组成。

第九条 考核组年度法治建设评价以现场考核的方式进行，主要是听取汇报、个别访谈、调查核实、网络查询等。

考核工作人员由从省直相关部门抽选的政治素质强、业务能力精、法治素养高、工作作风硬的同志担任，向省直各单位派出考核组。

第十条 省直单位领导班子对照年度法治建设绩效考核指标和评分表进行自查，形成领导班子年度法治建设自查报告，提交考核组。

第十一条 领导班子和领导干部的综合述职报告应当包括领导班子履行法治建设职责、推进法治建设成效和领导干部本人尊法学法守法用法、履行法治建设第一责任人职责等情况。

参加民主测评的人员对领导班子和领导干部进行民主测评，填写《湖北省省直单位领导班子法治建设民主测评表》和《湖北省省直单位领导干部法治建设民主测评表》，作出总体性评价。测评票由考核组负责回收并汇总。

第十二条 现场考核结束后，考核组将考核情况进行综合分析，形成考核报告，并根据年度法治建设绩效考核评分表，对省直单位领导班子全面履行法治建设职责进行评分（80%），统计领导班子民主测评得分（20%），汇总后形成考核组年度法治建设评价得分，与考核报告一并提交省委全面依法治省委员会办公室。

第十三条 全年落实法治建设重点工作评价，由法治建设牵头单位、省直相关职能部门每年底根据法治建设职责，综合全年工作，对省直单位领导班子进行评分，包括平时法治建设评价和职能部门评价两个方面。

第十四条 平时法治建设评价由法治建设牵头单位进行评分。省委办公厅、省人大常委会办公厅、省委政法委、省委全面依法治省委员会办公室（以下简称牵头单位）负责依法执政、科学立法、依法行政、公正司法等工作的平时考核，其中：

（一）省委办公厅负责对按照党群部门类标准考核的省直单位平时工作考核。

（二）省人大常委会办公厅负责省人大常委会机关平时考核。

（三）省委全面依法治省委员会办公室负责按照行政部门类标准的省直单位平时工作考核。

（四）省委政法委负责按照政法部门类标准考核的省直单位平时工作考核。

年终考评时,各牵头单位根据平时掌握情况,依据年度法治建设绩效考核评价标准对省直单位领导班子平时法治建设工作进行评分,评分结果和评分依据、评分清单一并提交省委全面依法治省委员会办公室。

第十五条 职能部门评价由省直有关职能部门根据法治建设职责,依据年度法治建设绩效考核评价标准,对省直各单位年度落实法治建设相关重点工作的成效进行考核评价。评分结果和评分依据、评分清单一并提交省委全面依法治省委员会办公室。

第十六条 法治建设绩效考核评分实行加分、扣分制。

推进法治建设措施有力、成效明显,获得中央或者省委省政府表彰及经验、做法推广的,领导班子可以在综合评分的基础上获得相应加分。

因违法违纪或者履行法治建设职责不力出现应当予以扣分情形的,领导班子或者领导干部在综合评分的基础上进行扣分。加分、扣分项目根据年度法治建设绩效考核评分表进行。

第十七条 考核工作结束后,省委全面依法治省委员会办公室对省直各单位领导班子和领导干部各项评分进行汇总上报。

第三章 考核结果运用

第十八条 省直单位领导班子和领导干部法治建设绩效考核结果,在全省进行通报,并提供给省直有关部门综合运用。中央驻鄂行政执法机关、高校、国有企业领导班子和领导干部的考核结果同时抄送其上级主管部门。

第十九条 对不履行或者不正确履行法治建设职责的,依照上级有关规定予以问责。

第二十条 建立法治建设绩效考核档案。省直单位领导班子和领导干部法治建设绩效考核资料根据相关规定实行档案管理。

第四章 附　　则

第二十一条 考核工作应当坚持实事求是、客观公正原则。对在考核评价工作中不负责任、弄虚作假、隐瞒问题、泄露秘密，情节严重或者造成严重不良影响的，依法依规追究相关人员责任。

第二十二条 本办法的具体解释工作由省委全面依法治省委员会办公室负责。

湖北省市(州)党政领导班子和领导干部
2019年度法治建设绩效考核评价标准

一、考核组年度法治建设评价(30%)

考核组年底根据省委统一部署对各市(州)进行实地考核,实地考核评分占市(州)党政领导班子综合评分的30%,包括以下两方面内容:

(一)全面履行法治建设第一责任人职责

1. 提高依法执政能力(6项具体指标共15分)。

2. 加强地方立法工作(4项具体指标共7分)。

3. 深入推进依法行政(18项具体指标共44分)。

4. 深入推进司法公正(9项具体指标共16分)。

5. 深入推进全民守法(8项具体指标共18分)。

(二)民主测评

领导班子、领导干部对本地法治建设重视程度、推进法治建设工作力度、推进法治建设效果、运用法治思维和法治方式开展工作情况,由参加民主测评人员进行综合评价按百分制评分。

考核组根据年度法治建设绩效考核评分表,对市(州)党政领导班子全面履行法治建设主体责任进行评分(80%),统计领导班子民主测评得分(20%),汇总后形成考核组对市(州)党政领导班子年度法治建设评价分数。

二、法治建设重点工作评价(50%)

省直相关职能部门根据法治建设职责,综合全年各市(州)完成法治建设重点工作情况对各市(州)进行评分,占市(州)党政领导班子综合评分的50%。

1. 严格执行党内法规、规范性文件备案审查制度,合法合规率、备案率、备案及时率、覆盖率均达100%。(10分,由省委办公厅评分)

2. 有立法权的地方人大及常委会加强"三大攻坚战"、社会主义核心价值观、社会民生等重点领域的立法,认真贯彻落实中央有关备案审查工作决策部署和法律法规规定,切实加强人大常委会备案审查工作,报备率、备案率、审查率、纠错率均达100%;加强对法律法规实施情况的监督检查。(10分,由省人大常委会办公厅评分)

3. 严格依法行政,加快法治政府建设,落实《湖北省法治政府建设与责任落实督察工作实施办法》。(10分,由省委依法治省办评分)

4. 深入推动行政执法与刑事司法衔接工作,健全完善工作机制,省、市、县三级平台全覆盖。(10分,由省检察院提供数据并评分)

5. 落实行政机关出庭应诉制度,行政机关负责人出庭应诉比例达70%以上。(8分,由省法院提供数据并评分)

6. 辖区内党政机关应自人民法院执行立案之日起6个月内自动履行生效裁判,基本解决执行难攻坚工作开展情况。(6分,由省法院评分)

7. 严格落实《保护司法人员依法履行法定职责规定》,不要求法官、检察官从事超出法定职责范围的事务。(6分,由省委政法委评分)

8. 各级法院、检察院入额院领导、庭、(处、科)长直接办案比例达到中央司改要求,并带头办理重大疑难复杂案件;落实《湖北省法官检察官员额管理暂行办法》,入额人员按规定时间免去原有非业务领导职务,调整到办案岗位,具备相关情形者,按规定退出员额。(8 分,由省委政法委提供数据并评分)

9. 各地司法文明建设情况。(8 分,由省委政法委评分)

10. 涉法涉诉进京访逐年下降。(8 分,由省委政法委提供数据并评分)

11. 各地普法宣传教育开展情况,开展无纸化学法用法“网学网考”,参考率及合格率达到 90% 以上。(10 分,由省司法厅评分)

12. 各地法学会工作开展情况。(6 分,由省法学会提供评分)

三、群众法治建设满意度第三方测评(20%)

省统计局根据省委依法治省办的委托,对各市(州)开展群众法治建设满意度第三方测评调查,调查结果按百分制换算,纳入市(州)党政领导班子综合评分,占比 20%。

四、加分项目

省委依法治省办年底对各市(州)申报加分项目的材料审核后,在市(州)党政领导班子综合评分基础上加分。加分项目如下:

1. 法治建设相关工作获得中共中央、国务院表彰的(表彰时间 2019 年 1 ~ 12 月,下同),每件次加 1 分;获得国家部委、省委、省政府表彰的,每件次加 0.5 分;受到中央领导、省委省政府主要领导批示肯定的,每件次加 0.1 分。

2. 法治建设相关工作经验被中央相关部委推荐推广的,每件次加 0.2 分;被省级相关部门推荐推广的,每件次加 0.1 分。

3. 法治建设相关工作经验在《人民日报》、《求是》、《新华社内参》、《法制日报》、中央电视台新闻联播栏目等国家级重要媒体宣传报道的,每件次加0.2分。

加分项目均指考核年度内发生,同项工作或者经验不重复加分,以加分项目最高分值计算;不同项目累计加分不超过3分。

五、扣分项目

市(州)党政领导班子、领导干部违法违纪或履行法治建设职责不力,出现应当予以扣分情形的,根据省直有关职能部门提供的情况经审核后,在市(州)党政领导班子或者领导干部综合评分基础上扣分。扣分项目如下:

1. 市、州党委、政府领导班子成员因违纪受到党纪政纪处分的,每人扣0.1分;因涉嫌犯罪被刑事立案侦查的,每人扣0.5分。由省纪委机关、省检察院提供数据。

2. 因决策事项未进行合法性审查而引发重大负面影响或者重大突发性公共事件的,每发生一起扣1分。由省委政法委提供数据。

3. 因履行法治建设职责不力而引发安全生产、公共卫生、食品药品、环境保护等重特大案(事)件的,每发生一起扣1分。由省委政法委提供数据。

扣分项目均指考核年度内发生,同项内容不重复扣分,不同项目累计扣分不超过3分。

湖北省省直单位领导班子和领导干部
2019年法治建设绩效考核评价标准

一、考核组年度法治建设评价（30%）

考核组根据省委统一部署对省直单位进行现场考核，现场考核评分占省直领导班子综合评分的30%，包括以下两个方面内容：

（一）全面履行法治建设第一责任人职责

第一类：无行政执法职能省直单位（100分）

1. 提高依法执政能力（6项具体指标共35分）。

2. 深入推进法治建设（6项具体指标共30分）。

3. 切实加强普法工作（3项具体指标共35分）。

第二类：履行行政执法职能省直单位（100分）

1. 提高依法执政能力（4项具体指标共20分）。

2. 提高立法质量（4项具体指标共10分）。

3. 深入推进法治建设（9项具体指标共45分）。

4. 深入推进全民守法普法（3项具体指标共25分）。

第三类:省直政法单位(100分)

1. 提高依法执政能力(4项具体指标共15分)。

2. 提高立法质量(4项具体指标共8分)。

3. 深入推进法治建设(8项具体指标共22分)。

4. 深入推进司法公正(9项具体指标共37分)。

5. 深入推进全民守法(3项具体指标共18分)。

(二)民主测评

领导班子对本单位法治建设重视程度、推进法治建设力度、推进法治建设效果、运行法治思维和法治方式开展工作情况,由参加民主测评人员进行综合评价按百分制打分。

根据年度法治建设绩效考核评分表,对省直单位领导班子全面履行法治建设职责进行评分(80%),统计领导班子民主测评得分(20%),汇总后形成考核组年度法治建设评价得。

二、全年落实法治建设重点工作评价(70%)

依法治省工作牵头单位、省直相关职能部门年底根据法治建设职责,综合全年工作情况,对省直单位领导班子推进法治建设情况进行评分,占省直单位领导班子综合得分的70%,包括以下内容:

(一)平时法治建设工作评价

省直单位平时法治建设工作情况由依法治省工作牵头单位分类进行评分,分类如下:

1. 省委办公厅、省政协办公厅、省纪委监委机关、省委各工作部门、湖北日报传媒集团、省委管理的群团组织等单位履行法治建设职责、积极参与法治建设职责、积极参与法治建设工作情况,由省委办公厅根据平时工作掌握情况进行评分。

2. 省人大常委会机关推动落实省委关于法治建设重要工作部署情况,由省人大常委会办公厅根据平时工作掌握情况进行评分。

3. 省政府办公厅、省政府组成部门,省政府特设、直属管理机构,省政府议事、办事机构,副厅级以上直属事业单位,中央驻鄂行政执法机构等单位推动落实省委省政府及上级部门关于法治建设重要工作部署情况,由省委依法治省办根据平时工作掌握情况进行评分。

4. 省法院、省检察院落实省委省政府关于法治建设重要工作部署情况,推进司法体制改革,落实员额制、司法责任制情况,由省委政法委根据平时工作掌握情况进行评分。省公安厅、省国家安全厅、省司法厅落实省委省政府关于法治建设重要工作部署情况由省委政法委和省委依法治省办评分各50%组成。

(二)职能部门评价

省直单位落实法治建设重点工作情况由省直相关职能部门进行评分,包括以下内容:

1. 省纪委、省委各部门和省委批准设立的党组(党委)党内规范性文件报送省委备案情况由省委办公厅评分(20分)。

2. 依法依规维护社会稳定工作由省委政法委评分(20分)。

3. 全面落实"谁主管谁普法、谁执法谁普法"普法责任制,建立普法责任清单情况由省司法厅评分(20分)。

4. 省直单位工作人员因违反党纪党规受到党内纪律处分的,每人扣1分;因违法受到刑事追究的,每人扣2分,同一人同一事不重复扣分,省纪委机关、省检察院提供数据并评分(20分)。

5. 尊重并执行人民法院生效判决,省直单位未执行人民法院生效判决的,每一起扣3分,由省法院评分(20分)。

省直行政执法类单位除考核上述项目外,还考核下列项目(两类项目评分各占职能部门评价总分的50%):

1. 严格落实《湖北省法治政府建设与责任落实督察工作实施办法》,严格执行《重大行政决策程序暂行条例》和行政执法“三项制度”,加强行政复议工作,严格规范公正文明执法,由省司法厅评分(25分)。

2. 省级行政执法机关落实“两法衔接”情况,由省检察院评分(15分)。

3. 认真贯彻国务院和省政府决策部署,全面推进“互联网+政务服务”“放管服”工作情况,由省政府办公厅评分(20分)。

4. 落实行政机关依法出庭应诉制度,行政机关负责人出庭应诉比例达60%以上,未达标的,每低一个百分点扣0.5分,由省法院评分(20分)。

5. 行政诉讼案件中行政行为被确认违法的,每件扣5分,由省法院评分(20分)。

省委政法委、省委依法治省办综合上述平时法治建设工作评价得分(40%)和职能部门评价得分(60%),计算出省直单位领导班子全年落实法治建设重点工作评价得分。

三、加分项目

省委依法治省办对省直单位申报加分的材料进行审核,在省直单位领导班子综合评分基础上加分。

1. 法治建设相关工作获得党中央、国务院表彰(时间为2019年1月至12月,下同),每件次加1分;获得国家部委、省委、省政府表彰的,每件次加0.5

分;受到中央领导、省委省政府主要领导批示肯定的,每件次加0.1分。

2. 法治建设相关工作经验(含政法领域改革)被中央相关部委推荐推广的,每件次加0.2分。

3. 法治建设相关工作经验在《人民日报》、《求是》、《新华社内参》、《法制日报》、中央电视台新闻联播等国家级重要媒体宣传报道的,每件次加0.2分。

4. 完成省委依法治省委交办的特定法治工作并被评为合格以上的,每件次加0.2分。

加分项目均指考核年度内发生,同项工作或经验不重复加分,以加分项目最高值计算;不同项目累计加分不超过3分。

四、扣分项目

省直单位领导班子或者领导干部违法违纪履行法治建设职责不力,出现应当予以扣分情形的,根据省直有关职能部门提供的数据资料经审核后,在省直单位领导班子或领导干部综合评分基础上扣分。扣分项目如下:

1. 副厅级以上领导班子干部因违纪受到党纪政纪处分的,每人扣0.1分;因涉嫌犯罪被刑事立案的,每人扣0.5分。由省纪委机关、省检察院提供数据。

2. 因决策事项未进行合法性审查或者履行审查职责不严而发生本系统重大负面影响或者重大突发公共事件的,每已发生一起扣2分。由省委政法委提供数据。

3. 因履行法治建设职责不力而引发系统内安全生产、公共卫生、食品药品、环境保护等重特大案(事)件的,每发生一次扣2分。由省委政法委提供数据。

扣分项目均指考核年度内发生,同项内容不重复扣分,不同项目累计扣分不超过3分。

湖北省2019年群众法治建设满意度第三方评估报告

党的十九大对新时代推进全面依法治国提出了新任务，明确到2035年，法治国家、法治政府、法治社会要基本建成。为全力做好全面依法治省各项工作，扎实推进新时代法治湖北建设，受湖北省委全面依法治省委员会办公室委托，湖北省社情民意调查中心于2019年12月开展了湖北省2019年群众法治建设满意度第三方测评工作。现将测评详情报告如下。

一、测评基本情况

本次测评采用计算机辅助电话调查的方式，采取多阶段分层概率抽样的方法，主要调查了解社会公众对当地法治建设的获得感、执法司法、法治环境满意度以及对当地法治宣传、法治创建活动的知晓率和参与率。

本次测评对象为全省17个市（州、林区）的18周岁以上居民，测评样本量共计13,409个。

各项指标测评得分采用百分制计分，总分取各项指标得分的算术平均数。测评问卷采取四级选项、三级选项的方式设计：四级选项分值由好到差评价分别按100分、70分、40分、0分计分，三级选项分值由好到差评价分别按100分、50分、0分计分。另有满意率（回答“满意”和“基本满意”人数之和占总人数的比重)、知晓率(回答“知道”的人数占总人数的比重)、参与率(回答“接受了/参加了”的人数占总人数的比重)等测评指标的表述,均以百分数计。

二、测评结果

2019 年全省群众法治建设满意度综合得分为 70.00 分,较 2018 年提高了 1.14 分。5 项评价指标中,满意度得分最高的是法治环境满意度(82.63 分),得分最低得是法治建设获得感(58.71 分)(见表 1)。

表 1　各项评价指标得分情况(按得分由高到低)

<table>
<tr><th>题号</th><th>指标</th><th>满意度</th><th>满意率</th></tr>
<tr><td>Q3</td><td>法治环境满意度</td><td>82.63</td><td>89.19%</td></tr>
<tr><td>Q2</td><td>执法司法工作满意度</td><td>79.59</td><td>84.59%</td></tr>
<tr><td rowspan="2">Q4</td><td rowspan="2">法治宣教知晓/参与情况</td><td rowspan="2">69.71</td><td>76.38%(知晓率)</td></tr>
<tr><td>63.04%(参与率)</td></tr>
<tr><td rowspan="2">Q5</td><td rowspan="2">法治创建活动知晓/参与情况</td><td rowspan="2">59.35</td><td>78.72%(知晓率)</td></tr>
<tr><td>39.98%(参与率)</td></tr>
<tr><td>Q1</td><td>法治建设获得感</td><td>58.71</td><td>67.87%</td></tr>
</table>

分市州来看,17 个市州中,综合得分排名前三位的分别是神农架林区(79.25 分)、宜昌市(75.81 分)、荆门市(72.95 分),得分排名后三位的分别是天门市(66.73 分)、仙桃市(63.78 分)、随州市(60.47 分)(见图 1)。

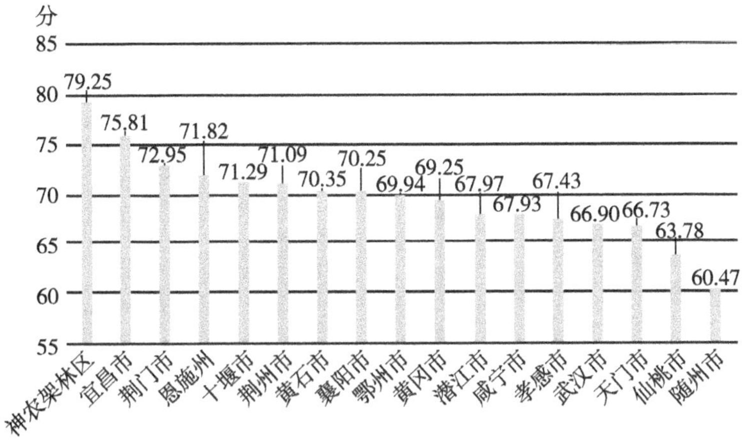

图1　各市州法治建设满意度综合得分

三、结果简析

(一)法治环境、执法司法工作满意度逐年提高

法治环境满意度得分82.63分,执法司法工作满意度得分为79.59分,两项指标在各评价指标中名列前两位,且分别较2018年提高了1.81分、1.48分。对于本地的法治环境,58.30%的被访者表示“满意”,30.89%的被访者表示“基本满意”,满意率为89.19%;对于执法司法工作,52.67%的被访者表示“满意”,31.92%的被访者表示“基本满意”,满意率为84.59%,总体来看,法治环境与执法司法工作群众评价较好,且满意度逐年提高(见图2)。

分市州来看,法治环境满意度排名前三的分别为神农架林区(90.67分)、宜昌市(87.61分)、荆门市(85.18分),排名后三位的分别为天门市(78.27分)、仙桃市(78.18分)、随州市(75.23分);执法司法工作满意度排名前三的分别为神农架林区(85.34分)、宜昌市(83.85分)、恩施州(81.94分),排名后三位的分别为天门市(75.30分)、仙桃市(74.22分)、随州市(72.93分)(见图3)。

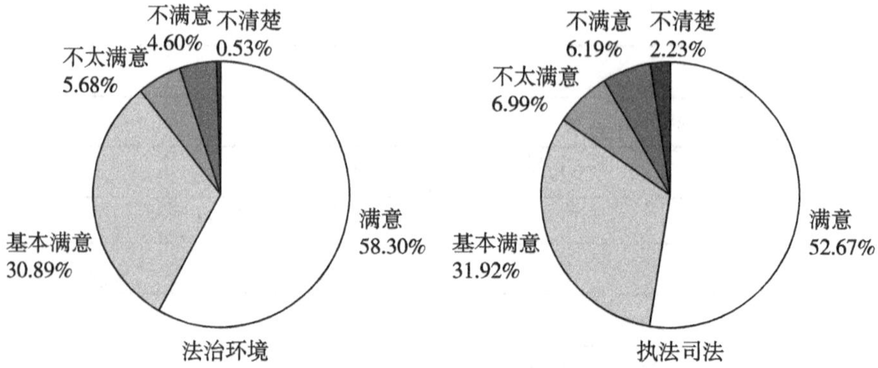

图 2　法治环境和执法司法工作满意度评价情况

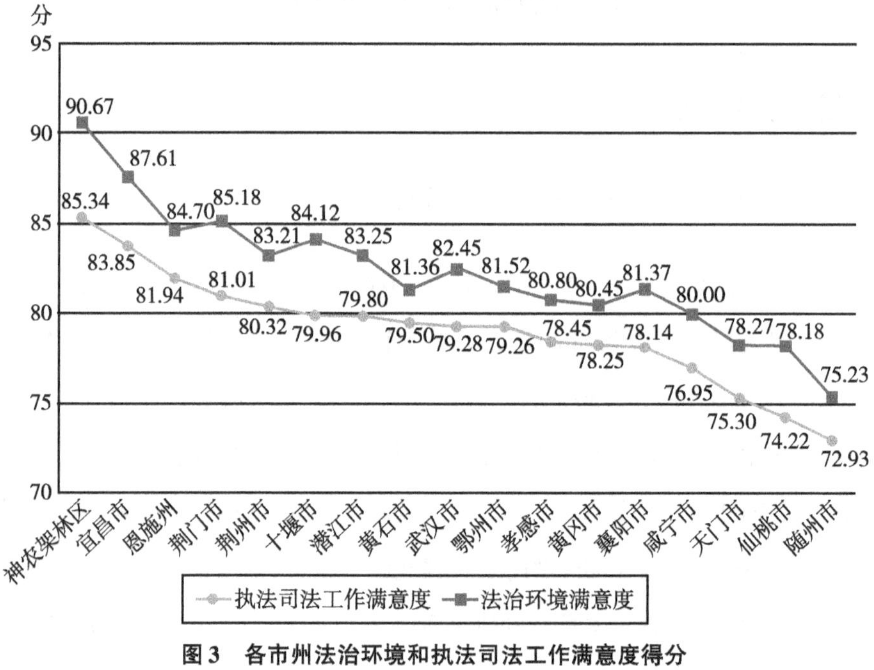

图 3　各市州法治环境和执法司法工作满意度得分

(二)农村居民参与法治宣教、法治创建情况不太理想

调查显示,法治宣教知晓/参与情况得分69.71分,比2018年提高了1.02分,其中知晓率为76.38%,参与率为63.04%;法治创建活动知晓/参与情况得分59.35分,比2018年提高了0.21分,其中知晓率为78.72%,参与率为39.98%(见图4)。分城乡来看,城镇居民法治宣教知晓率、参与率分别79.40%、64.74%,分别比农村居民高7.85、4.42个百分点;城镇居民法治创建知晓率、参与率分别83.27%、43.65%,分别比农村居民高11.83、9.53个百分点(见图5)。总体来看,农村居民法治宣传、法治创建活动需要加强。

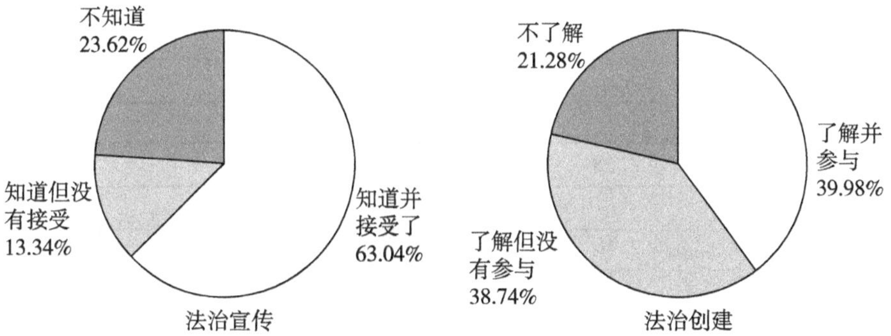

图4 法治宣传教育、创建活动知晓/参与情况

分市州来看,法治宣教知晓/参与情况得分排名前三的分别为神农架林区(85.10分)、宜昌市(78.83分)、荆门市(74.96分),排名后三位的分别为武汉市(63.48分)、仙桃市(62.42分)、随州市(58.53分);法治创建活动知晓/参与情况得分排名前三的分别为神农架林区(72.12分)、宜昌市(65.73分)、黄石市(61.97分),排名后三位的分别为潜江市(52.65分)、仙桃市(52.48分)、随州市(47.84分)(见图6)。

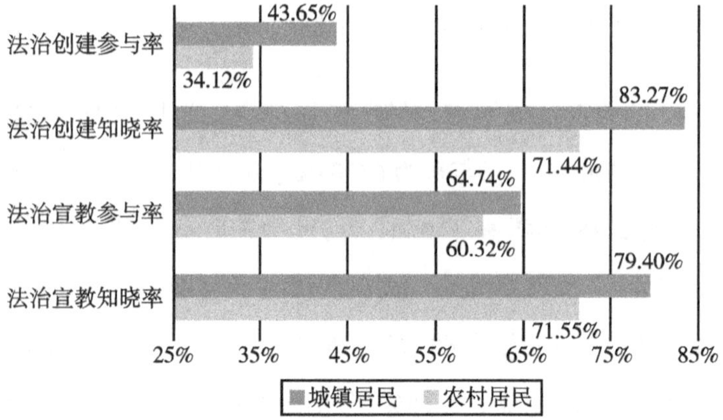

图5 分城乡法治宣传教育、创建活动知晓/参与情况

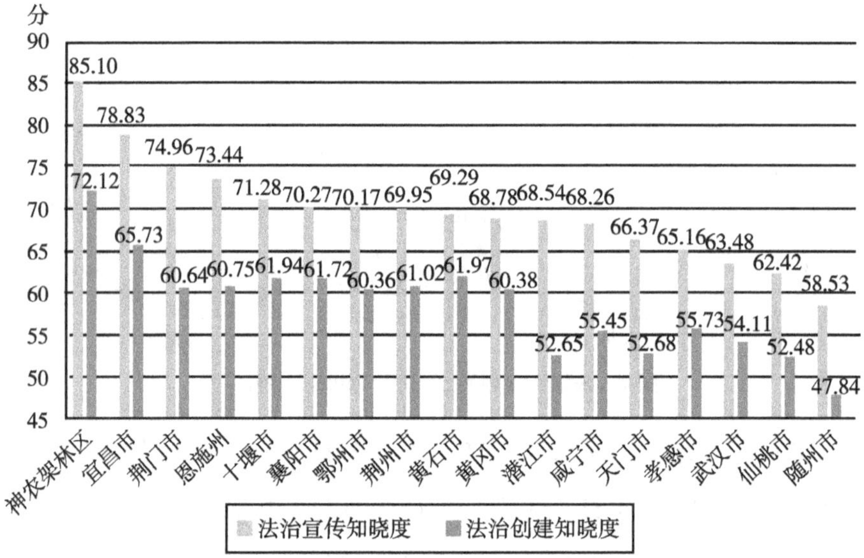

图6 各市州法治宣教、法治创建活动得分

(三)法治建设获得感与受教育程度正相关

法治创建获得感得分58.71分,比2018年提高了1.16分,但该项指标在5个指标中排名倒数,说明相关工作仍有提升空间。分城乡来看,城镇居民得分

62.93分,比农村居民高10.99分。分受教育程度来看,未上过学、小学、初中、高中(中专、职高、技校)、大专、大学本科及以上居民得分分别为27.37分、37.27分、46.96分、56.36分、67.87分和74.14分,法治建设获得感与群众受教育程度正相关(见图7)。

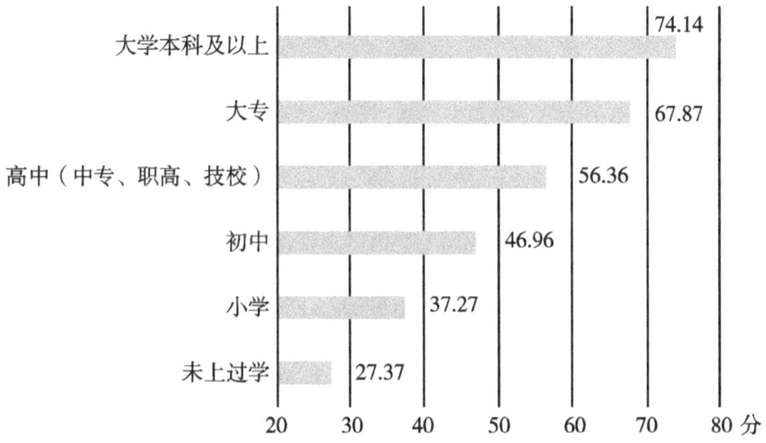

图7　分受教育程度的居民法治创建获得感得分情况

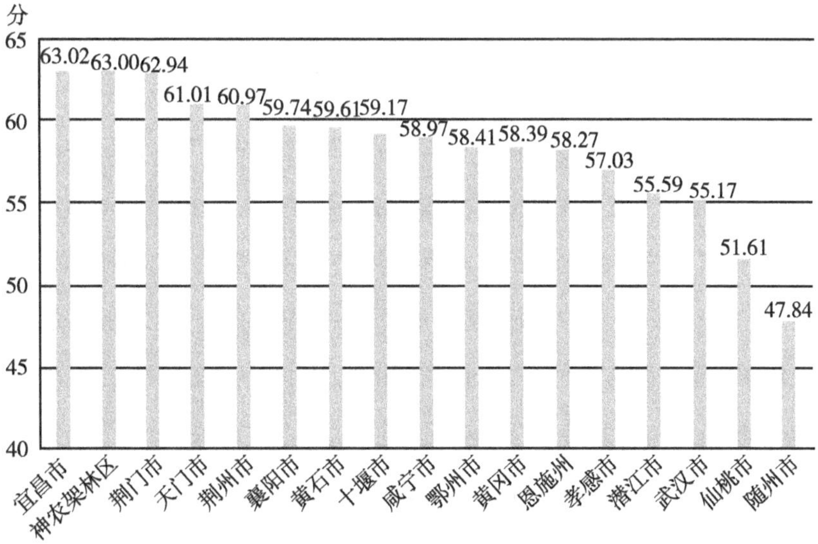

图8　各市州法治创建获得感得分

分市州来看,法治创建获得感得分排名前三的分别是宜昌市(63.02 分)、神农架林区(63.00 分)、荆门市(62.94 分);排名后三位的分别是武汉市(55.17分)、仙桃市(51.61 分)、随州市(47.84 分)(见图8)。

四、意见建议

(一)坚持人民主体地位,切实提高人民群众获得感

法治建设要为了人民、依靠人民、造福人民、保护人民。调查显示,法治建设获得感群众评价逐年呈递增趋势,但整体水平依然较低。要把实现好、维护好、发展好最广大人民根本利益作为法治建设的根本目的与核心价值,作为法治建设的出发点和落脚点,特别是要聚焦于受教育程度偏低的农村居民,努力让人民群众在每一项法律制度、每一个执法决定、每一宗司法案件中都感受到公平正义,把体现人民利益、反映人民愿望、维护人民权益、增进人民福祉落实到依法治国全过程。

(二)着力突破薄弱环节,加强乡村普法宣传

调查显示,农村居民法治宣传工作是工作中的薄弱环节。建设法治乡村是党中央根据全面依法治国和完善乡村振兴战略的新形式,提出的一项崭新的重大工作任务,农村的普法宣传工作是其中重要一环。要立足农村实际,抓实抓细抓小,落实普法宣传主体责任,切实做好农村的普法工作;要创新宣传形式,针对农村居民这一特殊群体,因地制宜、因时制宜,将传统的宣传方式与现代的互联网相结合;要丰富宣传内容,聚焦土地承包、外出务工、农民工欠薪等农村居民最为关心切身利益,最大程度回应群众需求。

(三)营造良好法治氛围,人人参与法治创建

法治创建活动是法治宣传教育的重要载体,调查显示法治创建活动的参与率不高,反映出创建活动的吸引力还不够。要做好法治创建活动的统筹布局、组织规划,提高法治创建工作的社会影响力;各地方可以结合当地实际,抓特色。重亮点,根据当地群众不同需求,让活动更加丰富多彩;要创新方式方法,从内容、形式上下功夫,加强法治创建活动的渗透力、感染力,切实提高人民群众的参与积极性,增强获得感。

附件:湖北省2019年群众法治建设满意度调查汇总(县市区)

附件:湖北省2019年群众法治建设满意度调查汇总(县市区)

县市区	总体					Q1. 法治建设获得感				Q2. 执法司法工作满意度				Q3. 法治环境满意度				Q4. 法治宣传知晓度				Q5. 法治创建知晓度			
	样本数	2019年得分	2019年排名	2018年得分	2018年排名	2019年得分	2019年排名	2018年得分	2018年排名	2019年得分	2019年排名	2018年得分	2018年排名	2019年得分	2019年排名	2018年得分	2018年排名	2019年得分	2019年排名	2018年得分	2018年排名	2019年得分	2019年排名	2018年得分	2018年排名
全省	13,409	70.00	–	68.86	–	58.71	–	57.55	–	79.59	–	78.11	–	82.63	–	80.82	–	69.71	–	68.69	–	59.35	–	59.14	–
武汉市江岸区	151	68.29	64	67.40	67	51.69	92	55.52	66	80.48	45	77.10	61	83.13	52	80.87	59	68.54	62	66.56	66	57.62	63	56.95	67
武汉市江汉区	138	68.91	63	66.45	71	54.92	76	55.04	71	79.85	50	76.39	69	82.61	59	81.61	48	64.49	77	65.58	71	62.68	32	53.62	84
武汉市硚口区	146	68.00	65	65.25	78	56.12	69	51.80	88	79.08	59	76.69	66	86.32	22	77.92	79	66.10	74	64.38	76	52.40	88	55.48	77
武汉市汉阳区	134	62.51	98	64.84	82	51.59	94	53.82	79	78.28	71	74.64	85	81.57	69	76.72	85	52.61	102	64.18	77	48.51	100	54.85	78
武汉市武昌区	167	66.13	81	62.05	92	57.14	63	50.32	93	82.36	28	74.21	87	83.37	49	76.45	86	57.49	97	56.89	95	50.30	95	52.40	90
武汉市青山区	128	67.18	69	68.16	59	52.92	86	54.31	76	77.30	75	78.44	54	80.31	79	82.68	36	66.80	69	69.53	48	58.59	59	55.86	74
武汉市洪山区	183	65.00	87	61.45	94	56.21	68	48.85	95	79.03	60	76.29	70	82.09	65	79.95	64	56.01	98	52.73	101	51.64	91	49.45	97
武汉市东西湖区	128	65.46	86	66.41	72	54.13	78	54.92	72	78.31	69	80.48	39	80.39	77	82.19	40	62.89	85	60.94	88	51.56	92	53.52	85
武汉市汉南区	107	73.95	22	74.30	19	70.67	7	65.05	11	83.20	21	81.87	23	86.92	17	83.93	29	71.96	43	76.17	21	57.01	66	64.49	22
武汉市蔡甸区	137	72.89	31	72.08	32	61.57	34	59.77	41	84.48	14	82.88	14	87.01	16	84.53	25	71.90	44	73.72	34	59.49	55	59.49	52
武汉市江夏区	146	67.18	69	63.26	88	52.52	88	45.62	102	80.28	46	76.04	75	83.56	45	79.59	70	65.07	75	61.30	87	54.45	77	53.77	82
武汉市黄陂区	150	62.85	97	65.27	77	47.60	101	51.04	90	75.49	89	75.17	79	77.82	90	77.16	82	64.33	80	65.67	70	49.00	99	57.33	64
武汉市新洲区	147	63.83	92	63.79	87	53.60	81	54.32	75	73.22	97	72.99	91	77.69	91	75.31	88	61.90	91	62.59	83	52.72	84	53.74	83
黄石市黄石港区	113	70.17	56	69.43	49	57.94	57	59.63	42	78.18	72	79.01	46	83.75	44	80.18	62	71.24	47	69.03	54	59.73	53	59.29	56
黄石市西塞山区	113	69.15	61	68.11	60	58.74	49	60.48	35	78.81	63	75.36	78	82.52	60	79.47	72	66.37	70	63.72	80	59.29	57	61.50	38
黄石市下陆区	110	73.84	24	74.95	15	62.74	28	66.02	9	82.84	23	83.24	12	85.45	31	85.96	13	71.36	46	76.82	20	66.82	16	62.73	34
黄石市铁山区	103	84.59	2	83.38	2	75.00	1	70.10	2	89.41	3	87.03	4	88.16	13	92.28	2	90.29	2	87.86	3	80.10	1	79.61	1

续表

县市区	总体					Q1. 法治建设获得感				Q2. 执法司法工作满意度				Q3. 法治环境满意度				Q4. 法治宣传知晓度				Q5. 法治创建知晓度			
	样本数	2019年得分	2019年排名	2018年得分	2018年排名	2019年得分	2019年排名	2018年得分	2018年排名	2019年得分	2019年排名	2018年得分	2018年排名	2019年得分	2019年排名	2018年得分	2018年排名	2019年得分	2019年排名	2018年得分	2018年排名	2019年得分	2019年排名	2018年得分	2018年排名
黄石市阳新县	144	56.93	102	58.94	101	45.68	102	50.37	92	67.46	103	69.57	98	67.36	103	71.29	101	54.17	100	54.51	100	50.00	96	48.96	99
黄石市大冶市	148	71.84	40	70.42	45	61.97	30	59.57	44	82.95	22	79.65	44	84.53	38	82.45	39	68.58	59	69.26	51	61.15	43	61.15	41
十堰市茅箭区	122	78.57	8	76.30	8	72.50	3	66.81	7	85.70	9	81.65	24	88.77	9	85.90	14	78.69	13	77.87	11	67.21	14	69.26	8
十堰市张湾区	120	74.60	20	77.13	6	64.22	21	66.96	6	85.17	12	82.39	19	88.17	12	86.30	11	72.92	35	80.42	7	62.50	33	69.58	7
十堰市郧阳区	130	70.80	51	76.43	7	52.42	89	66.00	10	82.20	30	85.15	6	84.77	33	89.08	5	72.31	41	76.15	22	62.31	35	65.77	17
十堰市郧西县	124	67.12	71	70.72	43	58.05	55	55.33	68	76.56	80	76.72	65	81.64	68	78.39	77	63.31	83	77.82	12	56.05	70	65.32	19
十堰市竹山县	122	71.73	43	67.74	65	60.17	42	59.58	43	75.87	86	74.13	88	82.05	66	77.93	78	76.23	22	68.44	57	64.34	24	58.61	57
十堰市竹溪县	117	72.07	39	75.77	9	57.39	60	63.60	18	78.95	62	80.70	34	83.83	43	85.83	16	76.92	21	79.49	10	63.25	30	69.23	9
十堰市房县	121	63.19	95	67.84	62	50.00	97	54.24	77	73.39	96	76.67	67	76.45	97	79.75	69	60.33	93	68.60	56	55.79	74	59.92	46
十堰市丹江口市	124	72.26	34	75.56	12	58.55	50	66.25	8	81.72	34	80.66	36	87.18	15	84.52	26	69.76	56	75.00	27	64.11	26	71.37	6
宜昌市西陵区	129	73.38	27	74.65	17	64.17	22	59.92	39	83.84	17	84.96	7	88.67	11	88.45	7	70.16	53	77.13	17	60.08	51	62.79	33
宜昌市伍家岗区	112	77.86	11	73.26	27	66.19	14	60.28	37	86.85	7	83.98	9	91.16	3	89.01	6	82.59	7	73.21	36	62.50	33	59.82	47
宜昌市点军区	106	81.16	4	84.28	1	68.14	12	77.88	1	84.53	13	90.29	2	89.91	6	91.42	3	88.21	4	86.32	4	75.00	4	75.47	4
宜昌市猇亭区	103	85.18	1	83.15	3	74.75	2	70.10	2	90.87	1	89.71	3	92.33	2	90.39	4	91.75	1	89.32	1	76.21	2	76.21	2
宜昌市夷陵区	128	72.90	30	71.46	35	56.69	67	60.25	38	84.21	15	79.92	43	87.27	14	85.47	18	76.17	23	71.88	40	60.16	49	59.77	48
宜昌市远安县	110	84.10	3	81.63	4	71.30	5	63.43	19	90.00	2	90.83	1	93.73	1	92.55	1	89.55	3	88.18	2	75.91	3	73.18	5
宜昌市兴山县	109	78.80	7	74.22	20	65.57	15	60.95	33	85.23	11	82.71	17	90.46	5	85.23	21	80.73	11	75.69	24	72.02	6	66.51	14
宜昌市秭归县	119	72.34	33	71.03	39	60.68	40	55.75	62	80.18	48	79.40	45	83.42	47	81.76	43	72.69	38	74.37	31	64.71	23	63.87	26
宜昌市长阳县	120	72.19	35	65.22	80	61.11	35	48.28	97	81.01	40	74.75	82	83.42	47	79.33	74	74.58	29	67.92	62	60.83	46	55.83	75

续表

县市区	样本数	总体				Q1. 法治建设获得感				Q2. 执法司法工作满意度				Q3. 法治环境满意度				Q4. 法治宣传知晓度				Q5. 法治创建知晓度			
		2019年得分	2019年排名	2018年得分	2018年排名	2019年得分	2019年排名	2018年得分	2018年排名	2019年得分	2019年排名	2018年得分	2018年排名	2019年得分	2019年排名	2018年得分	2018年排名	2019年得分	2019年排名	2018年得分	2018年排名	2019年得分	2019年排名	2018年得分	2018年排名
宜昌市五峰县	110	71.18	46	75.13	13	58.41	52	63.89	15	79.25	58	82.84	16	84.59	36	84.36	27	75.45	25	80.91	6	58.18	60	63.64	27
宜昌市宜都市	121	76.66	14	75.72	11	61.74	32	60.34	36	83.42	18	82.52	18	86.08	24	87.00	10	80.99	10	81.40	5	71.07	9	67.36	10
宜昌市当阳市	125	71.05	49	69.82	48	59.68	45	58.40	50	78.79	64	78.13	56	84.00	41	81.77	42	72.80	36	71.20	42	60.00	52	59.60	49
宜昌市枝江市	127	72.16	36	75.76	10	55.24	72	62.40	22	83.25	20	85.28	5	85.71	27	87.40	8	74.41	31	79.53	9	62.20	36	64.17	23
襄阳市襄城区	126	78.02	10	73.87	22	68.95	8	60.66	34	82.08	31	82.26	20	85.48	30	85.56	17	82.14	9	76.98	18	71.43	8	63.89	24
襄阳市樊城区	147	75.76	17	75.07	14	68.18	11	64.79	13	80.21	47	83.26	11	82.79	56	86.12	12	77.55	18	75.51	25	70.07	12	65.65	18
襄阳市襄州区	149	69.49	59	68.54	54	61.11	35	58.63	48	73.52	95	77.14	60	78.26	88	83.76	31	69.46	58	63.76	78	65.10	21	59.40	55
襄阳市南漳县	129	67.12	71	67.33	68	57.20	62	55.69	63	79.52	54	74.76	81	81.42	70	79.45	73	64.34	79	70.54	45	53.10	83	56.20	72
襄阳市谷城县	128	65.97	82	66.07	73	50.83	96	57.20	54	78.00	73	73.60	90	83.07	54	76.88	84	62.89	85	66.41	67	55.08	75	56.25	69
襄阳市保康县	113	79.63	5	73.99	21	70.91	6	58.49	49	87.78	6	80.91	32	86.81	18	85.84	15	82.30	8	77.43	14	70.35	10	67.26	11
襄阳市老河口市	126	67.10	73	70.94	40	55.69	70	63.75	17	73.01	98	76.16	72	79.44	83	81.05	56	67.06	68	71.43	41	60.32	48	62.30	36
襄阳市枣阳市	153	64.41	90	67.02	70	49.00	98	53.19	83	75.67	88	76.87	63	77.45	92	83.79	30	64.05	81	64.71	74	55.88	73	56.54	68
襄阳市宜城市	128	66.30	80	64.94	81	57.50	59	59.17	45	75.48	90	74.63	86	79.38	84	75.28	89	64.45	78	62.50	84	54.69	76	53.13	86
鄂州市梁子湖区	108	69.53	58	72.27	31	60.00	43	58.10	51	78.48	67	81.04	31	83.24	51	81.02	57	68.52	64	77.31	16	57.41	64	63.89	24
鄂州市华容区	113	65.84	83	62.72	90	52.75	87	52.88	85	76.88	79	71.35	94	73.89	99	74.34	94	68.58	59	62.39	85	57.08	65	52.65	89
鄂州市鄂城区	136	73.71	26	70.56	44	61.92	31	56.15	59	81.89	32	80.53	38	86.52	19	82.67	37	72.79	37	73.90	32	65.44	19	59.56	51
荆门市东宝区	120	72.12	37	70.26	46	63.84	25	61.74	28	81.53	35	78.63	52	86.50	20	81.76	43	72.08	42	68.75	55	56.67	69	60.42	44
荆门市掇刀区	116	75.44	19	69.10	52	66.82	13	57.27	53	81.75	33	78.88	47	85.52	29	81.74	45	78.88	12	69.40	50	64.22	25	58.19	60
荆门市沙洋县	130	73.14	28	71.15	38	64.17	22	54.37	74	79.30	56	80.55	37	82.64	58	83.23	33	78.46	14	74.44	30	61.15	43	63.16	30

续表

县市区	样本数	总体				Q1. 法治建设获得感				Q2. 执法司法工作满意度				Q3. 法治环境满意度				Q4. 法治宣传知晓度				Q5. 法治创建知晓度			
		2019年得分	2019年排名	2018年得分	2018年排名	2019年得分	2019年排名	2018年得分	2018年排名	2019年得分	2019年排名	2018年得分	2018年排名	2019年得分	2019年排名	2018年得分	2018年排名	2019年得分	2019年排名	2018年得分	2018年排名	2019年得分	2019年排名	2018年得分	2018年排名
荆门市钟祥市	154	73.79	25	73.84	23	63.54	26	62.70	21	82.60	24	82.86	15	86.43	21	85.19	22	74.68	27	75.77	23	61.69	40	62.69	35
荆门市京山市	133	70.40	55	68.22	57	57.03	65	56.16	58	79.77	52	78.75	50	84.73	34	79.54	71	71.05	48	69.16	53	59.40	56	57.47	63
孝感市孝南区	149	67.09	74	64.31	85	58.82	48	48.91	94	77.96	74	78.88	47	80.54	74	81.01	58	62.08	90	60.40	90	56.04	71	52.35	91
孝感市孝昌县	132	65.77	84	62.93	89	52.29	90	56.45	56	76.48	81	75.50	77	80.00	80	74.73	92	66.29	73	56.44	96	53.79	80	51.52	94
孝感市大悟县	133	70.59	52	72.99	29	57.09	64	62.00	26	79.62	53	80.69	35	81.67	67	81.28	52	74.44	30	77.44	13	60.15	50	63.53	28
孝感市云梦县	128	63.74	94	65.24	79	55.00	74	53.28	81	78.62	66	72.28	92	80.79	72	79.92	65	54.69	99	64.45	75	49.61	98	56.25	69
孝感市应城市	132	70.15	57	69.33	50	58.14	54	57.20	54	82.60	24	80.08	41	84.62	35	81.74	45	68.56	61	65.91	68	56.82	67	61.74	37
孝感市安陆市	131	72.58	32	70.93	41	64.46	18	62.10	25	80.63	44	81.64	25	82.31	64	81.15	54	72.52	39	68.32	58	62.98	31	61.45	39
孝感市汉川市	155	62.95	96	58.03	102	54.11	80	48.29	96	74.14	93	69.47	99	76.49	96	73.03	97	58.71	96	54.52	99	51.29	93	44.84	103
荆州市沙市区	135	64.55	89	67.84	62	53.52	83	61.07	32	75.91	85	74.70	84	80.38	78	75.26	90	62.96	84	68.15	59	50.00	96	60.00	45
荆州市荆州区	130	77.69	12	73.08	28	68.95	8	65.04	12	82.58	26	81.15	27	84.23	40	80.00	63	84.23	6	73.08	37	68.46	13	66.15	16
荆州市公安县	147	72.11	38	68.18	58	64.29	19	58.70	47	81.18	38	76.10	74	83.13	52	77.53	80	70.75	50	67.69	63	61.22	42	60.88	42
荆州市监利县	157	59.41	100	59.72	98	51.02	95	51.36	89	70.92	101	66.86	102	73.53	101	71.46	100	53.82	101	60.19	91	47.77	101	48.73	100
荆州市江陵县	118	78.14	9	74.60	18	72.02	4	68.58	5	86.41	8	81.88	22	89.49	7	85.25	20	75.85	24	72.03	39	66.95	15	65.25	20
荆州市石首市	130	76.80	13	74.67	16	61.02	37	68.80	4	88.14	4	80.08	41	88.69	10	83.31	32	74.62	28	74.62	29	71.54	7	66.54	13
荆州市洪湖市	145	71.79	41	71.26	36	60.51	41	62.23	24	78.31	69	78.23	55	82.87	55	81.69	47	71.38	45	70.69	43	65.86	18	63.45	29
荆州市松滋市	141	71.26	45	70.84	42	59.54	46	61.83	27	81.51	36	78.71	51	85.82	26	84.21	28	69.86	55	69.86	47	59.57	54	59.57	50
黄冈市黄州区	120	66.47	79	60.92	95	54.82	77	46.36	100	76.11	83	70.50	96	78.50	86	74.41	93	62.50	88	57.08	94	60.42	47	56.25	69
黄冈市团风县	118	71.70	44	71.21	37	57.69	58	64.60	14	79.30	56	81.57	26	82.52	60	82.74	35	75.42	26	69.49	49	63.56	27	57.63	62
黄冈市红安县	132	69.43	60	70.19	47	59.92	44	62.30	23	78.67	65	77.83	57	79.77	81	77.50	81	69.70	57	73.86	33	59.09	58	59.47	54
黄冈市罗田县	129	71.15	47	67.63	66	58.47	51	58.80	46	81.10	39	76.95	62	84.38	39	79.92	65	70.54	52	65.50	72	61.24	41	56.98	66

续表

县市区	总体					Q1. 法治建设获得感				Q2. 执法司法工作满意度				Q3. 法治环境满意度				Q4. 法治宣传知晓度				Q5. 法治创建知晓度			
	样本数	2019年得分	2019年排名	2018年得分	2018年排名	2019年得分	2019年排名	2018年得分	2018年排名	2019年得分	2019年排名	2018年得分	2018年排名	2019年得分	2019年排名	2018年得分	2018年排名	2019年得分	2019年排名	2018年得分	2018年排名	2019年得分	2019年排名	2018年得分	2018年排名
黄冈市英山县	119	75.59	18	73.74	24	65.52	16	63.79	16	80.68	43	82.14	21	83.87	42	81.18	53	77.73	16	74.79	28	70.17	11	66.81	12
黄冈市浠水县	147	62.22	99	60.21	97	48.25	100	47.55	98	72.71	99	75.07	80	76.55	95	73.67	95	59.18	94	52.72	102	54.42	78	52.04	92
黄冈市蕲春县	141	65.71	85	64.76	83	52.21	91	53.70	80	77.07	77	76.67	67	76.21	98	77.14	83	66.31	72	60.64	89	56.74	68	55.67	76
黄冈市黄梅县	146	74.60	20	59.69	99	68.53	10	53.26	82	80.83	42	70.71	95	84.59	36	72.78	98	73.63	33	55.14	98	65.41	20	46.58	101
黄冈市麻城市	147	64.03	91	65.36	75	55.07	73	56.12	60	75.73	87	75.86	76	76.78	94	79.86	67	61.90	91	62.93	81	50.68	94	52.04	92
黄冈市武穴市	135	73.11	29	68.30	55	64.12	24	55.08	70	80.92	41	78.57	53	82.39	62	80.81	61	73.33	34	70.00	46	64.81	22	57.04	65
咸宁市咸安区	128	68.96	62	67.84	62	58.00	56	55.56	65	73.57	94	76.24	71	80.79	72	80.86	60	70.70	51	67.97	61	61.72	39	58.59	58
咸宁市嘉鱼县	117	67.90	67	69.27	51	60.96	39	59.91	40	77.17	76	78.76	49	80.43	76	82.48	38	67.52	67	67.52	64	53.42	81	57.69	61
咸宁市通城县	122	66.68	77	64.67	84	57.02	66	55.36	67	76.20	82	69.24	101	78.85	85	73.36	96	68.03	66	69.26	51	53.28	82	56.15	73
咸宁市崇阳县	121	65.00	87	62.54	91	54.95	75	46.22	101	76.92	78	74.71	83	77.02	93	75.67	87	64.05	81	64.88	73	52.07	89	51.24	95
咸宁市通山县	120	71.74	42	59.25	100	64.29	19	44.74	103	82.22	29	66.67	103	83.45	46	68.17	103	70.83	49	63.75	79	57.92	61	52.92	88
咸宁市赤壁市	126	67.22	68	60.70	96	58.40	53	53.02	84	75.95	84	70.48	97	79.52	82	74.84	91	68.25	65	55.16	97	53.97	79	50.00	96
随州市曾都区	133	66.67	78	55.72	103	53.23	85	47.13	99	78.98	61	69.29	100	80.45	75	69.69	102	64.66	76	47.37	103	56.02	72	45.11	102
随州市随县	142	55.96	103	67.20	69	42.28	103	55.26	69	71.23	100	76.74	64	71.91	102	78.65	76	52.46	103	66.90	65	41.90	103	58.45	59
随州市广水市	141	59.23	101	61.46	93	48.51	99	50.38	91	69.06	102	71.61	93	73.62	100	71.84	99	58.87	95	59.22	93	46.10	102	54.26	79
恩施州恩施市	141	66.89	75	68.06	61	57.25	61	56.06	61	79.93	49	80.90	33	82.73	57	81.37	51	62.77	87	68.09	60	51.77	90	53.90	81
恩施州利川市	135	70.94	50	72.91	30	59.16	47	61.63	29	79.40	55	81.07	30	81.34	71	81.48	49	73.70	32	77.41	15	61.11	45	62.96	31
恩施州建始县	122	71.08	48	73.60	26	54.13	78	56.25	57	78.39	68	82.89	13	82.33	63	87.08	9	77.05	20	75.41	26	63.52	28	66.39	15
恩施州巴东县	123	73.94	23	73.69	25	61.67	33	57.63	52	83.33	19	83.88	10	85.28	32	85.08	23	77.64	17	76.83	19	61.79	38	65.04	21
恩施州宣恩县	116	70.48	53	71.74	34	53.54	82	61.47	30	82.48	27	81.12	28	86.21	23	84.66	24	72.41	40	70.69	43	57.76	62	60.78	43
恩施州咸丰县	116	75.85	16	68.28	56	64.86	17	52.27	87	83.86	16	73.96	89	85.69	28	81.98	41	78.45	15	73.71	35	66.38	17	59.48	53

续表

县市区	样本数	总体				Q1. 法治建设获得感				Q2. 执法司法工作满意度				Q3. 法治环境满意度				Q4. 法治宣传知晓度				Q5. 法治创建知晓度			
		2019年得分	2019年排名	2018年得分	2018年排名	2019年得分	2019年排名	2018年得分	2018年排名	2019年得分	2019年排名	2018年得分	2018年排名	2019年得分	2019年排名	2018年得分	2018年排名	2019年得分	2019年排名	2018年得分	2018年排名	2019年得分	2019年排名	2018年得分	2018年排名
恩施州来凤县	113	70.48	53	71.87	33	53.24	84	63.08	20	81.35	37	80.18	40	85.93	25	81.15	54	69.91	54	72.12	38	61.95	37	62.83	32
恩施州鹤峰县	111	76.16	15	69.03	53	62.62	29	55.61	64	87.89	5	81.09	29	89.28	8	81.44	50	77.48	19	65.77	69	63.51	29	61.26	40
仙桃市	161	63.78	93	65.29	76	51.61	93	54.70	73	74.22	92	76.15	73	78.18	89	78.81	75	62.42	89	62.73	82	52.48	87	54.04	80
潜江市	151	67.97	66	65.64	74	55.59	71	52.52	86	79.80	51	77.40	58	83.25	50	83.07	34	68.54	62	62.25	86	52.65	86	52.98	87
天门市	168	66.73	76	64.17	86	61.01	38	54.17	78	75.30	91	77.35	59	78.27	87	79.82	68	66.37	70	60.12	92	52.68	85	49.40	98
神农架林区	104	79.25	6	77.30	5	63.00	27	61.39	31	85.34	10	84.42	8	90.67	4	85.38	19	85.10	5	79.81	8	72.12	5	75.48	3

第五编　法治政府示范创建

湖北省法治政府建设示范创建活动实施方案

（中共湖北省委全面依法治省委员会　2019年9月25日印发）

党中央、国务院和省委、省政府高度重视法治政府建设。在中央全面依法治国委员会第一次会议上，习近平总书记强调指出："建设法治政府是全面推进依法治国的重点任务和主体工程。"为贯彻落实《法治政府建设实施纲要（2015—2020年）》《关于开展法治政府建设示范创建活动的意见》《湖北省法治政府建设实施方案（2016—2020年）》，深入扎实开展法治政府建设示范创建活动，结合我省工作实际，制定本实施方案。

一、指导思想

坚持以习近平新时代中国特色社会主义思想为指导，全面贯彻党的十九大和十九届二中、三中全会精神，深入贯彻习近平总书记全面依法治国新理念新思想新战略，增强"四个意识"，坚定"四个自信"，坚决做到"两个维护"，紧紧围绕全面依法治国总目标，坚持党的领导、以人民为中心、改革引领、实事求是、严格规范，以创建促提升，以示范带发展，以点带面、辐射全省、推进工作，为基本建成法治政府提供先进典型引领，为建设法治湖北作出积极探索，为我省高质量发展提供坚强法治保障。

二、创建目标

从2019年启动第一批法治政府建设示范地区评估认定开始，每两年组织开展一次，梯次推进，树立一批批新时代法治政府建设的新标杆，形成样板效应，营造你追我赶、创优争先的浓厚氛围，开创法治政府建设新局面；创造最能聚人聚财、最有利于发展的法治化营商环境，激发市场主体活力，增进人民群众便利，为统筹推进“五位一体”总体布局、协调推进“四个全面”战略布局湖北实施提供坚实法治保障；深化全面依法治省实践，推进各级政府依法行政，推动各级行政执法机关严格规范公正文明执法，提升人民群众对行政执法的满意度，切实增强人民群众的获得感、幸福感、安全感，加快建设法治湖北、法治政府，推动到2035年实现法治国家、法治政府、法治社会基本建成的奋斗目标。

三、范围对象

全省范围的法治政府建设示范创建活动在省委全面依法治省委员会领导下，由省委全面依法治省委员会办公室(以下简称省委依法治省办)组织开展，前期主要面向市(州)级政府(含直管市、神农架林区)和县级政府(含区级政府)，适时扩展到省政府各部门。示范创建活动主要以《法治政府建设实施纲要(2015—2020年)》《关于开展法治政府建设示范创建活动的意见》《湖北省法治政府建设实施方案(2016—2020年)》为依据，以中央依法治国办印发的《市县法治政府建设示范指标体系》(以下简称指标体系)为标准。各地各部门根据实际情况，可以开展综合示范创建或者单项示范创建活动。

(一)综合示范创建。综合示范创建要求在推进法治政府建设上具有全面性、系统性、整体性，符合指标体系85%以上指标。综合示范创建命名为“全省法治政府建设示范市(州、县、区)”。

（二）单项示范创建。单项示范创建要求在推进法治政府建设某一方面工作上具有创新性、引领性、典型性，在全省范围内居于领先地位，可复制、可推广。单项示范创建命名为“全省________示范市（州、县、区）”。单项示范创建的项目，由各市（州、县、区）政府结合本地实际，在优化法治化营商环境、加强事中事后监管、完善依法行政制度建设、全面推行行政执法“三项制度”、健全行政复议体制机制以及其他法治政府建设工作中自主确定、从严把握。各市（州、县、区）要以单项工作的示范创建为突破口，引领、带动本地区法治政府建设全面发展。

四、认定程序

（一）自愿申报。各市县政府按照指标体系进行自查自评，认为达到示范要求的，可以向市（州）党委依法治市（州）办进行申报（直管市、神农架林区政府可以直接向省委依法治省办申报）。申报时应当提供充分体现本地区法治政府建设工作举措、成效和亮点等内容的自评报告。

（二）初审推荐。市（州）委依法治市（州）办按照指标体系，组织对申报的市（县、区）政府进行初审，择优提出推荐名单，并附推荐意见，报送省委依法治省办。

（三）第三方评估。省委依法治省办委托科研院校、专业机构、社会组织等第三方机构，或组织专家成立第三方评估组，按照指标体系对申报的市（州、县、区）政府进行评估并提出意见。

（四）人民群众满意度测评。在开展第三方评估的同时，省委依法治省办委托统计调查专业机构，对申报市（州、县、区）法治政府建设情况进行人民满意度测评。

（五）实地核查。省委依法治省办根据第三方评估和人民群众满意度测评结果,组织力量对排在前列的申报市(州、县、区)进行实地核查。实地核查可以邀请省直部门、人大代表、政协委员、专家学者、企业代表、新闻记者、律师等方面的代表参加。

(六)媒体公示。省委依法治省办根据实地核查结果,提出拟命名示范地区候选名单,在省级新闻媒体或政府门户网站进行公示。

(七)批准命名。省委依法治省办综合公示情况,对符合要求的示范地区予以命名。

(八)择优上报。严格按照中央依法治国办的指示精神和工作要求,择优推荐我省的"全省法治政府建设示范市(州、县、区)""全省________示范市(州、县、区)"参加全国综合示范创建或者单项示范创建活动,争创更优成绩。

第一批法治政府建设示范创建工作时间安排:2019 年 9 月 1 日前各地完成自愿申报和初审推荐工作,并将申报材料报送至省委依法治省办。

五、长效管理

省委依法治省办、市(州)委依法治市(州)办对示范地区要加强监督管理,完善工作机制,推动示范市(州、县、区)法治政府建设始终走在全省乃至全国前列。

(一)年度报告制度。示范市(州、县、区)应当于每年 1 月底前将上一年度推进法治政府建设情况报省委依法治省办,并向社会公布,接受社会监督。

(二)回访抽查制度。省委依法治省办每年按照一定比例,组织或委托有关市(州)委依法治市(州)办对示范市(州、县、区)进行回访抽查,了解法治政府建设进展,核查相关材料、信息和数据,密切跟踪评估,加强指导,确保示范市(州、县、区)持续前进,始终符合指标体系各项要求。

(三)撤销退出制度。注重质量,坚持高标准、严要求,建立健全准入和退出机制,避免“终身制”。示范市(州、县、区)有下列情形之一的,省委依法治省办应当撤销其示范称号:1. 发生严重违法行政行为,或因行政不作为、乱作为造成恶劣社会影响的;2. 通过提供虚假材料、隐瞒事实真相或其他不正当手段获取示范命名的;3. 在回访抽查中证实已经达不到示范指标体系中的条件和要求;4. 其他应当撤销示范命名的情形。对上述第 2 条情形的,取消今后该单位的申报资格。

六、组织保障

(一)提高思想认识。各地各部门要高度重视法治政府建设,深刻认识创建活动对加快法治政府建设的重要意义,以开展示范创建活动为契机,深入总结本地区法治政府建设的成绩和问题,摸清制约法治政府建设进程的难点、痛点和堵点,既要尽快补齐短板、改善薄弱环节,也要精准发力、重点突破,努力成为全国法治政府建设的示范样板。

(二)强化组织领导。各地各部门要认真抓好示范创建活动的动员部署、督促落实,制定创建工作措施,规范工作程序,坚持求真务实,注重工作质效,不增加基层不必要的工作负担,切实防止弄虚作假和形式主义。党政主要负责人要切实履行推进法治建设第一责任人职责,将法治政府建设示范创建活动纳入重要议事日程。省委依法治省办加强统筹指导,推动示范创建活动达到预期效果。

(三)加强经验交流。省委依法治省办要通过业务培训、组织现场考察、经验推介会、建立信息平台、会议交流、网上交流等多种形式,完善示范创建交流合作机制,及时总结、推广示范市(州、县、区)的好经验、好做法。各地要充分发挥先进典型的示范引领作用,促进相互学习、取长补短,营造比学赶帮超的浓厚氛围,形成“先进带后进”的创建机制,促进法治政府建设全面推进、协同推进、深入推进。

(四)强化支持保障。各地各部门要加大对示范市(州、县、区)的支持力度,在经济社会发展政策上给予倾斜,在有关督察考核中简化任务要求,在相同条件下优先提拔使用法治素养好、依法办事能力强的干部,并可以视情对示范市(州、县、区)以及作出突出贡献的人员进行表彰。省委依法治省办在重要改革试点、干部培训交流、先进单位或者人员表彰等方面,优先考虑示范市(州、县、区),加强支持和保障,加大激励力度。

(五)扩大新闻宣传。各地各部门要充分利用报刊、网站、微博、微信等新闻媒体,广泛宣传法治政府建设示范创建的动态、成效和经验。省委依法治省办积极搭建宣传平台,与主流媒体深化合作,深入报道各地示范创建的新思路、新举措、新经验,努力营造良好的社会舆论氛围和法治文化风尚。

七、其他规定

各市(州)党委和政府、省政府各部门可以参照本实施方案,结合实际深入扎实开展法治政府建设示范创建活动。

湖北省法治政府建设与责任落实督察工作实施办法

（中共湖北省委全面依法治省委员会办公室　2019年9月25日印发）

第一章　总　　则

第一条　根据中共中央办公厅、国务院办公厅《法治政府建设与责任落实督察工作规定》，结合我省实际，制定本实施办法。

第二条　督察工作坚持以习近平新时代中国特色社会主义思想为指导，紧紧围绕法治政府建设目标任务，坚持问题导向、真督实察、逐层传导、强化问责，努力形成闭环责任体系，保证党中央、国务院决策部署和省委、省政府工作要求落到实处，不断把法治政府建设向纵深推进。

第三条　督察工作应当坚持服务大局、突出重点，依法依规、实事求是，以督促干、注重实效，控制总量、计划管理的原则，不断强化督查工作的权威性。

第二章　督察主体、对象和内容

第四条　中共湖北省委全面依法治省委员会办公室负责统筹全省督察工作，地方各级党委法治建设议事协调机构的办事机构负责统筹本地区督察工作（统称“督察单位”）。

第五条 督察工作包括:对地方各级党委履行推进本地区法治建设领导职责的督察。对地方各级政府和县级以上政府部门、中央驻鄂行政执法单位、其他依法履行行政职能的单位履行推进本地区、本部门法治政府建设主体职责的督察。对地方各级政府以及政府部门的党组织领导和监督本单位做好法治政府建设工作的督察。

地方党政主要负责人履行推进法治建设第一责任人职责,将建设法治政府摆在工作全局的重要位置;地方各级党政领导班子其他成员在其分管工作范围内履行推进法治政府建设职责。

第六条 督察主要内容根据党中央、国务院决策部署和省委、省政府工作要求,针对不同对象科学制定(见附件)。

第三章 督察组织实施

第七条 督察工作包括全面督察和专项督察。督察单位应当制定督察工作年度计划并按照规定报批,建立督察任务台账,加强督察工作的统筹协调。

第八条 督察单位可以就重要指示批示落实、重大行政决策事项、重点领域行政执法等某一方面情况开展专项督察。

第九条 督察工作主要采取书面督察、实地督察、“互联网+督察”等方式进行。

(一)书面督察。被督察单位进行全面自查,限期书面报告情况。

(二)实地督察。深入到被督察单位,了解被督察单位实际情况。

(三)“互联网+督察”。根据法治政府建设年度安排,依托依法行政督察平台进行。

第十条 督察工作可以采取听取汇报、个别访谈、查阅资料、询问约谈、实地走访、暗访、调查、核实或转交有关部门协查等方式进行。

第十一条 督察单位开展实地督察，可以成立督察组。督察组进驻后，应当向被督察单位主要负责人通报开展督察工作的目的、安排和要求。必要时督察组可以邀请人大代表、政协委员、专家学者、政府法律顾问、新闻记者等方面的人士参加。

第十二条 督察结束后，督察组应当撰写督察报告，客观真实反映被督察单位法治政府建设的进展、成效、责任落实情况以及存在的问题、困难，并分析原因，提出有针对性的意见建议。

第十三条 督察组应当向被督察单位反馈督察结果，对存在的问题督促其限期整改。被督察单位应当按照要求积极整改，及时报告整改情况。

第十四条 督察单位可以通过简报、专报等形式向上级机关报告和向本级纪检监察机关、组织人事等部门通报督察情况或者发现的问题，作为对被督察单位及其领导人员考核评价的重要参考或者监督问责的重要依据。

第十五条 督察工作人员应当严格履行职责，如实评价被督察单位，不得故意隐瞒或者夸大督察发现的问题；严格遵守中央八项规定及其实施细则精神和各项廉政规定，做到厉行节约、廉洁自律、公开透明、力求实效，反对形式主义、官僚主义，自觉接受监督。

第四章 年度报告

第十六条 每年 3 月 1 日之前，县级以上政府部门应当向本级党委和政府、上一级政府有关部门报告上一年度法治政府建设情况，同时抄送本级督察单位；县级以上政府应当向同级党委、人大常委会报告上一年度法治政府建设情况；地方各级党委和政府应当向上一级党委和政府报告上一年度法治政府建设情况，同时抄送上一级督察单位。

第十七条 每年 4 月 1 日之前，地方各级政府和县级以上政府部门的法治政府建设年度报告,除涉及党和国家秘密的,应当通过报刊、网站等新闻媒体向社会公开,接受人民群众监督。

第十八条 法治政府建设年度报告主要包括以下内容:

(一)上一年度推进法治政府建设的主要举措和成效;

(二)上一年度推进法治政府建设存在的不足、原因和问题整改情况;

(三)上一年度党政主要负责人履行推进法治建设第一责任人职责,加强法治政府建设的有关情况;

(四)下一年度推进法治政府建设的主要安排;

(五)其他需要报告的情况。

第十九条 督察单位应当督促被督察单位按时报送和公开年度报告,对未按照要求报送、公开的,应当通报批评。

第二十条 督察单位可以邀请人大代表、政协委员、专家学者、政府法律顾问、新闻记者或者委托第三方机构对已公开的法治政府建设年度报告提出意见或者进行评议,有关意见、评议结果应当向被督察单位反馈,并可以向社会公开。

第二十一条 年度报告纳入法治建设绩效考核内容。对在法治建设中工作突出的地区、部门以及作出重要贡献的个人,可以按照国家有关规定予以表彰或者奖励。

第五章 责任追究

第二十二条 法治政府建设责任追究应当根据《中国共产党问责条例》《中华人民共和国监察法》《行政机关公务员处分条例》以及相关党内法规、国家法律法规规定的权限和程序执行。

第二十三条 督察工作中发现被督察单位及其工作人员有下列情形之一

的，督察单位应当移送有关单位依纪依法进行责任追究：

（一）对党中央、国务院和省委、省政府的法治政府建设决策部署懈怠拖延、落实不力，影响中央政令畅通，造成严重后果的；

（二）制定的政府规章、行政规范性文件违反宪法、法律、行政法规、地方性法规，破坏国家法制统一的；

（三）违纪违法决策或者依法应当作出决策而久拖不决，造成重大损失或者恶劣影响的；

（四）执法不作为或者乱执法、执法牟利、粗暴执法等，侵犯公民、法人或者其他组织合法权益造成损害的；

（五）违纪违法干预监察工作、行政执法、行政复议或者司法活动的，拒不执行生效行政复议决定、法院生效裁判的；

（六）在行政复议工作中失职渎职、徇私舞弊、违法违规的；

（七）其他不履行或者不正确履行法治政府建设职责，依纪依法依规需要追责的情形。

第二十四条 督察单位可以建立重大责任事项约谈制度、挂牌督办制度，对存在第二十三条规定情形的地方或者部门，督促其限期完成有关查处、整改任务。

第二十五条 督察单位可以建立典型案例通报、曝光制度，除涉及党和国家秘密的，在一定范围内进行通报或者向社会曝光。

第二十六条 被督察单位及其工作人员违反本办法，有下列行为之一的，依纪依法予以责任追究；涉嫌犯罪的，移送有关机关依法处理：

（一）以各种借口拒绝、阻碍或者干扰督察工作的；

（二）拖延或者拒绝提供与督察工作有关的资料，或者伪造相关情况、提供虚假资料的；

(三)未按照要求进行整改或者拖延、拒不整改的;

(四)打击、报复、陷害、刁难督察工作人员或者反映情况的单位和个人的;

(五)其他妨碍督察工作的行为。

第二十七条 督察工作人员违反廉洁自律规定,或者滥用职权、徇私舞弊、玩忽职守的,依纪依法给予处分;涉嫌犯罪的,移送有关机关依法处理。

第六章 附 则

第二十八条 本办法适用于本省行政区域内市(州、直管市、神农架林区)、县(市、区)、乡(镇)党委和政府,以及县(市、区)级以上政府部门、中央驻鄂行政执法单位和其他依法履行行政职能的单位推进法治政府建设与责任落实情况的督察工作。

街道党工委、办事处可以参照本办法执行。

第二十九条 本办法由中共湖北省委全面依法治省委员会办公室负责解释。

第三十条 本办法自2019年9月25日起施行。

附件:

法治政府建设与责任落实督察的主要内容

一、对地方各级党委履行推进本地区法治建设领导职责,加强法治政府建设情况进行督察的主要内容

(一)认真学习贯彻习近平新时代中国特色社会主义思想,全面落实党中央、国务院和省委、省政府关于法治政府建设的决策部署,充分发挥党委在推进本地区法治政府建设中的领导作用,及时研究解决有关重大问题,每年专题听

取上一年度本地区法治政府建设情况汇报。认真落实党中央、国务院和省委、省政府关于党政主要负责人履行推进法治建设第一责任人职责有关规定,在述职报告中纳入述法内容。

(二)将法治政府建设纳入本地区经济社会发展总体规划和年度工作计划,与经济社会发展同部署、同推进、同督促、同考核、同奖惩,把法治政府建设成效作为衡量各级党政领导班子及其主要负责人推进法治建设工作实绩的重要内容,纳入政绩考核指标体系。同时,将法治政府建设与责任落实督察列入地方党委督查检查考核计划清单。

(三)自觉运用法治思维和法治方式深化改革、推动发展、化解矛盾、维护稳定,指导本级政府推进法治政府建设工作,支持本级人大、政协、法院、检察院对政府依法行政工作加强监督。

(四)坚持重视法治素养和法治能力的用人导向,把遵守法律、依法办事情况作为考察干部的重要内容,相同条件下优先提拔使用法治素养好、依法办事能力强的干部。

(五)建立党委理论学习中心组集体学法制度,制订领导干部年度学法计划,每季度至少学法 1 次,每年至少举办 2 次法治专题讲座;加强对党委工作人员的法治教育培训和法治能力考查测试。

(六)加强法治工作队伍建设,加强革命化、正规化、专业化、职业化建设,努力建设一支信念过硬、政治过硬、责任过硬、能力过硬、作风过硬的法治工作队伍。

(七)其他依法依规应当履行的法治政府建设有关职责。

对地方各级党委重点督察主要负责人履行推进法治建设第一责任人职责,加强法治政府建设的情况,以及党委其他负责人在其分管工作范围内履行相关职责情况。地方各级党委主要负责人应当坚持以身作则、以上率下,带头抓好推进本地区法治建设,加强法治政府建设的各项工作。

二、对地方各级政府履行推进本地区法治政府建设主体职责进行督察的主要内容

(一)认真学习贯彻习近平新时代中国特色社会主义思想,全面落实党中央、国务院和省委、省政府关于法治政府建设的决策部署,制订并组织实施本地区法治政府建设规划和年度工作计划,研究解决本地区法治政府建设有关重大问题并及时向本级党委请示汇报。

(二)全面正确履行政府职能,牢固树立新发展理念,推进政府职能转变和简政放权、放管结合、优化服务,激发市场活力和社会创造力,推动经济社会高质量发展。

(三)推动法律法规规章有效实施。完善依法行政制度体系,依法制定地方政府规章、行政规范性文件,加强地方政府规章、行政规范性文件的备案审查和清理工作,全面推行行政规范性文件合法性审核机制。

(四)推进行政决策科学化、民主化、法治化,严格执行《重大行政决策程序暂行条例》,认真落实政府法律顾问制度、公职律师制度。

(五)深入推进服务型行政执法建设,转变行政执法理念,创新行政执法方式,完善管理服务体系,积极培育服务型行政执法先进典型。

(六)全面落实行政执法责任制,深化行政执法体制改革,推进综合执法,全面推行行政执法公示制度、执法全过程记录制度、重大执法决定法制审核制度,严格执法责任,加强执法监督,推进严格规范公正文明执法。

(七)规范行政权力运行,自觉接受党内监督、人大监督、民主监督、司法监督、社会监督、舆论监督,推动完善政府内部层级监督和专门监督,完善纠错问责机制。

(八)切实推进政务公开,坚持以公开为常态、不公开为例外原则,加强政务

公开平台建设，完善政务公开制度，及时主动公开信息，保障人民群众的知情权、参与权。

（九）依法有效化解社会矛盾纠纷，完善矛盾纠纷多元化解机制，加强行政复议和行政应诉工作，尊重并执行生效行政复议决定和法院生效裁判。

（十）严格落实领导干部学法制度，制订领导干部年度学法计划，政府常务会议每季度至少学法1次，每年至少举办2次法治专题讲座；加强对政府工作人员的法治教育培训和法治能力考查测试，在干部培训课程中增加法治政府建设内容。

（十一）加强公共法律服务体系建设，加快构建公共法律服务实体、热线、网络三大平台，整合律师、公证、司法鉴定、法律援助、仲裁、人民调解、行政复议等法律服务资源，为人民群众提供“全业务、全时空”的公共法律服务，落实经费保障。

（十二）深入扎实开展法治政府建设示范创建活动，大力培育法治政府建设先进典型，树立一批法治政府建设的新标杆，形成样板效应。

（十三）积极开展推进依法行政、建设法治政府宣传工作，营造全社会关心、支持和参与法治政府建设的良好氛围。

（十四）统筹推进对本地区依法行政、法治政府建设情况的考核评价和督促检查，对工作不力、问题较多的部门或者下级政府，应当及时约谈、责令整改、通报批评。

（十五）其他依法依规应当履行的法治政府建设有关职责。

对地方各级政府重点督察主要负责人履行推进法治政府建设第一责任人职责情况，以及政府其他负责人在其分管工作范围内履行相关职责情况。地方各级政府主要负责人应当坚持以身作则、以上率下，带头抓好推进本地区法治政府建设各项工作。

三、对县级以上政府部门、中央驻鄂行政执法单位和其他依法履行行政职能的单位履行推进本部门法治政府建设主体职责进行督察的主要内容

(一)认真学习贯彻习近平新时代中国特色社会主义思想,全面落实党中央、国务院和省委、省政府关于法治政府建设的决策部署,制订并组织实施本部门法治政府建设规划和年度计划,研究解决本部门法治政府建设重大问题并及时向本级党委和政府请示汇报。

(二)全面正确履行部门职能,推进政府职能转变和简政放权、放管结合、优化服务,激发市场活力和社会创造力,推动经济社会高质量发展。

(三)推动法律法规规章有效实施。完善依法行政制度体系,依法制定行政规范性文件,加强行政规范性文件的备案审查和清理工作,全面推行行政规范性文件合法性审核机制。

(四)推进行政决策科学化、民主化、法治化,严格执行《重大行政决策程序暂行条例》,认真落实政府法律顾问制度、公职律师制度。

(五)深入推进服务型行政执法建设,转变行政执法理念,创新行政执法方式,完善管理服务体系,积极培育服务型行政执法先进典型。

(六)全面落实行政执法责任制,全面推行行政执法公示制度、执法全过程记录制度、重大执法决定法制审核制度,完善执法程序,严格执法责任,加强执法监督,推进严格规范公正文明廉洁执法。

(七)规范行政权力运行,自觉接受党内监督、人大监督、民主监督、司法监督、社会监督、舆论监督,推动完善部门内部层级监督,加强对重点岗位的制约和监督。

(八)切实推进政务公开,严格落实政务公开相关规定,完善政务公开制度,及时归集、推送、公开信息,依法依规履行信息发布和政策解读责任。

(九)依法有效化解社会矛盾纠纷,积极履行行政调解、行政裁决职能,加强

和改进行政复议工作，纠正违法、不当的行政行为，尊重并执行生效行政复议决定，努力将争议纠纷化解在基层、化解在萌芽状态；落实行政机关负责人依法出庭应诉制度，严格执行法院生效裁判。

（十）严格落实领导干部学法制度，制订领导干部年度学法计划，部门办公会议（党委、党组会议）每季度至少学法1次，每年至少举办2次法治专题讲座；加强对部门工作人员的法治教育培训和法治能力考查测试。

（十一）认真落实“谁执法谁普法”普法责任制，加强本部门法治政府建设宣传教育工作，积极总结成功经验和创新做法，大力培育先进典型。

（十二）统筹推进对本部门及所属机构依法行政、法治政府建设情况的考核评价和督促检查，对工作不力、问题较多的，应当及时约谈、责令整改、通报批评。

（十三）其他依法依规应当履行的法治政府建设有关职责。

对县级以上政府部门、中央驻鄂行政执法单位和其他依法履行行政职能的单位重点督察主要负责人履行推进法治政府建设第一责任人职责情况，以及部门其他负责人在其分管工作范围内履行相关职责情况。县级以上政府部门、中央驻鄂行政执法单位和其他依法履行行政职能的单位主要负责人应当坚持以身作则、以上率下，带头抓好本部门推进法治政府建设各项工作。

四、对地方各级党政机关工作人员履行推进法治政府建设职责进行督察的主要内容

（一）认真学习贯彻习近平新时代中国特色社会主义思想，增强“四个意识”，坚定“四个自信”，做到“两个维护”，切实执行党中央、国务院和省委、省政府关于法治政府建设的决策部署。

（二）认真学习以宪法为核心的中国特色社会主义法律体系，熟练掌握与本职工作密切相关的法律法规规章，积极参加法治教育培训。

(三)注重提高法治思维和依法行政能力,想问题、作决策、办事情必须守法律、重程序、受监督,不得以言代法、以权压法、逐利违法、徇私枉法。

(四)依法全面履行岗位职责,严守法定程序,无正当理由不得拖延或者拒绝履行法定职责,不得滥用职权侵犯公民、法人或者其他组织的合法权益。

(五)自觉尊法学法守法用法,大力弘扬社会主义法治精神,认真落实"谁执法谁普法"普法责任制,积极在工作中向人民群众普法,做法律法规的遵守者、执行者、宣传者。

(六)其他依法依规应当履行的法治政府建设有关职责。

宜昌市以创促建　开创法治政府建设新局面

多年来，宜昌市委市政府始终将法治政府建设作为全面依法治市工作的重点任务和主体工程纵深推进。2019年，在中央依法治国办组织开展的全国法治政府建设示范创建活动中，宜昌市经湖北省推荐参与全国角逐，从全国1847个申报地区中脱颖而出，率先入围第一批“全国法治政府建设示范市”公示名单，即将获得正式命名。

一、精心谋划，全力以赴抓创建

宜昌市委市政府将开展法治政府建设示范创建作为深入贯彻落实全面依法治国战略、进一步优化营商环境、推动宜昌实现高质量发展的关键举措，举全市之力深入推进。

一是加强领导高位推进。市委市政府先后组织召开市委常委会议、市政府常务会议、市委全面依法治市委员会办公室会议专题研究示范创建工作，审议通过《宜昌市法治政府建设示范创建工作方案》。2019年8月15日，张家胜市长亲自主持召开全市法治政府建设示范创建动员会，对示范创建工作进行全面部署，提出“以100项指标100%达标确保创建取得成功”的工作目标。

二是对标整改夯实基础。市政府办公室、市委依法治市办、市司法局总牵头，抽调精干力量组建工作专班，对示范创建100项指标逐一细化分解，明确18

家牵头单位和 65 家责任单位,分项排出时间表、制定路线图,实行挂牌作战。各县市区政府、市直各部门按照“全面评估、补齐短板、突出亮点、以创促建”的原则,对照指标体系全面梳理排查短板不足和特色亮点,对梳理出来的 16 类重点问题实行清单管理,分别制定整改措施、明确整改目标、限定整改时限、实行销号管理,全面夯实法治政府建设工作基础。

三是精准指导规范申报。创建申报期间,工作专班每两天召开一次沟通汇报会,对照指标要求和工作实际逐项分析差距,研讨细化整改措施,督办工作进度,指导各牵头单位和责任单位严格对标开展自查自评自纠。对自评报告及佐证材料的语言表述、篇幅结构、图片质量、附件数量、素材格式等实行统一要求规范,对已提交的申报材料严格实行对口专班成员初审、工作专班集体复审、市领导组织研究终审的“三级三审”制,发现问题迅速反馈责任单位整改,确保了申报材料的客观性、准确性和规范性。

四是强化督办推动落实。为推动创建整改措施落实,市委依法治市办以贯彻落实《法治政府建设与责任落实督察工作规定》及湖北省实施办法为契机,将开展示范创建与迎接全国食品药品监管执法司法专项督察、全省法治政府建设全面督察和法治化营商环境专项督察相结合,组织开展实地督察督办,推动解决实际问题,实现以督促创、促改、促提升。同时,在全市目标管理综合考评中加大法治政府建设考核权重,进一步强化各级各部门思想认识,压牢压实工作责任,推动示范创建工作高效有序开展。

五是全民动员营造氛围。工作专班制定创建专题宣传方案并召开动员大会,统筹整合各类宣传平台,利用一切宣传方式,发动社会各界全员关注、支持、参与示范创建工作。调动市级主流媒体力量,精心拍摄专题宣传片《大道之行,法治宜昌》,全方位展示宜昌市法治政府建设取得的成绩及特色亮点;借鉴全国文明城市创建工作经验,在报纸、电视、网站、微信公众号、手机 App 以及车站机场、大型商超、居民小区、临街商铺、50 个 BRT 站台、846 辆公交车载电视、1857 台出租车车顶、1181 个楼宇电视等集中投放示范创建宣传标语、视频 300 余万条次；组织网格员在全市 110 个乡镇（街道）发放入户宣传册 20 余万份。全方位、多层次、立体化的宣传展示活动，全面提升了示范创建工作的知晓率、参与率和满意度，营造了浓厚的创建氛围。

六是精心组织迎接评估。2019 年 12 月中旬，中央依法治国办第三方评估组来宜昌市开展法治政府建设实地评估。工作专班在继续巩固前期创建工作的基础上，积极对接第三方评估组专家，根据其提供的评估任务清单迅速组织相关单位和人员第一时间做好准备。专家评估组抵达宜昌市后，通过实地查验、案卷抽查、执法抽考、个别座谈、电话访谈等多种方式开展评估，宜昌市根据专家组需要提供周到细致的协调联络服务，做到实地现场准备充分气氛热烈、资料提供及时准确详尽、座谈人员主动配合介绍情况、执法抽考纪律严明秩序井然，既全面真实地展示了宜昌市法治政府建设工作水平，又确保了第三方评估工作客观公正高效开展，得到专家组一致好评。

二、久久为功，固本强基创特色

多年来，在省委省政府的正确领导下，在省委依法治省办、省司法厅大力指导支持下，宜昌市委市政府坚持持续发力、全面实施，创新推进、久久为功，法治政府建设取得显著成绩。

一是依法决策意识不断增强。全面贯彻落实《重大行政决策程序暂行条例》，及时修订《市政府工作规则》，制定《市政府会议议事决策规范》《市政府常务会议议事和决策规则》，明确决策事项，完善决策程序，推动依法科学民主决策。强化决策合法性审查，所有涉及法律问题的决策事项，一律由市司法局会前进行合法性审查，未经合法性审查事项一律不上会。在全省首创制定机关合法性审核专用章，统一审核意见文本格式，实现市、县两级政府、市直主要执法部门全覆盖，有效强化合法性审核权威。全面落实市、县、乡三级法律顾问制度，实行“首席律师＋固定团队”方式，推动律师深度参与依法行政。强化规范性文件管理，制定《宜昌市行政规范性文件界定指引》，科学界定行政规范性文件范围，明晰制定、起草、审核机构工作职责。编制12项行政规范性文件归档目录资料、10项重大行政决策归档目录资料，确保文件制定管理规范、全程留痕。定期开展规范性文件清理，严格维护法制统一和政令畅通。在市政府官网开辟“市政府规章和行政规范性文件”专栏，根据清理结果实时更新，实现动态化、信息化管理。

二是科学立法服务改革发展。市委制定《党委领导地方立法工作规则》，全面加强党对立法工作的领导。坚持服从服务于地方改革发展，自2016年行使地方立法权以来，市人大常委会、市政府依法组织制定了7部地方性法规、4部市政府规章。立足人民群众对美好生活环境的需要，制定《宜昌市扬尘污染防治条例》《黄柏河流域保护条例》等，加强生态环境保护，妥善处理保护与发展的关系；制定《宜昌市城区建筑物外立面管理条例》《宜昌市城区建筑垃圾管理办法》《宜昌市禁止违法建设管理办法》等，强化城市特色管理，解决“老大难”问题；出台《宜昌市电动自行车管理条例》《宜昌市城区养犬管理办法》等，回应群众关切，保障和改善民生。坚持开门立法和立法会商制度，拓宽公众有序参与政府立法途径，通过向社会公开征求意见、召开座谈会、论证会等方式，广泛征求相关部门、专家和社会各界意见，不断提高立法的针对性和可操作性。

三是行政执法规范公正文明。深入推进综合执法改革，成立黄柏河流域水资源保护综合执法局，集中行使流域水资源保护行政处罚权，改革经验两次被《新闻联播》头条报道，并被写入省委重要文件；率先在宜昌市高新区实施综合执法改革，实行“一支队伍管执法”和“一枚印章管审批”；试行县级行政区域综合执法体制改革，组建夷陵区综合行政执法局，集中行使区域内行政处罚权；推进部门综合执法改革，组建城市管理执法委员会，整合农业农村、交通运输、生态环境、文化旅游等系统执法主体，集中行使行政处罚权；推进乡镇执法改革，在5个经济发达镇设立综合行政执法局，实行跨领域、跨部门综合执法。认真贯彻落实行政执法“三项制度”，在全省率先制发工作方案，开展业务培训，实现各领域、各环节全覆盖。创新执法方式，围绕长江大保护，大力推行“环保+公安”“补植复绿”“增殖放流”等执法方式，工作经验被多家中央、省级媒体持续报道。

四是推进行政复议规范化建设。充分发挥行政复议监督作用，坚持有案必受、有错必究，多年来始终保持行政复议案件法定期限受理率、审结率、胜诉率3个100%，实现了办案零投诉、零上访、零败诉。加快信息化建设，在全省率先建成数字化行政复议听证室，通过网上视频听证、调解，提高行政复议工作效率，服务企业发展。拓宽案件受理渠道，将行政复议受理咨询工作延伸到基层司法所，打通服务群众“最后一公里”。丰富案件办理方式，探索开展心理咨询等行政争议化解新模式。

五是法治化营商环境不断优化。不断深化“放管服”改革，印发《关于进一步优化营商环境的若干意见》，不断降低市场运行成本，构建亲清新型政商关系。在全省率先全面推行企业投资项目审批告知承诺、标准地出让、先建后验、局长驻窗口等系列改革措施，实现企业开办时限、项目审批时限“两个减一半”目标。深入推进“互联网+政务服务”，公布“马上办、网上办、就近办、一次办”清单，90%以上行政审批及政务服务事项网上可办。市政务服务中心归集办理38家市直部门960项审批服务事项，“应进必进”率100%。建立完善首问负责、限时办结、一次性告知等制度，实行村级代办、网上代理审批“两代”机制，基本实现群众办事“只进一门”“最多跑一次”。市公安局全国首创将车驾管办理权限下放农村派出所,被《人民日报》两次专题报道。

六是公共法律服务便捷高效。出台《关于加快推进公共法律服务体系建设的实施意见》《公共法律服务事项清单》《关于加强市县乡村三级公共法律服务实体平台规范化建设的意见》,加强市、县、乡、村四级实体平台规范化建设,做活村级工作室,做实乡级工作站,做强县级中心,做优市级中心。升级改造"12348"法律咨询热线平台,全力打造"宜律帮"公共法律服务网络平台,构建集法律咨询、办事咨询、投诉建议等业务为一体的一站式、全天候免费法律服务体系。以政府购买方式率先实现村(社区)法律顾问全覆盖,被《人民日报》《中国司法》广泛推介。持续开展"千名律师进千企、助推企业经营发展"专项活动,围绕"大中型企业法律服务提档升级、中小微企业法律服务全覆盖、涉疫专项法律服务精准高效、推动建立协商化解企业涉疫法律纠纷机制、常态化开展企业法律宣讲和法治体检、整合资源助力企业稳产稳工稳岗"六大目标,组织全市律师事务所近千名律师与2649家企业对接,有效提升律师行业服务企业发展的质效。

七是基层社会治理百花齐放。围绕新时代"枫桥经验"宜昌化,创新探索开展"一本三化"网格化社会治理,工作经验多次得到中央和省领导肯定,经验被写进党的十八届三中全会决定。下辖各县市区基本形成"一县一品、一地一特"的基层社会治理模式,得到了上级部门充分肯定。宜都市探索实践"双基强化、三治融合",被确定为全国社区治理和服务创新试验区、全省唯一试点县市。五峰自治县深化公民诚信守法体系建设,促进农村社会风气持续好转,被省委宣传部确定为全省宣传思想文化工作创新项目。秭归县"幸福村落"创建获"首届中国社区治理十大创新成果"奖,被纳入全国第二批农村改革试验区项目。枝江市探索"新社团新市民"社区治理模式,社区治理和服务创新试验区建设获民政部肯定。远安县推行"道德理事会+"的社会治理工作模式,有力推动了全域高质量脱贫。夷陵区打造覆盖区、乡、村三级的“基层社会治理智能化平台”及“夷陵一家亲”App，有效提升基层社会治理精准化水平。西陵区开展“党建引领、法治护航”业委会建设，深入推进小区自治，有效解决社区治理难题。

八是社会普法宣传精准实施。着眼提升法治思维和法治能力，健全国家工作人员学法用法制度，严格落实集体学法、任前考法、宪法宣誓、年度述法、党校讲法、在线学法、庭审听法等制度，引导领导干部做到心中有法、行必依法。着眼预防和减少违法犯罪，完善学校、家庭、社会三位一体法治教育网络，法治副校长、法治辅导员配备率达100%，建立青少年法治教育基地50个。着眼提高企业依法经营管理能力，将普法工作纳入国有企业负责人业绩考核范畴，建立企业法律顾问备选库，着力提高企业依法经营、依法管理能力。着眼促进乡村振兴战略实施，持续开展“送法下乡”“普法社区行”活动，903个村居落实普法“六个一”工程，“农村网格四务通”法律在线平台、“12348”法律顾问微信群等普法阵地快速推进，初步实现村（居）法律服务和法治宣传的网格化、全覆盖。全市6个县市区被授予全国法治创建活动先进单位、9个村（社区）被评为全国民主法治示范村（社区）。

三、持之以恒，提质增效促发展

“全国法治政府建设示范市（县、区）”既是荣誉，更是压力，标志着宜昌市法治政府建设工作进入了一个新的阶段，同时将面临更高的标准和更严的要求。宜昌市委市政府将以此为新的起点，再接再厉、砥砺前行，不断提升法治政府建设工作水平，促进高质量发展。

一是强化督察督办实现巩固提升。省委常委、市委书记周霁在市委常委会暨全面依法治市委员会第三次会上提出：“继续推进法治政府建设示范创建，市级抓巩固提升，县级要全面创建，确保我市示范创建工作继续走在全国全省前列。”围绕周霁同志提出的工作目标,宜昌市将组织开展专项法治督察、法治政府建设第三方实地评估,督促市直部门结合当前的新形势和新要求,继续排查整改工作中的短板不足,全面深化法治政府建设工作,全力做好迎接中央依法治国办回访抽查准备工作;督促各县市区政府以争创全国、全省示范地区为目标,继续按照100项指标100%达标的工作要求开展核查模拟预演,同时加强对重点县市区的工作指导,推动宜昌市法治政府建设水平不断提高。

二是坚持系统集成狠抓宣传推广。积极向省委依法治省办、省司法厅汇报,加深与各级主流媒体的协调联动,动员全市各级各部门的资源和力量,借鉴全国文明城市、国家卫生城市创建中的经验做法,进一步梳理、挖掘和提炼特色亮点,打造宜昌市法治政府建设宣传矩阵,系统集成打造宜昌市特色亮点品牌,最大限度宣传和展示宜昌市法治政府建设工作取得的成效,提高示范创建工作的知晓率、参与率、支持率和覆盖面,营造更加浓厚的法治建设氛围,推动省、市、县三级法治政府建设示范创建工作取得更好成绩。

三是围绕服务中心打造宜昌品牌。习近平总书记强调指出,法治是一种基本的思维方式和工作方式。宜昌市将紧密结合当前依法防控新冠疫情、优化营商环境、市域治理现代化等重点工作,以获得全国示范命名为新起点,进一步对标对表全面依法治国目标要求,持续深入开展法治政府建设示范创建,全力打造宜昌法治政府建设品牌,为宜昌市奋力实现“一高双争三决胜”目标创造良好的法治环境!

第六编　十大法治人物　十大法治事件　十大法治创新案例

省委全面依法治省委员会办公室　省委政法委　省司法厅关于2019年度"湖北省十大法治人物　十大法治事件　十大法治创新案例"评选结果的通报

为充分发挥先进人物、典型事件和创新案例在法治建设中的示范、引领和带动作用，进一步弘扬社会主义法治精神，传播社会主义法治理念，加快推进全面依法治省工作，省委依法治省办、省委政法委和省司法厅组织开展2019年度"湖北省十大法治人物　十大法治事件　十大法治创新案例"评选活动。

此次评选活动，既是法治湖北建设成果的一次集中展示，也是湖北人民感受法治精神和法治力量的一次互动对话，对推进更高水平的法治湖北建设具有极其重要的作用。活动开展以来，得到全省各地各部门的大力支持和积极参与，共征集到各市、州、直管市、神农架林区、各省直单位和高校等推荐的法治人物、法治事件、法治创新案例159名(件)。根据评选活动实施方案，经过专家初评、网络投票、专家组评审和评审委员会审定等程序，武汉大学法学院副院长、教授、博士研究生导师祝捷等10名个人入选2019年度"湖北省十大法治人物"，武汉仲裁委助力"一带一路"建设等10个法治事件入选2019年度"湖北省十大法治事件"，省工商联建立全省非公有制企业投诉服务平台等10个法治创新案例入选2019年度"湖北省十大法治创新案例"；北京盈科(宜昌)律师事务所律师胡开凤等10名个人获2019年度"湖北省十大法治人物"提名奖，武汉市实施行政复议体制改革等10个法治事件获2019年度“湖北省十大法治事件”提名奖,创新机制全力开展全省河道非法采砂专项整治等10个法治创新案例获2019年度“湖北省十大法治创新案例”提名奖。

该活动全面推介了2019年度在加强党对法治建设领导,深入推进法治政府建设、强力推动公正司法和司法体制改革,着力加强法治社会建设,丰富法学理论研究、维护社会公平正义等方面的优秀人物、重大事件和创新案例。“十大法治人物”及提名人员,在推进法治湖北建设进程中发挥了重要作用、做出了重要贡献,请各地各单位按照有关规定予以宣传表彰。“十大法治事件”“十大法治创新案例”及提名奖,体现了各地各单位用法治精神和法治力量护航经济社会发展、用法治思维和法治方式破解基层治理难题的建设成效,彰显了依法抑恶扬善、维护法治权威、用法治手段维护合法权益、推进特色创建的法治力量,展现了湖北省全面依法治省工作的卓越成效,蕴含了深入推进法治湖北建设进程的强大动力。各地各单位要结合法治建设总体工作和相关专项工作,认真总结挖掘,进一步发挥其重要作用,努力形成可复制、可推广的经验做法,为决胜全面建成小康社会、服务经济社会发展提供更加有力的法治保障。

附件:2019年度“湖北省十大法治人物　十大法治事件　十大法治创新案例”入选名单

2019年度“湖北省十大法治人物　十大法治事件　十大法治创新案例”提名奖名单

中共湖北省委全面依法治省委员会办公室

湖北省委政法委　湖北省司法厅

2020年7月22日

附件：

2019年度"湖北省十大法治人物　十大法治事件 十大法治创新案例"入选名单

一、"湖北省十大法治人物"

1. 祝捷，武汉大学法学院副院长、教授、博士研究生导师（武汉大学选送）

2. 魏建春，黄冈市城市管理执法委员会办公室主任（黄冈市委全面依法治市委员会办公室选送）

3. 陈柏峰，中南财经政法大学基层法治研究所所长（中南财经政法大学选送）

4. 刘五桥，武汉市公安局武昌区交通大队机动中队武昌火车站警务区警长（武汉市委全面依法治市委员会办公室选送）

5. 续辉（女），通城县司法局法律援助中心负责人（咸宁市委全面依法治市委员会办公室选送）

6. 赵香平（女），荆门市东宝区人民法院立案庭庭长（荆门市委全面依法治市委员会办公室选送）

7. 王高锋，省应急管理厅政法处副处长（省应急管理厅选送）

8. 李建敏（女），襄阳市医调委主任（襄阳市委全面依法治市委员会办公室选送）

9. 徐化成，随州市人民检察院第五检察部主任（省人民检察院选送）

10. 吴鹏，省森林公安局刑侦支队支队长（省林业局选送）

二、"湖北省十大法治事件"

1. 武汉仲裁委助力"一带一路"建设（武汉市委全面依法治市委员会办公室选送）

2. 武汉法院优化司法流程服务营商环境(武汉市委全面依法治市委员会办公室选送)

3. 侦破湖北“2019盗掘古墓”第一案(荆门市委全面依法治市委员会办公室选送)

4. 全力推进《湖北省开发区条例》立法　推动我省开发区高质量发展(省人大常委会办公厅、省发改委选送)

5. 实施包容审慎监管激发市场主体活力(省市场监管局选送)

6. 坚决“打伞破网”助力扫黑除恶专项斗争(省纪委监委机关选送)

7. 全国首家县域综合法学研究会在仙桃成立(仙桃市委全面依法治市委员会办公室选送)

8. “湖北公安政务服务平台”上线运行(省公安厅选送)

9. 武穴市探索“1+4”综合行政执法改革模式(黄冈市委全面依法治市委员会办公室选送)

10. 中国践行国际法治研讨会在汉召开(武汉大学选送)

三、“湖北省十大法治创新案例”

1. 省工商联建立全省非公有制企业投诉服务平台(省工商联选送)

2. 普纪普法全覆盖“十进十建”润人心(省纪委监委机关选送)

3. 网湖湿地水产养殖环境民事公益诉讼案(省高级人民法院选送)

4. 打造基层社会治理体系的十堰样板——十堰市律师“246”工作体系建设(十堰市委全面依法治市委员会办公室选送)

5. 省人大制定《湖北省清江流域水生态环境保护条例》(省人大常委会办公厅选送)

6. 武汉市蔡甸区法律援助中心对张某某环境污染责任纠纷案提供法律援助(省司法厅选送)

7. 探索推进多元调解中心建设　打造"枫桥经验"咸宁版(省高级人民法院、咸宁市委全面依法治市委员会办公室选送)

8. 以法治思维深化"放管服"改革(省政府办公厅选送)

9. 恩施州推进公共法律服务体系标准化建设(恩施州委全面依法治州委员会办公室选送)

10. "法之必行"的"三入"探索(荆州市委全面依法治市委员会办公室选送)

附件:

2019年度"湖北省十大法治人物　十大法治事件十大法治创新案例"提名奖名单

一、"湖北省十大法治人物"

1. 胡开凤(女),北京盈科(宜昌)律师事务所律师(宜昌市委全面依法治市委员会办公室选送)

2. 吴世文,黄石市公安局网安支队侦查一大队大队长(黄石市委全面依法治市委员会办公室选送)

3. 万语谦言,武汉市盲童学校六年级学生(省教育厅选送)

4. 亢铃(女),武汉市青山区钢花村司法所所长(武汉市委全面依法治市委员会办公室选送)

5. 张谊,恩施州巴东县人民法院党组书记、院长(恩施州全面依法治州委员会办公室选送)

6. 陈亚萍(女),潜江市公安局法制支队教导员(潜江市委全面依法治市委员会办公室选送)

7. 黄伟文(女),孝感市孝南区司法局广场司法所所长(孝感市委全面依法治市委员会办公室选送)

8. 曾军莉(女),武汉市司法局女子强制隔离戒毒所教育科副科长(省司法厅选送)

9. 江学孔,湖北省药品监督管理局咸宁分局副科级干部(省药品监督管理局选送)

10. 王松涛,随县尚市镇尚市店居委会党委书记、主任(随州市委全面依法治市委员会办公室选送)

二、“湖北省十大法治事件”

1. 武汉市实施行政复议体制改革(省司法厅选送)

2. 纵深掘进全省扫黑除恶专项斗争(省委政法委选送)

3. 湖北省人大常委会通过《关于加强检察公益诉讼工作的决定》(省人大常委会办公厅、省人民检察院选送)

4.《湖北省反家庭暴力条例》出台并实施(省妇联选送)

5. 出台首个省级强制报告制度　多部门联合搭建未成年人健康成长防护网(省人民检察院选送)

6. 神农架依法推进国家公园体制试点建设(神农架林区全面依法治区委员会办公室选送)

7. 鄂东长江公路大桥桥下空间违建整治全面完成(省交通运输厅选送)

8. 鄂州市中级人民法院依法审理周闯等重大涉黑案件(鄂州市委全面依法治市委员会办公室选送)

9. 宜昌颁布史上最严“禁违令”开创违建治理新局面(宜昌市委全面依法治市委员会办公室选送)

10. 全国生态文明论坛法治分论坛在十堰市举办(十堰市委全面依法治市

委员会办公室选送)

三、“湖北省十大法治创新案例”

1. 创新机制全力开展全省河道非法采砂专项整治(省水利厅选送)

2. 宜都坚持“党建引领、网格治理”打造“双基强化、三治融合”升级版(宜昌市委全面依法治市委员会办公室选送)

3. 黄冈市市区创建“无证明城市”(黄冈市委全面依法治市委员会办公室选送)

4. 开创地方物流立法先河　促进国家重大战略布局落实(鄂州市委全面依法治市委员会办公室选送)

5. 保护民营企业合法权益　化解非诉强制执行的法律风险(武汉市委全面依法治市委员会办公室选送)

6. 诉前检察建议解决鄂州小区二次供水问题(省人民检察院、鄂州市委全面依法治市委员会办公室选送)

7. 天门警务大篷车助阵法治宣传(天门市委全面依法治市委员会办公室选送)

8. 雷刚律师团队为3名企业高管无罪辩护获撤案处理(省司法厅选送)

9. 着眼“规划+条例”打出湖北实施乡村振兴战略组合拳(省发改委选送)

10. 无障碍建设助圆考研梦(省残联选送)

2019 年度“湖北省十大法治人物”

积极投身法治理论创新　拓展中国特色社会主义法学体系

祝捷，男，汉族，中共党员，1981 年 8 月生，现为武汉大学法学院副院长，教授，博士研究生导师，湖北省委办公厅与武汉大学共建武汉大学党内法规研究中心副主任，湖北省人文社会科学重点基地武汉大学两岸及港澳法制研究中心执行主任。

2019 年荣获湖北省“青年五四奖章”，2020 年荣获第六届“湖北省优秀中青年法学工作者”。2017 年“采取反分裂国家必要措施的相关法律问题研究”项目和 2019 年“把社会主义核心价值观融入党内法规制度建设的创新性路径研究”项目先后获批国家社科基金重大专项项目、国家级社科重大项目，是国内为数不多同时担任“双重大”项目首席专家的学者。相关成果多项获省部级奖励。2018 年 11 月入选“湖北省新世纪高层次人才工程人选”。

聚焦三大体系构建，积极开展学术研究，形成系列优秀科研成果，同时注重科研成果的国际转化和宣传，向全世界讲好“中国故事”。2014 年祝捷的著作《八项规定改变中国》由中纪委向全党推荐，获湖北省“五个一”工程奖，并入选“砥砺奋进的五年”大型成就展，2018 ~ 2019 年被翻译为英语、法语、德语、俄语、阿拉伯语、西班牙语 6 种语言对外出版，是同类图书中翻译语种较多的图书,该书已经成为国际社会了解党的十八大以来中国全面从严治党的代表性著作。2019 年祝捷在国际知名出版社施普林格(Springer)出版英文学术著作《香港本土主义批判——法律的视角》(*Critique of Hong Kong Nativism: From a Legal Perspective*),是国际学术界第一本从中国内地视角观察香港本土主义的英文著作,向国际学术界传播“一国两制”,获得全国人大常委会基本法委员会优秀成果项目资助,受到海外学术界高度重视。

祝捷参与中央和全省重大文件起草和党内法规制定工作,为党的制度治党、依规治党事业以及法治建设做出了突出理论贡献。他作为首席专家参与《关于加强党的政治建设的意见》文件起草的支撑性研究工作、作为重要成员参与《中国共产党政法工作条例》的起草工作等,为国家立法和党内法规制定做出了贡献。

积极参与党的法治理论和重大立法立规宣讲,为全省党员干部普及党的法治理论和法治意识做出了重要贡献,发挥了引领作用,为省纪委、省委政法委、省委统战部、省委办公厅、团省委等单位宣讲党的创新理论。

选送单位:武汉大学

守望城市 27 载　倾尽城管终生愿

魏建春,男,生于 1973 年 10 月,中共党员,曾任黄冈市城管执法委办公室主任。

2014 ~ 2018 年连续 5 年年终考核被评定为优秀等次,记三等功一次,2019 年度被评为“黄冈市党委信息报送先进个人”“政协黄冈市委员会提案办理先进个人”“黄冈市优秀共产党员”。

2020 年 1 月 11 日上午 6 时 30 分,魏建春因劳累过度,告别了双目失明的老母,永远辞别了这个即将到来的春天。

27 年来,他对党无限忠诚,对事业无限热爱,不负韶华,只争朝夕,用奋斗的青春书写了最亮丽的人生篇章,用实际行动诠释了一名党员干部的初心和使命。

魏建春小时候家境非常贫困,靠着勤奋好学考取了黄冈林校。毕业后,分配到市园林绿化管理局工作,担任市园林监察大队办公室主任。2011 年市城管执法部门组建,他先后调到综合管理科、宣传科和群众工作科担任科长。2016 年 12 月起,担任市城管执法委办公室主任。

众所周知,城管工作点多、面广、线长,曾一度在全省考核排位垫底。新组建市城管执法部门底子薄、任务重、压力大,持续开展“四城联创”“城管大会战”“百日会战”,用汗水换来了省“人民满意的公务员集体”殊荣。

每一项大活动的背后,都是市城管人没日没夜地打拼,而处于中心位置的魏建春,更是事必躬亲、事无巨细,没有双休日、节假日,经常加班加点至深夜,有时甚至通宵达旦,始终保持城管部门高效落实市委、市政府决策部署的精气神。

2012 年 8 月他在“城管大会战”办公室工作,一年时间先后制定二三十套方案,将城管重点工作与“城管大会战”穿插进行,深度衔接。近几年,恰逢市城管执法委机构改革,他积极借鉴外地成功改革经验,大量改革文件都由他执笔,总体改革方案先后修改 26 遍,连每一个标点符号都一丝不苟。严谨细致的方案,获得上级广泛认同。黄冈市城管执法委改革经验,因此获得国家和省级嘉奖。

“莫道今年春将尽,明年春色倍还人。”为了传承和弘扬他的爱岗敬业、追求卓越的优良品格和作风,黄冈市城管执法委党委决定在全系统开展向魏建春学习的活动,激励全体党员干部负重前行、加压奋进,推动城管执法事业再上新台阶。

选送单位:黄冈市委全面依法治市委员会办公室

充分发挥理论研究优势 深度参与法治社会建设

陈柏峰,男,1980 年 9 月出生,中共党员,现任中南财经政法大学教授、人才办主任,中南财经政法大学法治发展与司法改革研究中心首席专家、中南财经政法大学基层法治研究所所长。

他先后发表论文 100 多篇,其中在权威期刊《中国社会科学》《法学研究》《中国法学》《政治学研究》《社会学研究》发表论文 12 篇,CSSCI 期刊收录 90 多篇,SSCI 期刊收录 1 篇,《中国社会科学文摘》、《高等学校文科学报文摘》、人大复印资料等转载 30 多篇;出版《传媒监督的法治》《乡村江湖》《乡村司法》《半熟人社会》等专著 6 部。

他先后获评国家"万人计划"青年拔尖人才、教育部青年长江学者、教育部新世纪优秀人才、全国杰出中青年法学家提名奖、湖北省有突出贡献的中青年专家、湖北省青年英才、湖北省十大中青年法学家等荣誉。获教育部高等学校科学研究优秀成果奖、中国法学优秀成果奖、董必武法学优秀成果奖、湖北省教学成果奖、湖北省社会科学优秀成果奖、武汉市社会科学优秀成果奖等奖励。

2019 年 7 月中国法学会将中宣部"习近平关于社会治理论述摘编"的重大项目交由中南财经政法大学承担,陈柏峰和学校另外两位教授主持了编辑工作。此件提交后,得到中国法学会的肯定,得到省委主要领导的肯定性批示。近年来,他负责或参与撰写咨询报告 30 多件,获得中央及部委领导批示采纳。

2015 年以来,陈柏峰积极参与湖北省法治建设规划和实施工作。参与的《湖北省"十三五"法治发展规划》《法治湖北指标体系和考评实施办法》《湖北省法治政府建设“五化”实施方案》《关于加强领导班子和领导干部法治建设绩效考核的意见》4 份政策建议稿,获湖北省委省政府采纳(2015 ~ 2016 年);参与编写《法治湖北省情手册》(2018 年)。

选送单位:中南财经政法大学

展新时代交警风采　做保畅通定海神针

刘五桥,男,汉族,1970 年 11 月出生,湖北武汉人,1992 年 11 月加入中国共产党,1994 年 6 月参加公安工作,大学学历,一级警督警衔,现任武汉市公安局武昌区交通大队机动中队武昌火车站警务区警长(四级高级警长)。

刘五桥先后荣立个人一等功 1 次、二等功 1 次、三等功 2 次,获评全国优秀人民警察、湖北省“荆楚楷模”、“湖北最美警察”、“全省百名好干警”、“省优秀公安科所队民警”、武汉市劳动模范、武汉市“十佳创先争优先进个人”、“武汉市优秀党务工作者”、“武汉好人”。2016 年年底当选武汉市第十三次党代表,2017 年 5 月被公安部授予“全国特级优秀人民警察”称号。2018 年 4 月被评为武汉市“道德模范”。连续 10 年被市政府评为“春运工作先进个人”。中央电视台实地采访刘五桥连续 5 天跟踪拍摄,在黄金时段“温暖回家路”栏目播放了他坚守岗位、为民奉献的感人事迹,得到省市领导的充分肯定。

参警 25 年来,刘五桥矢志不渝献身公安交管事业,辛勤耕耘,无私奉献,在平凡岗位上做出了不平凡业绩。特别是 2009 年 6 月被组织派遣到武昌火车站担任警务区警长以来,面对辖区道路施工、人流车流量大的实际情况,他迎难而上、敢管敢拼,哪里最拥堵就冲向哪里,哪里最复杂、最难管就管哪里。面对黑车揽客这个痛点、难点问题,他上任 1 周之内,就带领民警加班加点开展巡控,收扣非法营运黑车 20 余辆。随着整治工作的持续展开,工作阻力也随之而来,有的传话威胁,有的托人求情送钱送卡,有的到上级部门告刁状,他都顶住压力,不为所动。为了收缴麻木车,他面对车主持刀威胁,毫不畏惧,当场将其“拿下”。一位“黑的”司机抗拒执法,当场将他的左手食指咬得血肉模糊、深可见骨,他忍着剧痛,坚持查扣车辆,并将司机拘留 7 天,丝毫不退缩半步。

近 5 年来,武昌火车站警务区在刘五桥的带领下,各项业务工作一直名列大队前茅,共依法暂扣“三车”7600 辆,暂扣渣土车 180 辆,查获醉酒驾驶 65 起,查获饮酒驾驶 267 起,查扣套牌车 159 辆,查扣“黑车”390 辆,查获“面的”96 辆,行政拘留 89 人,使武昌南站周边车辆非法运营、违章行车的乱象得到有效遏制。

刘五桥对群众怀有深厚感情,用满腔为民情怀,坚持为群众做好事、办实事、解难事。多年来,帮助旅客进站、护送迷失儿童、救助患病群众,这些事情刘五桥每个月都能碰到,已不胜枚举。据不完全统计,他自参警以来,共救助遇困难群众 430 余人,收到锦旗 90 余面,感谢信 70 余封。

选送单位:武汉市委全面依法治市委员会办公室

守望初心　法援维权惠民生

续辉,女,1963 年 7 月出生,1980 年 12 月参加工作,中共党员,通城县司法局法律援助中心负责人。

近 5 年,她先后获得全国“人民满意的公务员”、全国“三八红旗手”、全国“政法系统好干警”、全国“司法行政系统先进工作者”等 5 项全国性表彰。获得“荆楚楷模”等省级表彰 10 项,市、县级表彰不胜枚举。记二等功 2 次、三等功 3 次。承办的多个案例连续 4 年入选全省十大维权案件。2015 年 9 月受邀参加抗战胜利70周年阅兵观礼活动。2016年年底续辉当选为中共咸宁市市委委员。2017年6月29日闭幕的省党代会第三次全体会议上,续辉全票当选为党的十九大代表。2018年荣登“中国好人”榜。2019年被司法部授予“新时代法援为民好榜样”荣誉称号。

1998年开始从事法律援助工作,续辉20年如一日,不忘初心,以带病之躯为公平正义呐喊;恪尽职守,化解了大量矛盾纠纷,维护了社会和谐稳定,使法律援助成为通城县依法行政的亮点之一;家喻户晓,获得了无数群众的“点赞”。

她以20年的坚守、奉献和艰苦努力,使法律援助走进了通城县各个阶层和不同群体;在工会、妇联、残联、团委、学校、看守所、军营等地建立了21个维权工作站,包括通城籍外出务工人员密集的珠三角深圳工作站和长三角义乌工作站;在公安、法院、检察院等部门建设高标准续辉律师工作室。她接待过成千上万名群众,每位群众都是带着满意和感激而归,不仅如此,20年来,她以微薄的个人收入资助过数百位当事群众,中央、省、市级媒体均在显著版面进行过报道。

在续辉的示范下,如今通城县法律援助实现了全社会覆盖、全天候受理、全过程服务。她所领导的法律援助中心,跻身“全国法援检查先进机构”“全省为民办实事先进集体”“全省司法行政系统先进集体”行列,并多次被评为“全省未成年人优秀维权示范岗”“省残疾人维权示范岗”等。

选送单位:咸宁市委全面依法治市委员会办公室

公正司法尽显法官本色

赵香平,女,1972年11月出生,1995年大学毕业,1996年到荆门市东宝区人民法院工作,先后在执行庭、民一庭工作,2016年遴选为员额法官。现任荆门市东宝区人民法院立案庭庭长。

赵香平多次被市、区两级法院评为“优秀法官”“办案能手”，2015 年被湖北省委宣传部评为“荆楚楷模”，2015 年 4 月被湖北省高级人民法院评为“最美基层法官”，2016 年 6 月被最高人民法院评为“全国法院党建工作先进个人”，2017 年 1 月被最高人民法院评为“全国优秀法官”，2017 年 4 月被全国妇女联合会授予“全国巾帼建功标兵”荣誉称号，2020 年 1 月被人力资源和社会保障部、最高人民法院授予“全国模范法官”荣誉称号。

20 年来，赵香平审判大小案件近 3000 件，无一超审限，无一违纪违法，无一信访，被双方当事人称为“最公正法官”，这一切成绩的背后都与她的真心密不可分。

2013 年 1 月 18 日在承办的“张师傅起诉饶某追索劳动报酬纠纷案”中，张师傅 3 年未要回饶某欠下的 3.1 万元工资，更为被动的是张师傅连饶某具体身份、住址也不清楚，仅有一张欠条。此类情况，起诉、开庭文书本可以通过公告送达，但这一方式不仅耗时长，还很难找到饶某，断案执行到位更无从谈起。其实，找不找得到人，断了案能不能执行到位，这些本与赵香平没多大关系。但赵香平不这么想，遇到此类情况，她往往“剑走偏风”，弃“简”从“繁”。她根据本案实际情况和张某的申请，依法作出先予执行的裁定，在庭审前深入 5 个社区居委会走访，查清饶某住址、身份证信息，并通过查询多个银行，依法冻结其银行存款，充分保障了审判后的执行到位。随后，赵香平开庭、宣判、先予执行，整个过程一气呵成。拿到工资款的张师傅感慨万千：“我要了 3 年的工资，你只用了 7 天，真神了！”

作为庭长和支部书记，在处理好庭室事务和支部事务外，她的办案量持续 3 年在全院名列前茅，其中 2017 年办理结案各类民事案件 293 件，结案率 91%；2018 年办理结案各类民事诉讼案件 275 件，结案率 91.06%。她所在的民一庭在仅有 3 名员额法官和 2 名院领导办案的情况下,每年结案数量仍占到了全院结案数的 1/5。

在庭室中,她凡事以身作则、率先垂范、模范遵守各项规章制度,从未出现过违纪违规的情况,用自己的实际行动带动和影响法庭干警扬正气、树新风,是领导公认的好干部、同事的好榜样、群众心中的好法官。

选送单位:荆门市委全面依法治市委员会办公室

用法治推动应急管理事业发展

王高锋,男,1979 年 1 月出生,中共党员,先后在枝江市人民法院、宜昌市政府法制办、原湖北省安全生产监督管理局工作,现任湖北省应急管理厅政法处副处长。

该同志从事法治工作 20 年,先后获"先进工作者""优秀共产党员""湖北省安全生产先进个人"等表彰,在《中国安全生产》等期刊发表文章数十篇,参与《安全生产法》等 17 部法律法规规章起草修订和《运营性道路交通事故适用安全生产法研究》等 4 项部级科研项目研究,系应急管理部政策法规标准智库专家,省"七五"普法讲师团讲师,中国矿业大学兼职教授、硕士研究生导师,省应急管理厅专职法律顾问,宜昌仲裁委员会仲裁员。2019 年,该同志积极弘扬法治精神,履行法治工作职责,取得了优异成绩。

高质量推进应急立法。制定《湖北省应急管理地方立法体系框架方案》,为全省应急管理地方立法划定路线图、时间表,完成《湖北省安全生产党政同责暂行办法》《湖北省生产安全事故应急实施办法(草案)》《关于在重点行业领域生产经营单位建立安全总监制度的通知》等法规文件的制定、修订,推动应急管理立法体系不断完善。

严格要求推进执法监督。审核行政处罚案件 2 起,提请召开案审会 2 次、举行听证会 1 次。办理行政复议案件 4 起并做到了“案结事了”。代理提请最高人民检察院抗诉案件 1 起。组织召开专家论证会对 5 项重大决策事项、12 件行政规范性文件等进行法制审核。参与 4 起生产安全事故调查报告的审查工作,指导市州局依法追究事故单位和人员责任。组织对各市州报送的 51 个执法案卷开展年度评查和互纠互学。

多渠道推进普法教育。发挥个人法律素质和业务能力,助力普法知识竞赛,组织开展执法培训教育,使湖北代表队在全国应急管理普法知识竞赛中取得第一名。举办了 4 期全省安全生产行政执法资格培训班,共培训市、县两级执法人员 788 人,缓解了改革之年行政执法力量不足问题。利用工作之余,先后 10 多次为市、县应急管理局和有关企业高中层干部讲授安全生产知识和应急管理法律法规,促进了基层干部同志法律素养的提升。

全方位推进法律服务。认真解答群众电话咨询和审核信访回复百余件(次),及时有效化解相关矛盾。全年共接待各市、州、县应急管理人员法律咨询、执法业务工作请示 70 余起(次),指导基层规范行政执法。全年共审查省厅各类合同 199 份,金额达 11,770.5 万余元。

选送单位:省应急管理厅

真情奉献勇担当　调解医患纠纷促和谐

李建敏,女,1961 年 11 月出生,中共党员。李建敏是一个有 32 年党龄、42 年工龄、从事司法行政工作 36 年的老同志,有医学和法学教育的双重背景。在她年近半百的时候,放弃了舒适的行政工作,勇挑重担,义无反顾地从退居的“二线”走上了矛盾激烈的医疗纠纷调解“火线”。

2016年10月被选聘为中华全国人民调解员协会医疗纠纷专业委员会委员,2017年4月被授予“全国司法行政系统先进工作者”荣誉称号,2017年7月被授予“全国模范调解员”荣誉称号,2018年5月被授予“十大全国人民调解专家”荣誉称号。

襄阳市医调委刚成立不到一周的时间,就遇上了严峻考验。一名老年病患在手术过程中死亡,30多名病患家属把死者遗体摆放在门诊大厅中央,还多次与保安发生冲突,双方人员打得头破血流。半夜三更,李建敏火速赶往现场,坚持从讲情、讲理、讲法入手,经过一天一夜地反复疏导、调解,双方最终达成调解协议,看到群众又可以有序就诊时,她疲惫的脸上终于露出了笑容。

为更好地解决医患纠纷,李建敏积极探索,坚持运用法治思维创新工作方式,襄阳市医疗纠纷调解工作在“四无”(无人员、无经费、无办公场所、无调解经验)的情况下,信访的案件数量减少了85%以上。

9年多来,她几乎没有节假日,不分昼夜的医疗纠纷调解成了她生活的主旋律。凭着一颗“老百姓再小的事也是天大的事”的初心,在矛盾的旋涡中,依法真情化解了一个又一个医患“死结”。

其间,李建敏共接待咨询16,000人次,受理调解纠纷1258起,调结1248起,其中调处重大医疗纠纷742起,调解成功率达98%,协议执行率达100%,调处终结的医疗纠纷无一例反悔。涉及诉求金额近3亿元,为患方争取的赔偿款、补偿款和减免费用4000余万元。

选送单位:襄阳市委全面依法治市委员会办公室

公益诉讼勇挑重担　不忘初心坚守一线

徐化成,男,1973年8月出生,汉族,湖北随州人,硕士研究生学历,中共党员，现任随州市人民检察院第五检察部主任，检察委员会委员，四级高级检察官，湖北省检察业务专家。

2006 年徐化成被评为湖北省优秀公诉人、湖北省检察机关先进个人；2014 年被评为全市十大“青年学习标兵”“随州市首届最美人民检察官”；2017 年被评为湖北省检察业务专家；2019 年行政诉讼监督部被评为 2013～2017 年度“全省检察机关先进集体”。

徐化成负责公益诉讼检察工作以来，始终坚持以人民为中心，心系大局，深耕细作，务实重行，不断构建良性工作格局，实现公益诉讼工作创新发展。2019 年随州检察机关共办理公益诉讼案件 120 件，发出检察建议 107 件，提起诉讼 13 件。他指导办理并编写的“唐镇河道违法建设案”入选全国检察机关指导性案例，“章某侵犯英烈名誉民事公益诉讼案”“随州一中校园及校园周边食品安全案”“随县废旧轮胎炼油系列案”被评为全省典型案例。共监督恢复和保护耕地、林地等 1195.4 余亩，督促整治和关停污染企业 3 家，督促挽回国有财产损失 217.3 万元，实现基层人民法院提起公益诉讼全覆盖、办案领域全覆盖、办案类型全覆盖。

徐化成始终坚持制度创新，构建公益诉讼良性工作格局。一方面营造良性发展环境。始终将检察公益诉讼工作置于党委的统一领导之下，当好党委的法治助手。在院党组领导下积极争取党委、人大和政法委支持。另一方面完善内部工作机制。积极争取基层人民法院对公益诉讼工作的重视和支持，推动全市检察机关将公益诉讼工作当作“一把手工程”。推行的检察公益诉讼内部协作配合制度，案件线索统一管理、集中研判、以案带训、“一对一”对下指导、文书统一把关等一体化办案机制有效地提升了案件质量、锻炼了队伍，受到省院领导的一致认可和高度赞誉。同时，结合案件办理，强化调研宣传和案例编写，不断讲述随州检察公益诉讼的好故事，传播随州检察公益诉讼的好声音。他撰写的

《公益诉讼的责任竞合与模式衔接》《需要将制度优势转化为治理效能》等文章在《检察日报》上刊载,为检察公益诉讼的健康发展贡献检察智慧和力量。

选送单位:省人民检察院

法治"理论+实战"守护平安森林

吴鹏,男,1970年7月出生,中共党员。1992年参加工作,2007年调省林业局工作,现任省森林公安局刑侦支队支队长。

吴鹏先后荣获一等功1次,二等功2次,其他奖励31项。

近两年,吴鹏参与了多部涉林法律法规、司法解释、林业国家标准、国家林草局规范性文件、立法调研报告的起草工作,包括国家林草局组织的《森林法》修订起草与专家论证、国家林草局组织的《陆生野生动物保护实施条例》修订起草等,为16部与林业有关的地方性法规草案提供了立法意见与修改建议。

吴鹏任省森林公安局刑侦支队负责人后,先后组织开展了"楚天候鸟行动""楚天收网行动""江城闪电行动"等39个全省性涉林专项整治行动,湖北森林公安机关办案总数、人均办案数连续保持在全国第一方阵。他指导办理大要案件2000余起,组织主办各类涉林大要案件220余起,组织侦破有重大影响的大要案件110余起。

在基层办案中,吴鹏是指挥员,也是战斗员,他参与查处的某地强占林业科研用地修建寺庙案件,引起了新华社《内参》、《人民日报》和中央电视台《焦点访谈》高度关注。

在林业法治研究方面,吴鹏创办了湖北森林公安第一份法制专刊,编写了湖北林业第一套《行政案件示范卷》、第一套《森林公安行政案件示范卷》和第一套《森林公安信访案件示范卷》;撰写涉林执法专业论文152篇,并在自办的

“真愚知贤”微信公众号上发布；在《森林公安》《中国绿色时报》等报纸杂志上发表专业论文 40 余篇。他受邀为省内外 50 多个法治培训班讲课，被国家林业局森林公安局确定为第一批、第二批国家级教官，被南京森林警察学院聘为侦查学指导委员会委员。

吴鹏负责省林业局法规处工作两年时间内，他参与了 9 部地方性法规修订，对 41 份法律、法规、规章和规范性文件草案征求意见稿提出了意见与建议，对 76 份省林业局文件和 32 件局直系统合同提出了合法性审查意见，并参与了全省林业综合行政执法改革，分两轮对全省森林公安机关和 79 个市县林业行政执法情况进行了监督检查。

选送单位：省林业局

2019年度“湖北省十大法治事件”

武汉仲裁委法治助力“一带一路”建设

针对“一带一路”沿线企业和专业人士对于合规和风险控制的要求更高、更细、更超前的情况，武汉仲裁委员会（“一带一路”仲裁院）授权组织编写了《“一带一路”国际工程合规与风控实务》，2019年11月编撰出版，这是一部研究“一带一路”国际工程合规与投资方面共同惯例，以及我国企业海外拓展业务的经典案例图书。

在《关于建立“一带一路”国际商事争端解决机制和机构的意见》的指引下，在武汉市委市政府的领导下，武汉仲裁委员会（“一带一路”仲裁院）于2019年邀请了包括中国中铁股份有限公司、中国建设工程造价管理协会专家委员会、中国建筑工程股份有限公司、中国冶金科工集团有限公司、中国交通建设集团有限公司等20多位央企总法律顾问和国内知名法律专家在京召开了武汉仲裁委员会（“一带一路”仲裁院）工作座谈会。本次会议旨在深入了解“走出去”企业在对外经营活动中产生的法律纠纷及相关信息，使“走出去”企业认识到对外运营方方面面的环节中，都需要全方位的法律服务，需要专业机构为企业“问诊把脉”、发现问题，帮助企业分析风险、识别风险、管理风险和规避风险。

面对各国经济政治水平发展不一、历史文化差异巨大等纷繁复杂的情况，围绕“走出去”企业如何寻找“一带一路”沿线国家在建设和投资领域的共同规律，仲裁专家会聚共同研究探讨。“一带一路”国际工程出现转型升级与多方合作模式，工程企业越来越多地以 EPC + F、BOT、PPP 等方式参与项目，通过参股、境外并购的方式拓展业务空间，设计咨询企业积极探索跨国并购、跨界行、延伸产业链的创新发展之路，对外承包工程行业向多元化、专业化、国际化发展的趋势日趋明显。

《“一带一路”国际工程合规与风控实务》全书共 75 万字，其中归纳总结了我国企业参与“一带一路”沿线泰国、阿富汗、波兰、老挝、柬埔寨、卡塔尔、沙特等 10 多个国家建设工程与投资的经典案例。该书直观深入地指导企业在面对纷繁复杂的情况时，如何及时有效地做好风险防范。该书可以成为工程专业人士案头现场的工具书、法律专业人士学习研究的专业书，对于搭建“共商、共建、共享”的法律服务平台、护航“走出去”企业的健康发展，具有积极重大的影响。

武汉仲裁委员会（“一带一路”仲裁院）2019 年座谈会的召开与《“一带一路”国际工程合规与风控实务》出版，积极响应“一带一路”倡议，贯彻全面依法治国战略，不仅为当事人及社会大众提供优质的法律服务、化解社会矛盾、维护社会和谐稳定，积极宣传法治教育，加强法治文化建设，实现经济效益和社会效益，而且为推进我国同有关国家在国际工程互利共赢务实合作中做出了积极贡献，为国际法学研究领域添砖加瓦。

选送单位：武汉市委全面依法治市委员会办公室

武汉法院优化司法流程　服务营商环境

2019 年以来，武汉市中级人民法院党组深入贯彻习近平总书记“法治是最好的营商环境”重要指示精神,紧紧围绕武汉市委市政府“着力打造全国营商环境最好城市”的目标,对照全国先进法院标准,认真查找立案、审判、执行、司法鉴定、破产办理等各个环节存在的短板,修订出台29项工作制度,为打造法治化、国际化、便利化营商环境,努力为争创全国服务环境最优城市提供有力的司法保障。

在2019年国家发改委组织的中国营商环境评价中,武汉市名列全国前十,中西部城市第一。市中级人民法院做出突出贡献,《人民法院报》《长江日报》等中央、省市媒体先后大篇幅专题报道武汉法院优化营商环境工作。

健全完善社会矛盾化解机制,着力降低化解商业纠纷成本,努力营造和谐稳定的社会环境。一是在立案环节,修订《关于进一步提升立案、分案工作效率的通知》等一系列规章制度,切实解决有案不立,推管辖,立案时限过长、案卷移送效率不高等问题。二是在审判环节,进一步强化审限监管,严格审限延长、扣除、中止等情形的审批,严格控制重复开庭和多次开庭的时间间隔。三是在执行实施环节,修订全市法院《执行实施案件办案指引》,进一步规范执行实施案件办理流程,全市法院开展“夏季风暴”集中执行行动,效果明显。四是推进多元化解决纠纷机制深化和完善。五是密切关注“互联网+”时代需求,推进诉讼服务中心转型升级。

2019年武汉市两级人民法院共受理合同纠纷执行案件平均执行用时102天,在全国处于领先水平。武昌区人民法院“艳阳天酒店腾退执行案”入选“全国法院十大执行案件”。

加大产权保护力度,平等保护各类市场主体合法权益,努力营造平等包容的商业环境。一是进一步加大产权司法保护力度。准确把握并严格执行产权保护司法政策,严格区分经济纠纷与刑事犯罪。二是注重保护中小投资者的权益。成立武汉市中级人民法院保护中小投资者领导小组,加强对工作的组织领导。三是进一步加强知识产权司法保护，加大知识产权侵权惩罚力度。

完善破产审判机制，助力深化供给侧结构性改革，努力营造优胜劣汰的市场竞争环境。针对办理破产不仅需要法院的努力，更需要依靠党委的领导和政府的支持。一方面，在法院内部，从完善破产审判机制入手，加强破产审判专业化建设、积极探索破产案件繁简分流机制、深化完善“执转破”工作机制；另一方面，上门协调市政府办公厅、市财政局、市司法局等政府部门，主动争取对法院破产审判工作的支持，推动建立了常态化的府院联动机制、设立破产援助专项资金、加强对破产管理人业务指导和考评。

选送单位：武汉市委全面依法治市委员会办公室

侦破湖北“2019 盗掘古墓”第一案

2016 年 4 月至 2019 年 1 月，在公安部指挥协调下，湖北省京山市公安局经过 2 年零 8 个月的艰苦卓绝的侦查，跨省追逃辗转往返 33 次，成功侦破公安部督办“2016.1.19”苏家垄古墓葬群被盗案，带破“2014.11.27”苏家垄古墓葬群被盗案中案，涉及实施盗掘、出资、销赃、倒卖文物等各个环节的 24 名犯罪嫌疑人被一网打尽，22 件文物被全部追回。案件侦办工作得到了公安部、省、市公安机关领导的高度评价，2019 年 2 月公安部发来贺电，表扬侦破此案，省公安厅刑侦总队盛赞此案为“2019 湖北侦办盗掘古墓葬第一案”。追回文物经国家文物鉴定机构鉴定，其中国家一级文物 5 件、二级文物 13 件、三级文物 4 件。2019 年 1 月 6 日《法制日报》在头版进行了大篇幅的报道。

苏家垄古墓群是 2013 年 3 月 5 日国务院确定的第七批全国重点文物保护单位。这里出土的铜锭、鼎、簋、车、马等文物是古曾国研究中必不可少的实物例证，引起考古界高度关注，也吸引了不法之徒的贪婪目光。

2016年1月19日晚,几名胆大妄为的古墓盗挖人员,通过破坏古墓视频监控系统,采取喷辣椒水、灌安眠药等野蛮方式暴力控制值班人员后对古墓进行了盗挖。案件发生后仅8天,公安部于2016年1月27日专门下发了《关于全力侦办苏家垄文物案件的通知》。2018年7月17日公安部召开全国打击文物犯罪专项行动会,会上公安部领导专门对苏家垄古墓群被盗案进行了督办,要求在这次专项行动中全力侦破该案,在随后召开的全省打击文物犯罪专项行动部署会上,湖北省公安厅领导要求京山市局在专项行动期间将在逃人员悉数归案,将被盗文物悉数追回。

公安部督办的“2016.1.19”苏家垄古墓群被盗案成功破获后,24名主要犯罪嫌疑人被抓获,第一批8人,第二批6人,已有共14名主要犯罪嫌疑人被打击处理,其中8人被判9~14年不等的重刑,极大地震慑了犯罪分子,通过媒体对外同步宣传,达到了很好的防盗社会效果。

选送单位:荆门市委全面依法治市委员会办公室

全力推进《湖北省开发区条例》立法推动湖北省开发区高质量发展

湖北省于1984年筹建开发区,1996年7月出台了《湖北省经济技术开发区条例》,该条例实施20多年来对推动湖北省开发区建设改革发展发挥了重要作用。进入新时代,该条例已不适应开发区新实际、新变化、新政策、新环境,动能转换、结构优化和体制创新三大难题制约开发区进一步发展,亟须对该条例进行全面修订,以期依法促进开发区加快转型发展。

在省人大的大力支持下,省发改委申请将《湖北省经济技术开发区条例》修订纳入年度立法计划。经过一年多的起草修改评审等程序,于2019年年底《湖北省开发区条例(草案)》获得省人大常委会会议全票通过,2020 年 3 月 1 日正式实施。

《湖北省开发区条例》(以下简称《条例》)立法意义重大,全省现有 103 家开发区,开发区生产总值占全省 GDP 总量的一半以上,制定《条例》是湖北省高质量发展的需要;近年国家先后出台多个促进开发区转型发展的文件,2017 年国务院办公厅出台《关于促进开发区改革和创新发展的若干意见》(国办发〔2017〕7 号)再次要求“积极探索开发区法规规章建设”。湖北省制定《条例》是对国务院文件精神的贯彻落实;湖北省开发区经过 30 多年的发展,已从单一的经济技术开发区发展为多类型全口径开发区,还面临政企不分、责权不一、效率低下等问题,制定《条例》是开发区焕发新活力的保障。

《条例》特点突出。一是适用更广泛,原《湖北省经济技术开发区条例》只适用于经济技术开发区,而目前全省开发区已发展成为高新技术产业开发区、经济技术开发区、海关特殊监管区、经济开发区、高新技术产业园区、工业园区、生态园区。二是提出开发区总体要求。开发区应当坚持创新、协调、绿色、开放、共享的发展理念,遵循统一规划、市场主导、产业集聚、特色发展的原则,建设成为新型工业化发展的引领区、开放型经济和体制创新的先行区、创新创业的集聚区、生态文明和可持续发展的绿色生态区、高水平营商环境的示范区。三是建立充满生机活力的体制。《条例》鼓励和支持开发区在管理工作中,推行政企分开、政资分开,实行管理机构与运营企业分离的制度。四是加强开发区规划建设。鼓励开发区对接国家发展战略,与其他地区、开发区或者跨国公司开展合作,建设产业园区和国际合作园区;支持开发区与国家自主创新示范区、自由贸易试验区等联动发展。五是提升产业发展。支持开发区优化产业结构,推进产业基础高级化、产业链现代化,构建良好的产业生态体系,支持战略性新兴产业、先进制造业和现代服务业的发展,改造提升传统产业,培育壮大本地特色主导产业。六是着力服务保障。支持开发区建设市场化、法治化、国际化的营商环境。

选送单位:省人大常委会办公厅、省发改委

实施包容审慎监管 激发市场主体活力

2019 年来,省市场监管局深入贯彻落实省委省政府关于支持民营经济持续健康发展的决策部署,大力推行包容审慎监管,综合运用多种行政措施,实行首次轻微违法经营行为免罚,保护市场主体活力,以法治方式护航优化营商环境。

事先提醒指导,督促企业依法运营。在市场主体年报工作中,通过“湖北市场监管”官微、《楚天都市报》发布提醒公告,对未年报企业发送催报提醒短信,督促企业依法运营。强化网络市场经营行为预防规范和教育引导,监测全国性大型第三方平台内相关网店 19.22 万家,发布 9 条行政指导意见、8 点消费提示,运用行政指导、消费提示等柔性手段督促相关平台企业履行法定责任。开展防范非法集资等金融风险宣传教育月活动,指导开展 P2P 网贷机构退出工作。

事中包容监管,对企业实施审慎容错。省市场监管局 2019 年 3 月在全国市场监管系统率先推出了首次轻微违法经营行为免罚清单,将注册、商标、计量、食品等领域的 36 项轻微违法行为列入首批免罚清单,强调行政处罚前综合运用责令改正、限期登记、警告教育等行政措施,尽可能采取对当事人损害最小的方式。审慎推行容错机制,健全配套措施,对于首次免罚的轻微违法行为,通过责令改正、约谈、批评教育等仍拒不改正的,依法予以处罚。制定省局行政执法“三项制度”试行办法、行政处罚案件办理若干规定和行政处罚裁量权适用规则等制度,推动文明公正执法,兼顾提高办案效率和保护当事人合法权益。将包容审慎执法和依法监管有机结合，推进以“双随机、一公开”为基本手段、以重点监管为补充、以信用监管为基础的新型监管机制建设，“进一次门，查多项事”，最大限度减少对市场主体正常经营的干扰。着力降费减负，全年减免企业各种费用7.85 亿元。

事后跟踪管理，激发市场主体经营活力。依托信用管理平台，对履行相关公示义务申请移出经营异常名录的，在规定时限内办理并向社会公示，及时指导企业修复企业信用。按照依法合规、审慎包容、分类处置的原则，对经营异常名录进行清理。2019 年全省企业 11.72 万家被列入经营异常名录，4.96 万家移出异常名录。各级政府部门通过共享交换平台归集信息 183.4 万条，其中行政许可信息 141.9 万条，行政处罚信息 15.5 万条，协同监管信息 2.1 万条，抽查、检查信息 23.9 万条，实现部门间信息共享互认，提高涉企业务的办理效率，减轻企业提供证明事项负担。

在提质提速强化服务，包容审慎科学监管的前提下，市场监管部门优化营商环境的成效逐步显现，市场主体活力得到大力提升。2019 年全省市场主体量质提升，总量达到 541.96 万家、注册资本 11.50 亿元，同比分别增长 8.71% 和 15.61%，总量居中部第二、全国第八；外资企业 1.24 万户，每千人市场主体 92 户，均居中部第一。全省万人发明专利拥有量 9.75 件，增长 18.3%；商标有效注册量 53.3 万件，增长 26.3%；驰名商标 387 件、地理标志 432 件，分别居全国第七、第三。

选送单位：省市场监管局

坚决“打伞破网”助力扫黑除恶专项斗争

党中央部署开展扫黑除恶专项斗争以来，湖北省纪委监委动员和组织全省纪检监察机关以豁出去的果敢精神和坚定态度,向黑恶势力及其“保护伞”坚决亮剑、重拳出击,把推进扫黑除恶“打伞破网”作为做到“两个维护”的重要行动,作为增强人民群众获得感幸福感和安全感的重大使命担当,全力以赴、强力推进;坚持边扫边治、综合治理,省纪委监委研究出台《关于在扫黑除恶专项斗争中推进以案促改工作的指导意见》,要求各级纪检监察机关按照以案说法、以案警示、以案促治、以案挽损、以案增誉抓好工作落实,为推进依法治省、维护全省社会稳定大局做出了重要贡献。

2019 年全省纪检监察机关在专项斗争中,针对发现的执法违法、徇私枉法等问题,共发送纪律检查建议书 101 份,监察建议书 148 份,发送提示、提醒函 184 份,促进了政法机关严格队伍管理、规范执法司法,为取得扫黑除恶专项斗争更大成果奠定了坚实基础。

截至 2019 年 12 月 31 日,全省共立案查处涉黑涉恶腐败和“保护伞”2924 件,处理 2823 人,先后留置涉案人员 539 人,党纪政务处分 1838 人,移送司法机关 493 人。省纪委监委立案查处了省委原副秘书长杨邦国,省应急管理厅原党组书记、厅长郭唐寅,省公安厅原党委委员、湖北警官学院原党委书记董国祥,武汉市委原常委、武汉开发区党工委原书记、汉南区委原书记胡洪春,武汉市中级人民法院原院长王晨等 12 名“官伞”“警伞”“大伞”“强伞”,形成强大震慑,受到群众好评。

湖北省“打伞破网”工作得到中央纪委领导、中央扫黑除恶督导组充分肯定。中共中央政治局委员、中央纪委副书记、国家监委主任杨晓渡同志批示“很有成效、很有定力、很不容易”。2019 年省纪委监委被表彰为全国扫黑除恶专项斗争先进单位。

选送单位:省纪委监委机关

全国首家县域综合法学研究会在仙桃成立

2019 年 11 月 16 日湖北仙桃法学研究会成立大会暨第一届仙桃法学论坛成功举办，备受关注的全国首家县域综合法学研究会正式成立。

经推选，仙桃法学研究会由中国法学会副会长、长江学者、中国人民大学常务副校长王利明教授，长江学者、清华大学法学院教授张明楷担任名誉会长，长江学者、武汉大学法学院教授秦前红担任会长。

成立大会上，仙桃法学研究会与由全国工商联副主席、小米科技创始人、董事长雷军领衔的沔商总会签署了战略合作协议。

法学论坛环节，围绕“建设法治政府，优化营商环境”的主题，王利明教授，长江学者、中国人民大学法学院教授高圣平等法学家作了主题报告。王利明又一次鲜明提出了“民法要扩张、刑法要谦抑”“法治是最好的营商环境”等观点，引人关注。

在主题为“建设法治政府、优化营商环境”的圆桌论坛上，知名法学家、中国宪法研究会副会长、湖北警官学院院长刘茂林教授提到，法治政府建设要有法律技术帮助、法治文化支持等；中南财经政法大学党委常委、副校长刘仁山提及“仙桃法学家现象”在共和国历史上绝无仅有，还特别提到了《优化营商环境条例》，政府要有契约精神，即新官要理旧事；长江学者、华中科技大学法学院院长汪习根指出，企业要发展必须要有人格尊严权、营商安全权、市场自由权、幸福生活权等权利。

选送单位：仙桃市委全面依法治市委员会办公室

“湖北公安政务服务平台”上线运行

经过 3 个月的攻坚克难，“湖北公安政务服务平台”于 2019 年 10 月 11 日正式上线运行(以下简称平台,微信公众号、PC 端同步上线),首批推出指挥中心、境外非政府组织管理、治安、内保、网安、交警、出入境、监管、禁毒、法制、机场公安等 11 大业务警种、435 项政务服务;汇集提供各类便民查询 18 项、特色应用 15 项、行政服务事项 402 项,可全程网上办理 232 项,通过预约预审只跑一次办理 119 项。

坚持联通共享,努力实现“一网通办”。坚持以“互联网思维”谋划推动工作,明确将“联通共享”作为平台建设的最高原则。对上,全面深入与省政府“一张网”“鄂汇办”联通对接,统一用户体系,统一服务指南。对外,积极争取公安部局、省政管办、省邮政公司大力支持,及时解决短信推送、EMS 快递、系统对接等难点问题,有效打通全程网办的“最后一公里”。对下,精心编制“四级八同”政务服务指南,制定出台平台运行管理工作规范,全省范围内无差别提供服务。

坚持自我革命,努力实现“一次不跑”。在户政业务方面,全面系统重塑业务,将涉户籍、居民身份证、居住证等 15 类 125 项窗口业务整体搬迁上网、全部限时办结;在出入境业务方面,部署上线的 67 项业务,有 2 项可实现全程网办,其余均可通过预约预审最多跑一次办理;在交管业务方面,与部交管局“12123”平台单点对接,实现 29 项交管业务全程网办、16 项预约只跑一次。

坚持民意引领,努力实现“一体满足”。主动对接不同群体多元化的服务需求,持续拓展便民新渠道、服务新平台。“堵路移车”通过平台自动关联车主手机,自动发出提醒短信,助力构建文明和谐的交通环境;“乘车报备”让百姓出门在外乘车,能够自助报备乘车信息,在线向公安机关托付安全,有力震慑潜在违法犯罪分子;“寻人寻亲”“失物招领”把基层公安机关每天提供的线下服务搬到线上,借助互联网的力量,广泛发动人民群众;“我的评价”将申办业务办理效果评判权交给群众,一星至五星量化评价,真正让权力在阳光下运行,真正形成民意闭环。

选送单位：省公安厅

武穴市探索“1 +4”综合行政执法改革模式

2015 年 3 月武穴市被中央编办确定为首批 138 个全国综合行政执法体制改革试点城市之一，也是湖北省 4 个试点城市中唯一的县级市。试点以来，大胆探索了具有武穴特色的“1 +4”改革推进模式，逐步形成了“实施范围全域化、整合职能集约化、机构设置扁平化、协调配合一体化”的武穴综合行政执法体制改革之路，改革效果初步凸显。2018 年以来，有 50 多家全国各地同行到武穴市考察学习改革经验，新华网、《湖北日报》等多家媒体报道了改革经验，省编办、黄冈市改革办等省、市领导对武穴市综合行政执法改革试点工作也给予了高度肯定。

在整体设计上与“放管服”改革相结合，设计报批了“1 +4”改革方案：“1”是以整合职能相近、执法内容相当、执法方式相同的机构和职能为原则，将涉及公共服务、关系民生的行业领域，或执法事项单一、力量不足的等行政执法职权整合，划入新成立的市综合行政执法局，实行跨部门综合执法；“4”是综合考虑执法的专业性、技术性、方式方法的异同性，整合市场监管、交通运输、安全生产、农业 4 大领域执法机构和人员编制，分别设置一支执法队伍，在领域内开展相对集中执法。

该模式，一是破除体制障碍，实现了执法体制更顺畅。通过改革，变“部门单干”为“相对集中”，变“九龙治水”为“一专多能”，解决了“看得见的管不着、管得着的看不见”的突出问题。二是优化机构编制，实现执法力量更强。改革后，执法层级、执法队伍数量和种类大幅“瘦身”。三是加强协作联动，实现执法效能更高。两年多来,市综合行政执法局共开展各类执法巡查 234,496 人次,制止各类违法行为 27,107 起,立案查处和办理水利、文化、国土、住建、城市管理等领域违法案件 3153 件,处罚金额 9180 万元,处置各类城管案件 127,215 件,信访案件 1291 件,实现了行政执法“质和量”突破。四是强化队伍建设,执法行为更规范。改革后没有发生一起行政处罚错案,群众满意度大幅提升。

打造了一张“横到边、纵到底、立体综合”的综合行政执法网络。建强了一支队伍,确定城区按常住人口万分之八、乡镇按户籍人口万分之五配备执法编制,并按 2∶1 比例配备协管人员,执法人员 85% 以上下沉到基层一线,保障了公安和综合行政执法的联动。既建立了一套机制,又建立了以市长为组长、常务副市长、分管副市长、综合行政执法局局长为副组长,各有关部门主要负责人为成员的联席会议制度。在运行机制上,出台了《武穴市综合行政执法体制改革试点工作的实施意见》等“1 +5”系列文件,建立和完善了执法与行业监管衔接、执法与司法联动等工作机制,规范了执法行为、促进了执法联动、提高了执法效率。

选送单位:黄冈市委全面依法治市委员会办公室

中国践行国际法治研讨会在武汉市召开

2019 年 8 月 30 日由国家高端智库武汉大学国际法研究所主办的“中国践行国际法治研讨会”在武汉市召开。此次会议围绕“中国是否遵守国际规则、是否是国际法治的建设者和维护者”“中国是否履行所承担的 WTO 义务”“美国的单边主义做法是否符合国际规则”等核心问题予以明辨。来自国内多所高校的国际法专家分别发表主题演讲。与会专家一致认为,我国自加入 WTO 以来一直全面履约承诺,而面对一些无端指责和贸易摩擦,中方采取反制措施具备充分国际法依据。

通过举办“中国践行国际法治研讨会”,聚集国际法学界专家,不仅体现了国际法领域研究的突出成果,同时为维护国家利益提供了充分的国际法依据。本次研讨会相关情况在 2019 年 8 月 30 日《新闻联播》节目中播出,同时被新华社、《人民日报》、《光明日报》、中央广播电视总台、经济日报社、《中国日报》英文版等多家中央媒体深入报道,相关专家观点获得了各界认同,引起广泛讨论与关注,体现较大社会影响力。

选送单位:武汉大学

2019年度“湖北省十大法治创新案例”

省工商联建立全省非公有制企业投诉服务平台

按照省委省政府《关于构建新型政商关系的意见》和《关于大力支持民营经济持续健康发展的若干意见》的要求，为进一步落实“放管服”改革，优化全省营商环境，省工商联建立了全省非公有制企业投诉服务平台，畅通非公有制企业法律诉求表达渠道。

确立了首创性、前瞻性的非公有制企业法律服务模式。省工商联主导建设的省级“互联网+非公有制企业服务”信息服务平台——湖北省非公有制企业投诉服务平台、移动App“联企e站”上线运行，形成了具有湖北特色的全省一张网、三级全覆盖的非公有制企业法律服务体系。

建立了程序化、规范化的非公有制企业法律服务机制。通过全方位制度体系、内部工作规范和外部联络机制，构建了全省统一规则、统一流程、统一管理的投诉服务工作机制，其中《湖北省非公有制企业诉求受理工作办法（试行）》及《湖北省非公有制企业诉求事项办理联络员工作规范》上报省政府同意后已印发实施。

畅通了制度化、规范化的非公有制企业诉求反映渠道。湖北省非公有制企业投诉服务中心成立以来，通过线上受理投诉维权、线下提供法律咨询，全年共受理非公有制企业各类诉求事项 1910 件，做到“件件有着落、事事有回音”。

成立了全省一体、三级联动的投诉服务中心。湖北省非公有制企业投诉服务中心于 2018 年年底挂牌。同时，全省 17 市（州、林区），68 县（区）已经成立投诉服务中心，多地工商联增加了事业编制，地市级投诉服务中心成立率 100%，实现全覆盖，县区级投诉服务中心成立率达 68.7%，全省一体、省市县三级联动的投诉服务中心基本建成。

成立了线上线下全服务、咨询服务全免费的非公有制企业法律团队。省工商联成立了专业法律服务团队，在平台注册的 51 家律师事务所、142 名律师构成的法律服务库和专职坐班律师，全天候为全省非公有制企业提供线上线下全方位、全免费的法律咨询服务。

塑造了有美誉度、公信力的非公有制企业法律服务品牌。湖北省非公有制企业投诉服务中心挂牌成立、湖北省非公有制企业投诉服务平台上线后，受到广大非公有制企业人士的肯定和信任，新华网、人民网、《中华工商时报》、《湖北日报》、荆楚网等众多媒体进行了深度全面赞誉报道，随着市、县两级非公有制投诉服务中心的成立，工商联服务民营企业能力进一步提升，非公经济法律服务品牌正全力打造。

选送单位：省工商联

普纪普法全覆盖“十进十建”润人心

为落实党中央、中央纪委及省委关于依法治国、依规治党的部署和要求，省纪委监委从 2018 年 5 月起在全省探索开展党规党纪和监察法规宣传教育“十进十建”活动。

活动突出政治站位，明确以“三宣”为纪法宣传教育主旋律，即广泛深入宣传习近平全面从严治党重要论述,宣传党章党规党纪和中国特色反腐败法律体系,宣传党中央和中央纪委、省委关于正风反腐重大决策部署和成效。

活动明确“十进十建”的“进”“建”内容,即进党委(党组)中心组,进党政机关,进民主党派和群团组织,进党校(行政学院),进公办学校、医院等事业单位,进国企,进社区,进村庄,进电视、报刊等媒体,进互联网。建立健全学习、宣传、教育、监督、预防等制度机制。

通过构建内容体系、制度体系、责任体系、监督体系“四个体系”;把握聚焦“关键少数”示范性、突出行业领域差异性、凸显监督对象分众性“三个特性”;坚持日常监督与集中宣教并重、正面引导与反面警示并重、创精品与暖民心并重等“三个并重”;实现在效力、效率、效果上提升“三个提升”,推进公职人员普纪普法教育全覆盖、制度化、常态化、长效化。

“十进十建”体现预防在先、教育在前的指导思想,是践行严管厚爱、避免“好同志”走向“阶下囚”的创制之举,是推动全面从严治党向纵深发展、夺取反腐败斗争压倒性胜利、营造风清气正政治生态的治本之策,有力增强了公职人员党纪法规意识,促进认真学法、模范守法、严格执法、公正司法。

选送单位:省纪委监委机关

网湖湿地水产养殖环境民事公益诉讼案

网湖湿地自然保护区地处长江中下游,长江干流南岸,位于黄石市阳新县东南部,属长江一级支流富水河下游。2012 年 12 月 10 日省政府将网湖列入全省第一批湖泊保护名录。

2014 ~ 2016 年养殖公司向其承包经营的网湖大湖投放含磷肥料进行养殖,阳新县环保监测站 2016 年 11 月编制的《网湖(大湖)水体总磷超标调查报告》

记载，网湖大湖水质总磷超标主要原因是过量养殖、大量投肥，周边精养鱼池也有一定的“贡献值”。2018年1月21日省环科院生态环境损害司法鉴定中心受托对案涉养殖投肥行为进行鉴定，认为网湖水样总磷浓度均显著超过基线水平，达到环境损害确认的基本要求，并采取虚拟治理成本法计算出2014～2016年投肥养殖造成网湖水体环境损害的最低数额为1,946,776元。

黄石市人民检察院在办案过程中发现养殖公司污染环境的线索，指定阳新县人民检察院立案调查。经过履行公告程序，公告期满后，未有适格的主体提起公益诉讼。省人民检察院指定武汉铁路分院就本案向武汉海事法院提起诉讼。

2019年11月19日武汉海事法院在湖北省黄石市公开开庭审理并当庭宣判：(1)养殖公司在判决生效之日起10日内赔偿网湖大湖水体环境损害费1,946,776元，用于网湖大湖水体的整体治理与恢复工作；(2)养殖公司在一家市级以上新闻媒体向社会公开赔礼道歉，赔礼道歉的媒体、内容、版面、字体需经法院审核。如未履行上述义务，则由法院选择媒体刊登判决主要内容，所需费用由养殖公司负担。

该案一是贯彻落实习近平生态文明思想，为长江流域生态环境安全提供有力司法保障的具体体现。二是进一步全面落实司法体制改革，院庭长办理重大、疑难、复杂案件的具体举措。三是武汉海事法院坚持公正司法，充分发挥长江生态环境资源审判职能的生动写照。四是体现坚持注重预防、公共参与的环境司法理念和原则，庭审过程全程公开，裁判文书网上公开，切实维护公众知情权、参与权与监督权，增强了环资审判公信力。五是本案坚持党的领导、人大监督和政府支持，探索建立协同保护、立体保护、区域保护、全方位保护制度，推动形成长江大保护的强大合力。

该案还体现了保护与发展两大主题的协调，促进了公众环保意识的提高和当地政府污染治理工作的开展,取得了良好的法律效果和社会效果。

选送单位:省高级人民法院

打造基层社会治理体系的十堰样板
——十堰市律师"246"工作体系建设

十堰市自2019年5月起,在全市大力推进律师"246"工作体系建设,采取政府购买法律服务的方式,将优质的法律服务资源输入基层,打造了办事依法、遇事找法、解决问题用法、化解矛盾靠法的基层社会治理新格局。其经验做法被《人民日报》《朝闻天下》《法制日报》《湖北日报》等权威媒体进行了专题报道。在2019年全省群众安全感测评中,十堰市解决矛盾纠纷成效在全省17个市(州)和直管市中位居前三。

从2018年下半年开始,郧西县委县政府为了有效化解信访矛盾,维护社会稳定,在全县开展了"百名律师进乡村"活动,仅2018年当年,郧西县信访量大幅下降,解决矛盾纠纷工作成效在全省103个县(市、区)中位列第37。为大力推广郧西经验,2019年5月14日在全市律师"三进"暨推进"律师"四进现场会上,总结提炼了律师"246"工作体系,即"二个全覆盖":党政机关、村(社区)聘请法律顾问全覆盖,律师参与重大决策、疑难案件调解全覆盖;"四进":律师进乡村(社区)、进综治中心、进信访大厅、进信访疑难案件化解;"六项工作职责":律师参与化解矛盾纠纷、履行信访值守、开展法治宣传、提供法律咨询、开展法律援助、协助村(社区)开展依法治理。自此,律师"246"工作体系建设在全市铺开。

十堰市社会法治环境得到明显优化、法治氛围日益浓厚。主要表现在干部群众法治观念显著增强、基层社会治理工作显著改观、基层组织依法行政能力大幅提升、村(居)民自治参与更为广泛、人民群众幸福感和获得感更加满足、为疫情期间提供了坚实的法治保障等方面。

律师“246”工作体系建设只是全市开展公共法律服务的一面缩影,通过这面镜子,映射了十堰市开展公共法律服务的质量和水准。自 2019 年以来,十堰市司法局先后荣获“全国公共法律服务工作先进集体”“全国法律援助工作先进集体”“全国维护妇女儿童权益先进集体”“中央专项彩票公益金法律援助项目贡献突出实施单位”“大排查、早调解、护稳定、迎国庆”专项活动表现突出集体等荣誉称号。全市还有一大批司法行政机关工作人员、律师、仲裁、司法鉴定工作者、基层法律服务工作者获得全国性表彰。

选送单位:十堰市委全面依法治市委员会办公室

省人大常委会制定《湖北省清江流域水生态环境保护条例》

清江是长江在湖北省境内的第二大支流,流经恩施州和宜昌市所属的 10 个县(市),是湖北省乃至长江中下游重要的生态屏障,随着经济社会的快速发展,清江保护与开发的矛盾凸显。制定《清江流域生态环境保护条例》(以下简称《条例》)既是落实习近平总书记视察湖北重要讲话精神以及省委要求的具体行动,也是满足清江流域人民美好生活的迫切需要。

在立法过程中,省人大常委会以问题为导向,坚持科学立法、民主立法、依法立法。

充分发挥人大代表履职作用。《条例》是由省人大代表根据群众呼声在省“两会”期间提出,并及时转化为地方性法规项目。广泛吸收各方面意见。在立法过程中,省人大常委会注意吸收各级人大代表以及基层立法联系点的意见建议,多次赴清江流域开展调研。创新立法工作机制,不仅多次征求恩施州、宜昌市人大以及10个县市意见并委托其同步开展立法调研,还征求了国家生态环境部意见并组织召开省直相关部门参加的评估会,委托华中科技大学开展立法论证会。

制定清江流域发展负面清单。清江流域拥有丰富的自然资源,但同时也是生态敏感区。《条例》规定,禁止在清江干流和主要支流1公里范围内新建化工园和化工项目,禁止新建、扩建法律法规和相关政策明令禁止的落后产能项目,已建成的县级以上人民政府应当制定限期整治方案,予以改造、转产、搬迁或关闭。

禁止销售和使用剧毒、高毒、高残留农药及其混剂。清江流域过量使用化肥和农药的现象突出,不仅降低了农产品质量,还会导致严重的水、土壤等环境污染。《条例》在湖北省地方性法规中首次明确作出在流域范围内禁止剧毒、高毒、高残留农药销售使用的规定。

禁止生产、销售和使用含磷洗涤用品。《条例》规定,清江流域禁止生产、销售和使用含磷的洗衣粉、洗涤剂、清洁剂等洗涤用品,并对相关法律责任作出规定。

保障清江流域水生态流量。目前,整个清江流域水资源存在盲目、无序、过度开发现象,甚至影响了河流的正常生态功能。《条例》规定,一是要求科学确定清江流域各河道以及各水电站的生态流量,对流域内水电站生态流量泄放情况实时监控。二是合理安排闸坝下泄水量,保证最小下泄生态流量。三是规定严格控制水电站的建设并对已有水电站进行评估整改。

选送单位:省人大常委会办公厅

武汉市蔡甸区法律援助中心对张某某环境污染责任纠纷案提供法律援助

张某某,2009 年 3 月出生,居住在湖北省武汉市蔡甸区某电源有限公司(以下简称电源公司)附近。在张某某两岁多时,其父母发现张某某较同龄儿童发育迟缓,遂将其送往医院诊治。经医院进行血液铅浓度检验,其结果为 121μg/L,出院诊断为儿童注意力缺陷多动障碍,精神发育迟滞,脑瘫后遗症。根据《儿童高铅血症和铅中毒预防指南》(卫妇社发〔2006〕51 号),儿童正常血铅含量大于或等于 100μg/L 为铅中毒。2011 ~ 2016 年张某某所花医疗费为 152,156.59 元。

张某某家人认为,张某某的病情系由电源公司的排污行为造成,电源公司应当承担赔偿责任。为此,2016 年 11 月 21 日张某某父母作为法定代理人向蔡甸区法律援助中心提出法律援助申请,蔡甸区法援中心指派湖北人言律师事务所律师李君代理张某某环境污染损害赔偿案件。

援助律师接受指派后,多次前往张某某的居住地进行调查走访,并且为张某某梳理了环境损害赔偿具体请求事项及相关证据。经过充分的前期准备工作后,援助律师于 2017 年 6 月代表当事人向武汉市蔡甸区人民法院提起诉讼。

一审阶段,蔡甸区人民法院认为,张某某的病因无法鉴定,不足以证实张某某的病情系由电源公司超标排污引起,故判决驳回张某某全部诉讼请求。

2018 年 4 月 15 日张某某父母不服该判决,向武汉市中级人民法院提起上诉。二审过程中,李君律师反复提出,"铅中毒是造成脑瘫的病因之一,也就是铅中毒与脑瘫之间具有关联性,且张某某母亲怀孕时、张某某出生后一直居住在电源公司附近,其与电源公司存在铅排放超标存在关联性"。武汉市中级人民法院采纳了李君律师的代理意见,裁定撤销原判决,发回重审。

2018 年 7 月 26 日蔡甸区人民法院立案重审,李君律师再次接受蔡甸区法律援助中心指派,继续代理该案,并重申了前述代理意见。蔡甸区人民法院采纳了李君律师的代理意见,判决电源公司赔偿张某某医疗费 152,156.59 元、护理费 1061 元、精神抚慰金 20,000 元,共计 173,217.59 元。

电源公司不服该重审判决,遂上诉于武汉市中级人民法院。2019 年 4 月 9 日武汉市中级人民法院经审理后驳回上诉,维持原判。

该案就是一起较典型的环境污染侵权责任纠纷案件。根据环境污染纠纷因果关系推定原则、举证责任倒置原则以及无过错责任原则,该案应当由具备行业知识的电源公司证明血铅含量超标与脑瘫之间不具有关联性,其排污行为与受援人遭受的损害不存在因果关系,而不是苛责受援人证明其损害与环境污染存在必然的因果关系。该案 2019 年被司法部收编入典型案例库。

选送单位:省司法厅

探索推进多元调解中心建设　打造“枫桥经验”咸宁版

坚持和发展新时代“枫桥经验”,推动构建新时代大调解工作格局,咸宁市司法局在市委、市政府的支持下,探索推进多元调解中心建设,于 2019 年 11 月创新搭建纠纷调解综合服务平台——咸宁市人民调解中心,加强各类调解资源的衔接联动,实现调解工作内涵式、集约式、融合式创新发展,打造“枫桥经验”咸宁版。

加强领导、强化组织,绘就“咸宁方案”。此前,行业性专业性调解组织整体建设标准不高、调解效能发挥不明显,影响了调解作用的充分发挥。2019 年 3 月在多次专题调研基础上,提出探索建立矛盾纠纷调解中心的构想,通过调解中心,加强各类调解资源的协调联动,积极形成矛盾纠纷大调解工作格局。按照“党委谋划、政府建设、部门入驻、司法(局)管理、法院对接”的总体思路,市委市政府高度重视，市委全面依法治市委员会第一次全会专题审议并通过《调解中心建设方案》。

高端建设、融合发展，打造“咸宁模版”。调解中心服务举措便民化、调解资源集约化、调解队伍专业化、运行管理规范化。中心拥有近 4000 平方米的办公面积，设大厅接待区、调解区、法律服务区、保险理赔区、仲裁委、法院派驻区、综合办公区，以及空中花园等功能区域；中心融合 11 个市直行业性专业性调委会，为人民群众提供了一站式矛盾纠纷“调解超市”；中心进驻人员包括专职调解员 27 名、特邀律师调解员 31 名、仲裁员 6 名，以及律师、公证员等法律服务工作者，组建 60 多人的人民调解专家库，派驻法官工作室法官 4 名，创建个人品牌调解工作室——“樊老师调解工作室”；中心为正科级公益一类事业单位，核定事业编 4 个，制定《咸宁市人民调解中心调解规则》《咸宁市人民调解中心工作守则》《咸宁市市直行业性专业性调委会经费使用管理办法》等。

联动协作、多元解纷，助力“咸宁之治”。多元化调解、高效能服务。中心以人民调解为基础，整合律师、公证、司法鉴定、法律援助等公共法律服务资源，建立人民调解、行政调解、行业性专业性调解以及仲裁、行政裁决、行政复议、司法调解等衔接联动的矛盾纠纷多元化解机制。入驻以来，两级人民法院法官工作室向调解中心委派调解案件 205 件，结案 117 件；中心通过统一受理窗口、共享调解场所、融合调解力量、汇集专家资源、集约管理人员、实现调解资源集约化供给，为群众提供“一站式”的法律服务。

调解中心启动运行以来，接待咨询群众 720 人次，受理纠纷 550 件，调解成功 540 件。先后接待中国法学会、司法部、团中央、省委政法委、省法院、省司法厅以及市县指导交流 440 余人。

选送单位：省高级人民法院、咸宁市委全面依法治市委员会办公室

以法治思维深化“放管服”改革

法治是最好的营商环境。省政务管理办坚持以法治思维为引领,始终把促进依法行政贯穿“放管服”改革全过程,以法治方式厘清政府与市场之间的关系,最大限度减少政府对市场的不必要干预,进一步激发市场活力和社会创造力。湖北省方便企业群众办事的经验做法得到国务院领导同志批示,“放管服”改革连续两届获得湖北省改革奖。

依法推进简政放权,放出最大限度的市场活力。坚持依法清权、放权、管权等依法行政,把该放给市场和社会的权力坚决放足、放到位。会同50多家省直单位及市县相关部门全面梳理编制省、市、县三级政务服务事项清单(依申请和公共服务类),历时4个多月,最终确定省、市、县三级业务办理项。以需求为导向,以法律为准绳,先后分7批取消、下放、调整省级行政审批等事项757项。严格执行《湖北省行政权力清单管理办法》,规范全省行政权力动态管理。

依法推进规范监管,管出公平公正的市场环境。全面加强事中、事后监管,依托省“互联网+监管”系统规范监管行为和监管公开,为市场主体打造公平、公正的市场环境。清理监管事项1597项,全省共编制检查实施清单77,061项,全部纳入省“互联网+监管”系统统一管理,并逐步实现全省监管工作“一张清单”制度,推进各级各部门“照单监管”。

依法推进政务服务,服出优质高效的发展环境。大力推进“一网通办”,截至2019年年底,全省依申请和公共服务政务服务事项可网办比例为省级99.23%、市级99.14%、县级98.39%。创新审批服务举措和推动线上线下融合,提升实体大厅“一站式”功能,市县级政务服务事项进驻比例达到78.76%,推行综合窗口设置,“一窗”受理事项达到49,465项。全面优化涉企经营审批,大力推进“多证合一”改革,加快“证照分离”改革试点,全省企业开办时间从

22.5 个工作日压缩至 3 个工作日，有的地方实现 1 日办结，持续改进不动产登记和进一步优化投资报建审批。

依法推进政务公开，打造公开透明的政务环境。扎实抓好《政府信息公开条例》的贯彻落实，公开第三方评估结果和反映的问题，强化考核评估，开通湖北省电子政务短信服务平台，做好依申请公开、推进主动公开、提升解读回应、做好阳光信访、加强公报工作。2019 年共受理依申请公开申请 223 件，同比增长27.4%，共完成文件公开 118 件；全面完成 2019 年“两会”建议提案办理工作，各市州公开 2019 年办理结果信息 2454 条，省政府各部门公开办理结果信息 1041 条，各市州公开 2018 年办理结果信息 4650 条，省政府各部门公开办理结果信息 747 条；通过湖北省阳光信访平台共受理网上信访、投诉 51 件，办结率 96.08%，《湖北省人民政府公报》受到中国出版协会表彰。

选送单位：省政府办公厅

恩施州推进公共法律服务体系标准化建设

近年来，恩施州司法局坚持以人民为中心，以“公共法律服务标准化建设”为纲，统筹推进实体平台、人工智能平台、热线平台三大服务平台以及律师三进、法律六进、人民调解参与信访矛盾纠纷化解等公共法律服务事项标准化建设，推动了公共法律服务体系建设的机制和模式创新。

突出顶层设计、构建质量管理体系。坚持抓住“标准化”这个“牛鼻子”，发布全国首个公共法律服务地方标准——《公共法律服务中心服务规范》（DB4228/T016 - 2017），制定了《恩施州公共法律服务平台形象识别规范》《恩施州律师三进工作规则》《恩施州“法律六进”工作规范》《恩施州人民调解进信访大厅参与化解信访矛盾纠纷工作规则》《恩施州村（居）法律顾问工作服务细则》《恩施州律师办理黑恶势力犯罪案件操作指引》等9部州级行业规范,形成科学、高效、便捷的标准化建设管理体系。

突出示范引领、同步开展贯标工作。围绕公共法律服务“贯标”工作,争取州人民政府印发了《关于推进公共法律服务体系建设的意见》,将“公共法律服务标准化”列为重点任务;通过建立“周调度、月通报、半年督办”工作机制,整合资源搭建了8个县(市)公共法律服务中心、90个乡镇(街道)公共法律服务站、2500个村(社区)公共法律服务服务室,推动贯标工作由试点推广走向全面普及;同时,联合律品汇科技(北京)有限公司研发了全省首个公共法律服务智能平台,以“互联网+标准化”思维成功探索出跨区域、跨部门、跨层级的信息资源共享机制。

突出服务导向、深化“标准化+”改革。州司法局从解决群众最关心、最直接、最现实的问题入手,坚持群众办事“最多跑一次”思维,发布了全省首个公共法律服务产品指导目录——《恩施州公共法律服务产品指导目录(第一批)》,实现同一层级相同项目名称、申请条件、申请材料、办理环节基本相同。发布了《恩施州公共法律服务中心“两集中、两到位、六公开”事项目录》《恩施州公证行业“最多跑一次”公证事项目录及材料清单》等公共法律服务标准清单,推动实现公共法律服务职能、人员在中心集中,服务事项审批授权、办理在中心到位,公共法律服务事项的法定依据、申请条件、申请材料、办理程序、办理时限、注意事项同步公开,并将“12348”热线升级为全州统一的服务效能监督电话,在各市、县公共法律服务中心投放“12348”公共法律服务智能终端机19台,有效缓解了资源配置、服务供给、公众享受等不均问题。

州司法局作为全省第三批省级社会管理和公共服务综合标准化单位之一,为全省公共法律服务标准化建设提供了可参照、可复制和可推广的模板,系列工作创新先后得到省领导的肯定;2019年恩施州司法局因公共法律服务体系建设工作突出荣获第二届湖北改革奖“单位奖”。

选送单位:恩施州委全面依法治州委员会办公室

“法之必行”的“三入”探索

为破解地方性法规落地难等问题,各地进行了一些有益尝试。近年来,荆州市以习近平总书记关于坚持和完善人民代表大会制度的重要思想为指导,以良法促进发展、保障善治为目标,以地方性法规进入执法、融入司法、列入普法的“三入”为抓手,有力促进了地方性法规正确有效实施,得到了全国人大与省人大的肯定,《法制日报》头版进行了专题报道。

党委高度重视,组织领导有力度。坚持党对地方性法规实施的领导,是做好“三入”工作的根本保证,荆州市委主要加强三个方面工作:一是将地方性法规“三入”工作纳入市委工作安排;二是将地方性法规“三入”工作纳入全市重点改革项目和法治荆州建设的重要内容;三是将地方性法规“三入”工作纳入市委督办的重要内容。

人大依法履职,工作推进有强度。荆州市人大常委会于 2018 年 8 月作出《关于全面推动地方性法规进入执法融入司法列入普法工作的决定》,并将推动“三入”作为监督工作的一项重点,开展了一系列跟踪监督。一是制定法规实施专项计划;二是建立地方性法规实施情况报告制度;三是发挥执法检查的“法律巡视”监督利剑作用;四是加强“三入”理论研究。

政府主动作为,进入执法有硬度。将地方性法规的规定转化为行政执法清单,让执法人员用起来,是地方性法规有效实施的关键一招。一是完善部门责任清单。二是建立考核评价机制。三是依据地方性法规加强执法工作。

“两院”依法适用,融入司法有深度。地方性法规是上位法的有效补充,在检察、审判工作中得到适用,是地方性法规有效实施的重要一环。全市检察和审判机关就此开展了一些探索和实践。一是开展地方性法规司法适用专题培训和研讨;二是市中级人民法院制定《关于依法贯彻执行地方性法规的意见》;三是市人民检察院下发《关于依法适用地方性法规的通知》。

各方积极参与,列入普法有广度。加大普法宣传教育力度,提高社会各界的知晓率与参与度,是地方性法规有效实施基础工作。近年来,通过开展一系列宣传教育活动,全市地方性法规实施的社会基础不断夯实,氛围更加浓厚。一是坚持和完善普法责任制;二是发挥媒体的宣传教育作用;三是鼓励和支持社会各界积极参与地方性法规宣传。

"天下之事不难于立法,而难于法之必行。"荆州市将在巩固成果的基础上,深入推进地方性法规"三入"工作从试点向面上、从市直向基层、从重点向全局拓展,为打造"万里长江、美在荆江"新画卷提供坚强的法治保障!

选送单位:荆州市委全面依法治市委员会办公室

践行法治理念　彰显法治力量

一个国家的繁荣进步，离不开法治的支撑；一个社会的和谐稳定，离不开法治的保障。党的十九届四中全会提出，“加大全民普法工作力度，增强全民法治观念，完善公共法律服务体系，夯实依法治国群众基础”，为建设社会主义法治文化指明了路径和方向。

湖北省开展法治人物、法治事件和法治创新案例的评选，旨在发挥先进人物、典型事件和创新案例在法治建设中的示范、引领和带动作用，进一步弘扬社会主义法治精神，传播社会主义法治理念，加快推进全面依法治省工作。评选活动不仅是展示法治湖北建设成果的重要窗口和重要载体，也有利于在全社会形成向榜样学习、向先进对标的浓厚氛围。尤其是在网络投票阶段，投票活动浏览量超过250万人次，投票总数达210万余票，100多家媒体和单位宣传平台纷纷报道和推介。这在提升人们参与感的同时，增强制度意识、法律意识和法治观念，使法治力量更加深入人心。

入选的人物中，有深度参与法治社会建设的大学教授，也有基层执法、司法部门的工作人员，他们秉持着对法治精神的信仰、对法治原则的坚守、对公平正义的执着追求，从不同角度展现和诠释了法治湖北建设的脚步。入选的法治事件，有对“一带一路”建设的助力、对司法流程服务营商环境的优化、对综合行政执法改革模式的探索等，它们犹如一座座里程碑，见证了法治建设前行的坚定步伐,促进社会公平正义。入选的法治创新案例,涵盖了基层治理体系、“放管服”改革、公共法律服务体系标准化建设等当前人们普遍关注的法治热点主题,为提升社会治理能力提供了样板参考。“接地气、连省情、通民心”的法治故事,让我们看到了法治的力量与进步,并在感受榜样力量的过程中,获得有关法治的规范性和价值性认知,加深了对法治价值、法治文化、法治精神的理解。

“一切法律中最重要的法律,既不是铭刻在大理石上,也不是铭刻在铜表上,而是铭刻在公民的内心里。”只有让法治观念“飞入寻常百姓家”,并做到根植于民,才能够使人们形成对法治的信仰,做到办事依法、遇事找法、解决问题用法、化解矛盾靠法,并成为法治的忠实崇尚者、自觉遵守者、坚定捍卫者。将法治内化为信仰,是一个聚沙成塔、集腋成裘的过程,靠循序渐进的教育宣讲,靠个人的自觉践行,也需要靠丰富多彩、参与度强的法治评选活动来支撑和引导。

评选活动是展示平台、传播载体更是形成法治思维的“催化剂”。人们对它的高度关注,也是重视法治建设的重要体现。让我们以此为新的起点,在铿锵前行中凝聚起法治建设的强大力量,为营造良好营商环境、加速疫后重振提供坚强法治保障,为决战脱贫攻坚、决胜全面建成小康社会保驾护航。

(荆楚网·东湖评论:凝聚起法治建设的强大力量,2020 年 7 月 24 日)

附　录

2019年度湖北省委主要党内法规和规范性文件目录

1. 中共湖北省委、湖北省人民政府关于对标全面建成小康社会必须完成的硬任务扎实做好“三农”工作的若干意见

2. 中共湖北省委关于贯彻实施《2018—2022年全国干部教育培训规划》的意见

3. 中共湖北省委、湖北省人民政府关于全面学习浙江“千万工程”经验扎实推进美丽乡村建设的决定

4. 中共湖北省委、湖北省人民政府关于加快开放发展推动形成全面开放新格局的若干意见

5. 中共湖北省委、湖北省人民政府关于学前教育深化改革规范发展的实施意见

6. 中共湖北省委、湖北省人民政府关于全面实施“一芯驱动、两带支撑、三区协同”区域和产业发展布局的意见

7. 中共湖北省委关于印发《贯彻落实〈中共中央关于加强党的政治建设的意见〉的具体措施》的通知

8. 中共湖北省委关于认真贯彻执行《中国共产党重大事项请示报告条例》加强和规范重大事项请示报告工作的通知

9. 中共湖北省委、湖北省人民政府关于印发《湖北教育现代化 2035》《加快推进湖北教育现代化实施方案(2018—2022 年)》的通知

10. 中共湖北省委、湖北省人民政府关于完善国有金融资本管理的实施意见

11. 中共湖北省委关于落实促进中部地区崛起战略推动高质量发展的意见

12. 中共湖北省委关于印发《湖北省实施〈中国共产党农村工作条例〉办法》的通知

13. 中共湖北省委关于新时代加强和改进人民政协工作的实施意见

14. 中共湖北省委关于印发《湖北省实施〈中国共产党政法工作条例〉细则》的通知

15. 省委办公厅、省政府办公厅印发《关于深化综合行政执法改革的实施意见》的通知

16. 省委办公厅、省政府办公厅印发《关于进一步激励关爱基层干部的意见》的通知

17. 省委办公厅、省政府办公厅印发《关于全面深入持久开展民族团结进步创建工作铸牢中华民族共同体意识的实施意见》的通知

18. 省委办公厅关于印发《湖北省解决形式主义突出问题为基层减负实施方案》的通知

19. 省委办公厅、省政府办公厅印发《关于改革和完善疫苗管理体制的实施意见》的通知

20. 省委办公厅、省政府办公厅印发《关于进一步完善县域经济工作考核的意见》的通知

21. 省委办公厅关于印发《湖北省公务员职务与职级并行制度实施方案》的通知

22. 省委办公厅、省政府办公厅印发《关于进一步完善保障农村贫困人口基本医疗的若干措施》的通知

23. 省委办公厅、省政府办公厅关于印发《湖北省深化项目评审、人才评价、机构评估改革实施方案》的通知

24. 省委办公厅关于印发《湖北省贯彻落实〈社会主义学院工作条例〉具体措施》的通知

25. 省委办公厅、省政府办公厅关于印发《湖北省评比达标表彰活动管理实施细则》的通知

26. 省委办公厅、省政府办公厅关于印发《湖北省省管企业领导人员管理办法》的通知

27. 省委办公厅转发《省委统战部关于加强全省基层统战工作的意见》的通知

28. 省委办公厅、省政府办公厅关于印发《湖北省市县党政领导班子和领导干部推进乡村振兴战略实绩考核办法(试行)》的通知

29. 省委办公厅关于印发《湖北省乡镇(街道)党政领导干部选拔任用工作实施办法》的通知

30. 省委办公厅印发《关于加强和改进全省基层党建带群建工作的意见》的通知

31. 省委办公厅关于印发《湖北省实施〈党组讨论和决定党员处分事项工作程序规定(试行)〉办法》的通知

32. 省委办公厅、省政府办公厅关于印发《湖北省解决部分退役士兵社会保险问题实施方案》的通知

33. 省委办公厅、省政府办公厅关于印发《湖北省新时代文明实践中心建设试点实施方案》和《湖北省县级融媒体中心建设实施方案》的通知

34. 省委办公厅、省政府办公厅关于印发《国有企业退休人员社会化管理工作方案》的通知

35. 省委办公厅、省政府办公厅关于印发《湖北省县级以上地方党委和领导班子食品安全工作职责》和《湖北省食品安全工作部门职责》的通知

2019年度湖北省人大常委会制定的地方性法规、决定目录

1.《湖北省反家庭暴力条例》(2019年3月29日通过,2019年6月1日施行)

2.《湖北省人民代表大会常务委员会关于加强检察公益诉讼工作的决定》(2019年7月26日通过,2019年7月26日施行)

3.《湖北省人民代表大会常务委员会关于耕地占用税具体适用税额标准的决定》(2019年7月26日通过,2019年9月1日施行)

4.《湖北省中医药条例》(2019年7月26日通过,2019年11月1日施行)

5.《湖北省司法鉴定条例》(2019年7月26日通过,2019年11月1日施行)

6.湖北省人民代表大会常务委员会关于修改《湖北省实施〈中华人民共和国促进科技成果转化法〉办法》的决定(2019年7月26日通过,2019年11月1日施行)

7.湖北省人民代表大会常务委员会关于修改《湖北省实施〈中华人民共和国会计法〉办法》的决定(2019年9月26日通过,2019年9月26日施行)

8.《湖北省清江流域水生态环境保护条例》(2019年9月26日通过,2020年1月1日施行)

9.《湖北省开发区条例》(2019 年 11 月 29 日通过,2020 年 3 月 1 日施行)

10.《湖北省宗教事务条例》(2019 年 11 月 29 日通过,2020 年 3 月 1 日施行)

2019年度湖北省人民政府规章和规范性文件目录

一、政府规章

1.《湖北省人民政府关于规章清理结果的决定》(2019年1月31日湖北省人民政府第402号令发布,2019年1月31日施行)

2.《湖北省城镇二次供水管理办法》(2019年2月1日湖北省人民政府第403号令发布,2019年4月1日施行)

3.《湖北省第七届世界军人运动会知识产权保护规定》(2019年2月11日湖北省人民政府第404号令发布,2019年4月1日施行)

4.《葛洲坝水利枢纽安全保卫规定》(2019年2月11日湖北省人民政府第405号令发布,2019年4月1日施行)

5.《湖北省电信设施建设与保护办法》(2019年5月11日湖北省人民政府第406号令发布,2019年7月1日施行)

6.《湖北省人民政府关于对民用小型航空器和空飘物采取临时性行政措施的决定》(2019年9月26日湖北省人民政府第407号令发布,2019年9月26日施行)

7.《湖北省餐厨垃圾管理办法》(2019年12月23日湖北省人民政府第408

号令发布,2020 年 3 月 1 日施行)

8.《湖北省地方标准管理办法》(2019 年 12 月 23 日湖北省人民政府第 409 号令发布,2020 年 2 月 1 日施行)

9.《湖北省人民政府关于废止部分政府规章的决定》(2019 年 12 月 23 日湖北省人民政府第 410 号令发布,2019 年 12 月 23 日施行)

二、规范性文件

1.《省人民政府关于公布第七批湖北省文物保护单位和与现有湖北省文物保护单位合并项目的通知》

2.《省人民政府关于命名武汉中小学校外教育活动中心等 11 个单位为湖北省第四批国防教育基地的通知》

3.《省人民政府关于推进数字政府建设的指导意见》

4.《省人民政府关于印发湖北省贯彻落实国务院支持自由贸易试验区深化改革创新若干措施实施方案的通知》

5.《省人民政府关于规范性文件清理结果的决定》

6.《省人民政府关于进一步提高全省政府系统执行力的意见》

7.《省人民政府批转省发展改革委关于 2019 年全省国民经济和社会发展计划报告的通知》

8.《省人民政府关于推行终身职业技能培训制度的实施意见》

9.《省人民政府关于促进天然气协调稳定发展的实施意见》

10.《省人民政府关于做好中国(湖北)自由贸易试验区第三批改革试点经验复制推广工作的通知》

11.《省人民政府关于印发湖北省高等学校考试招生综合改革实施方案的通知》

12.《省人民政府关于印发中国(湖北)自由贸易试验区实施的第二批省级经济社会管理权限目录的通知》

13.《省人民政府关于印发力戒形式主义减轻基层负担若干措施的通知》

14.《省人民政府关于颁发第五届湖北省环境保护政府奖的决定》

15.《省人民政府关于印发湖北省5G产业发展行动计划(2019—2021年)的通知》

16.《省人民政府关于加强动物防疫体系和能力建设的意见》

17.《省人民政府关于在市场监管领域全面推行部门联合“双随机、一公开”监管的实施意见》

18.《省人民政府关于第三届“楚天园丁奖”获奖者以及湖北省农村先进教师和先进教育工作者的通报》

19.《省人民政府关于公布实施湖北省征地区片综合地价标准的通知》

20.《省人民政府关于印发湖北省加强质量认证体系建设促进全面质量管理实施方案的通知》

21.《省人民政府关于印发湖北省推进国土空间规划体系建立并监督实施方案的通知》

22.《省人民政府关于认真做好第七次人口普查工作的通知》

2019年度设区的市、自治州地方性法规和政府规章目录

一、地方性法规

1. 武汉市

《武汉市多元化解决纠纷促进条例》(2019年4月17日通过,2019年9月1日施行)

《武汉市实施〈中华人民共和国环境保护法〉办法》(2019年4月17日通过,2019年9月1日施行)

《武汉东湖风景名胜区条例》(2019年6月21日通过,2020年1月1日施行)

《武汉市控制吸烟条例》(2019年7月30日通过,2020年1月1日施行)

2. 襄阳市

《襄阳市城市建筑垃圾治理条例》(2019年8月28日通过,2020年1月1日施行)

《襄阳古城保护条例》(2019年10月30日通过,2020年3月1日施行)

3. 宜昌市

《宜昌市扬尘污染防治条例》(2019年10月25日通过,2020年3月1

日施行)

4. 黄石市

《黄石市市容和环境卫生管理条例》(2019年8月27日通过,2020年3月1日施行)

5. 十堰市

《十堰市扬尘污染防治条例》(2019年8月30日通过,2020年1月1日施行)

6. 荆州市

《荆州市扬尘污染防治条例》(2019年5月10日通过,2019年10月1日施行)

7. 荆门市

《荆门市民用建筑装饰装修管理条例》(2019年11月1日通过,2020年4月1日施行)

8. 鄂州市

《鄂州市现代物流业发展促进条例》(2019年10月31日通过,2020年3月1日施行)

9. 孝感市

《孝感市饮用水水源保护条例》(2019年8月27日通过,2020年1月1日施行)

10. 黄冈市

《黄冈市白莲河库区水环境保护条例》(2019年6月26日通过,2019年10月1日施行)

11. 咸宁市

《咸宁市农村生活垃圾治理条例》(2019年6月27日通过,2020年1月1

日施行)

12. 随州市

《随州市机动车停车条例》(2019 年 3 月 25 日通过,2019 年 9 月 1 日施行)

13. 恩施土家族苗族自治州

《恩施土家族苗族自治州传统村落和民族村寨保护条例》(2019 年 6 月 5 日通过,2020 年 3 月 1 日施行)

二、地方政府规章

1. 武汉市

《武汉市农村公路管理办法》(2019 年 1 月 17 日武汉市人民政府第 292 号令发布,2019 年 3 月 1 日施行)

《武汉市非机动车管理办法》(2019 年 2 月 13 日武汉市人民政府第 293 号令发布,2019 年 4 月 15 日施行)

《武汉市建筑垃圾管理办法》(2019 年 3 月 19 日武汉市人民政府第 294 号令发布,2019 年 5 月 1 日施行)

《武汉市人民政府关于废止〈武汉市刑满释放人员和解除劳动教养人员安置帮教工作办法〉的决定》(2019 年 6 月 22 日武汉市人民政府第 295 号令发布,2019 年 6 月 22 日施行)

《武汉市人民政府关于修改〈武汉市住宅专项维修资金管理办法〉的决定》(2019 年 11 月 26 日武汉市人民政府第 296 号令发布,2019 年 12 月 26 日施行)

2. 襄阳市

《襄阳市住房租赁管理办法》(2019 年 1 月 3 日襄阳市人民政府第 6 号令发布,2019 年 2 月 15 日施行)

《襄阳市人民政府关于市政府机构改革涉及市政府规章规定的行政机关职

责调整问题的决定》(2019 年 2 月 28 日襄阳市人民政府第 7 号令发布,2019 年 2 月 28 日施行)

《襄阳市养犬管理办法》(2019 年 10 月 31 日襄阳市人民政府第 8 号令发布,2020 年 1 月 1 日施行)

3. 宜昌市

《宜昌市城区养犬管理办法》(2019 年 12 月 30 日宜昌市人民政府第 4 号令发布,2020 年 4 月 1 日施行)

4. 十堰市

《十堰市城市公厕管理办法》(2019 年 5 月 6 日十堰市人民政府第 4 号令发布,2019 年 7 月 1 日施行)

5. 鄂州市

《鄂州市物业管理实施办法》(2019 年 1 月 14 日鄂州市人民政府第 11 号令发布,2019 年 4 月 1 日施行)

《鄂州市人民政府关于修改〈鄂州市古树名木保护管理办法〉的决定》(2019 年 9 月 30 日鄂州市人民政府第 12 号令发布,2019 年 10 月 30 日施行)

《鄂州市城镇二次供水管理办法》(2019 年 10 月 15 日鄂州市人民政府第 13 号令发布,2019 年 11 月 16 日施行)

《鄂州市再生资源回收管理暂行办法》(2019 年 12 月 12 日鄂州市人民政府第 14 号令发布,2020 年 1 月 13 日施行)

6. 黄冈市

《黄冈市餐厨废弃物管理办法》(2019 年 4 月 15 日黄冈市人民政府第 3 号令发布,2019 年 10 月 1 日施行)

《黄冈市农村生活垃圾治理办法》(2019 年 11 月 28 日黄冈市人民政府第 4

号令发布,2020 年 1 月 1 日施行)

《黄冈市政府立法工作规定》(2019 年 12 月 25 日黄冈市人民政府第 5 号令发布,2020 年 2 月 1 日施行)

2019年度市、州、直管市、神农架林区政府和省直部门规范性文件备案目录

序号	制发单位	规范性文件名称	文号
1	省发改委	《省发展改革委关于印发〈湖北省天然气短途管道运输和配气价格管理办法〉的通知》	鄂发改规〔2019〕1号
2		《省发展改革委关于印发〈湖北省县（市、区）区域节能评估实施细则（试行）〉的通知》	鄂发改规〔2019〕2号
3	省教育厅	《省教育厅　省财政厅　省民政厅　省扶贫办　省残联关于印发〈湖北省高等学校家庭经济困难学生认定办法〉的通知》	鄂教助〔2019〕1号
4		《省教育厅等八部门关于印发〈湖北省综合防控儿童青少年近视实施方案〉的通知》	鄂教体艺〔2019〕4号
5	省民宗委	《湖北省民宗委湖北省民政厅关于印发〈湖北省宗教活动场所法人单位登记规范指引〉的通知》	鄂民宗发〔2019〕6号
6		《省民宗委关于进一步深化宗教活动场所规范化管理的意见》	鄂民宗发〔2019〕7号
7		《省民宗委办公室关于印发〈湖北省民宗系统行政执法公示制度（试行）〉〈湖北省民宗系统行政执法全过程记录制度（试行）〉〈湖北省民宗系统重大行政执法决定法制审核制度（试行）〉的通知》	鄂民宗办〔2019〕33号

续表

序号	制发单位	规范性文件名称	文号
8	省公安厅	《省公安厅关于印发〈湖北省金融机构营业场所和金库安全防范设施建设许可实施细则〉的通知》	鄂公安规〔2019〕1号
9	省财政厅	《省财政厅　省交通运输厅关于印发〈湖北省“四好农村路”建设省级补助资金管理暂行办法〉的通知》	鄂财建规〔2019〕2号
10		《省财政厅　省农业农村厅关于印发〈湖北省农田建设补助资金管理实施细则〉的通知》	鄂财农发〔2019〕92号
11	省人社厅	《省人力资源和社会保障厅关于印发〈湖北省返乡创业示范县、示范园、示范项目认定办法〉的通知》	鄂人社发〔2019〕35号
12		《省人力资源和社会保障厅　省财政厅关于建立城乡居民基本养老保险待遇确定和基础养老金正常调整机制的实施意见》	鄂人社发〔2019〕42号
13	省自然资源厅	《湖北省自然资源厅关于保留、修改及失效、废止行政规范性文件的通知》	鄂自然资规〔2019〕1号
14		《省自然资源厅关于进一步规范开展地质灾害危险性评估工作的通知》	鄂自然资规〔2019〕2号
15		《省自然资源厅关于规范地质防治项目管理工作的通知》	鄂自然资规〔2019〕3号
16	省生态环境厅	《省生态环境厅　省农业农村厅关于印发〈湖北省农业农村污染治理实施方案〉的通知》	鄂环发〔2019〕9号
17		《省生态环境厅关于印发〈湖北省生态环境行政处罚裁量基准规定〉的通知》	鄂环发〔2019〕14号
18		《省生态环境厅　省公安厅　省财政厅关于印发〈湖北省固体废物环境违法行为举报奖励办法(试行)〉的通知》	鄂环发〔2019〕22号
19		《省生态环境厅　省发改委　省经信厅　省财政厅　省交通运输厅　省市场监督管理局关于印发〈湖北省钢铁行业超低排放改造实施方案〉的通知》	鄂环发〔2019〕15号

续表

序号	制发单位	规范性文件名称	文号
20	省住房和城乡建设厅	《关于印发〈湖北省建筑企业市场行为监督办法（暂行）〉的通知》	鄂建文〔2019〕23号
21		《关于推进非国有资金投资房屋建筑和市政工程项目监督方式改革的通知》	鄂建办〔2019〕207号
22		《省住房和城乡建设厅等四部门关于印发〈湖北省二级造价工程师职业资格考试管理办法〉的通知》	鄂建文〔2019〕33号
23		《关于印发〈湖北省建设工程联合竣工验收暂行办法〉的通知》	鄂建文〔2019〕30号
24	省交通厅	《湖北省交通运输常用行政处罚自由裁量标准（试行）》	鄂交法〔2019〕90号
25		《关于印发〈湖北公路水运工程平安工地建设管理制度〉、〈进一步加强全省公路水运工程建设安全管理的若干规定〉的通知》	鄂公交〔2019〕221号
26	省农业农村厅	《省农业农村厅关于印发〈湖北省农村土地经营权流转规范（试行）〉的通知》	鄂农规〔2019〕1号
27	省商务厅	《省商务厅关于印发〈湖北省对外贸易综合服务全覆盖工程实施方案（2019—2022）〉的通知》	鄂商务发〔2019〕75号
28	省文化和旅游厅	《关于印发〈湖北省文化和旅游市场黑名单管理办法（试行）〉的通知》	鄂文旅发〔2019〕23号
29	省卫生健康委员会	《湖北省乙类大型医用设备配置许可管理实施细则（试行）》	鄂卫规〔2019〕1号
30		《关于印发〈湖北省食品安全地方标准管理实施办法〉的通知》	鄂卫规〔2019〕3号
31		《关于印发〈湖北省职业健康机构备案管理办法〉的通知》	鄂卫规〔2019〕4号

续表

序号	制发单位	规范性文件名称	文号
32	省应急管理厅	《省应急管理厅关于印发〈化工(危险化学品)生产储存在役装置安全设计诊断复核制度(试行)〉等五项制度的通知》	鄂应急发〔2019〕18号
33		《省应急管理厅　省财政厅关于印发〈湖北省安全生产领域举报奖励办法〉的通知》	鄂应急发〔2019〕13号
34	省体育局	《省优秀运动队运动员聘用实施办法(试行)》	鄂体〔2019〕3号
35		《全省性体育类社会组织管理办法(暂行)》	鄂体〔2019〕30号
36	省统计局	《省统计局关于印发〈湖北省统计调查项目管理办法〉的通知》	鄂统计文〔2019〕1号
37	省医疗保障局	《省医疗保障局　省财政厅关于印发〈湖北省欺诈骗取医疗保障基金行为举报奖励实施细则(试行)〉的通知》	鄂医保发〔2019〕52号
38		《湖北省全面推行生育保险和职工基本医疗保险合并实施意见》	鄂医保发〔2019〕42号
39		《省医疗保障局关于印发〈城乡居民大病保险承办商业保险机构考核管理办法(试行)〉的通知》	鄂医保发〔2019〕47号
40		《省医疗保障局　省财政厅　省卫生健康委员会　省药品监督管理局〈关于完善城乡居民高血压糖尿病门诊用药保障机制的实施意见〉》	鄂医保发〔2019〕69号
41	省扶贫办	《湖北省扶贫攻坚领导小组印发〈关于构建稳定脱贫长效机制的意见〉的通知》	鄂扶组发〔2019〕14号
42	省地方金融管理局	《关于印发〈湖北省融资担保公司设立、变更与退出工作指引〉的通知》	鄂金发〔2019〕28号

续表

序号	制发单位	规范性文件名称	文号
43	省公共资源交易监管局	《关于印发〈湖北省公共资源招投标举报处理暂行办法〉的通知》	鄂公管文〔2019〕48 号
44	省粮食局	《省粮食局　省财政厅关于推进粮食市场化收购贷款信用保证基金工作的指导意见》	鄂粮规〔2019〕1 号
45	省气象局	《省气象局关于印发〈湖北省开发区、工业园区等区域性气候可行性论证工作管理办法(暂行)〉的通知》	鄂气规〔2019〕1 号
46	省委宣传部	《关于印发〈湖北省“扫黄打非”工作举报奖励办法〉的通知》	鄂扫办联〔2019〕5 号
47	武汉市	《市人民政府关于印发武汉市加快服务业高质量发展若干政策的通知》	武政规〔2019〕1 号
48		《市人民政府关于进一步规范开发建设项目配建地下停车场管理的意见》	武政规〔2019〕2 号
49		《市人民政府关于修改和宣布失效市人民政府及其办公厅部分规范性文件的决定》	武政规〔2019〕3 号
50		《市人民政府关于加强烟花爆竹燃放安全管理的通告》	武政规〔2019〕4 号
51		《市人民政府关于妥善解决全市“城中村”改造还建房项目规划建设手续及不动产登记历史遗留问题的意见》	武政规〔2019〕5 号
52		《市人民政府关于印发武汉市进一步扩大利用外资促进经济高质量发展的若干措施的通知》	武政规〔2019〕6 号
53		《市人民政府关于印发武汉市残疾儿童精准康复服务实施方案的通知》	武政规〔2019〕7 号
54		《市人民政府关于印发武汉天河机场航行服务程序净空保护区域一体化图使用管理办法的通知》	武政规〔2019〕8 号

续表

序号	制发单位	规范性文件名称	文号
55	武汉市	《市人民政府关于推进全市电子商务与快递物流协同发展的实施意见》	武政规〔2019〕9号
56		《市人民政府关于改革国有企业工资决定机制的实施意见》	武政规〔2019〕10号
57		《市人民政府关于支持大健康产业发展的意见》	武政规〔2019〕11号
58		《市人民政府关于印发武汉市加快推进设计之都建设若干政策措施的通知》	武政规〔2019〕12号
59		《市人民政府关于调整城乡居民最低生活保障标准和特困人员等社会救助对象保障标准的通知》	武政规〔2019〕13号
60		《市人民政府关于印发武汉市重型柴油货车尾气治理奖补工作方案的通知》	武政规〔2019〕14号
61		《市人民政府关于印发武汉市加快现代物流业发展若干政策的通知》	武政规〔2019〕15号
62		《市人民政府关于进一步激发民间投资活力促进经济持续健康发展的意见》	武政规〔2019〕16号
63		《市人民政府关于进一步加快推进历史遗留"问题房"登记办证工作的通知》	武政规〔2019〕17号
64		《市人民政府关于印发武汉市工业发展投资基金管理办法(试行)的通知》	武政规〔2019〕18号
65		《市人民政府关于印发〈武汉市文化产业招商引资扶持若干规定〉的通知》	武政规〔2019〕19号
66		《市人民政府关于印发武汉市高新技术企业培育三年(2019—2021年)行动计划的通知》	武政规〔2019〕20号
67		《市人民政府关于印发武汉市实有人口登记管理办法的通知》	武政规〔2019〕22号

续表

序号	制发单位	规范性文件名称	文号
68	武汉市	《市人民政府关于第七届世界军人运动会筹备、举办期间大气环境质量管理临时性措施的决定》	武政规〔2019〕23号
69		《市人民政府关于在第七届世界军人运动会筹备、举办及延后期间实行治安等方面临时性行政措施的决定》	武政规〔2019〕24号
70		《市人民政府关于扶持生猪生产保障市场供应的通知》	武政规〔2019〕25号
71		《市人民政府关于划定武汉市高排放非道路移动机械禁止使用区的通告》	武政规〔2019〕26号
72		《市人民政府关于促进新能源汽车产业发展若干政策的通知》	武政规〔2019〕27号
73		《市人民政府关于印发武汉市积分入户管理办法(2019年版)的通知》	武政规〔2019〕28号
74		《市人民政府关于印发武汉市支出型贫困家庭救助实施办法(试行)的通知》	武政规〔2019〕29号
75		《市人民政府关于印发武汉市生态环境损害赔偿制度改革实施方案的通知》	武政规〔2019〕30号
76	黄石市	《市人民政府关于印发〈黄石市工业用地租赁和弹性出让实施办法〉的通知》	黄石政规〔2019〕1号
77		《市人民政府关于印发〈黄石市税费征收保障暂行办法〉的通知》	黄石政规〔2019〕2号

续表

序号	制发单位	规范性文件名称	文号
78	襄阳市	《市人民政府办公室关于印发〈襄阳市新能源汽车充电基础设施建设运营管理办法(试行)〉的通知》	襄政办发〔2019〕4号
79		《市人民政府办公室关于印发襄阳市人民政府2019年规章立法计划的通知》	襄政办发〔2019〕5号
80		《市人民政府办公室关于〈襄阳市市区新建居住小区配套建设中小学校、幼儿园管理办法〉重新公布实施的通知》	襄政办发〔2019〕6号
81		《市人民政府办公室关于印发襄阳市新建住宅供电配套工程管理办法的通知》	襄政办发〔2019〕9号
82		《市人民政府办公室关于印发襄阳市规范中心城区残疾人机动轮椅车管理实施方案的通知》	襄政办发〔2019〕13号
83		《市人民政府办公室关于印发襄阳市降低社会保险费率综合实施方案的通知》	襄政办发〔2019〕14号
84		《市人民政府办公室关于印发襄阳市关于全面开展工程建设项目审批制度改革实施方案的通知》	襄政办发〔2019〕18号
85		《市人民政府办公室关于印发〈汉江襄阳城区段禁捕渔民退捕安置补偿工作方案〉的通知》	襄政办发〔2019〕21号
86		《市人民政府办公室关于印发市区道路货车禁限行管理实施方案的通知》	襄政办函〔2019〕46号
87		《市人民政府办公室关于印发关于解决当前工程建设招投标领域突出问题的实施意见的通知》	襄政办函〔2019〕57号
88		《市人民政府关于印发襄阳市爱国卫生管理办法的通知》	襄政发〔2019〕5号

续表

序号	制发单位	规范性文件名称	文号
89	十堰市	《市人民政府办公室关于印发十堰市无障碍环境建设和管理办法的通知》	十政办发〔2019〕44号
90		《市人民政府办公室关于印发十堰市工伤保险市级统筹暂行办法的通知》	十政办发〔2019〕48号
91		《市人民政府关于印发〈十堰市政府投资建设项目工程总承包管理办法(试行)〉的通知》	十政发〔2019〕23号
92	荆州市	《市人民政府关于集中修改和废止部分行政规范性文件的决定》	荆政发〔2019〕4号
93		《市人民政府关于印发〈荆州市无偿献血管理办法〉的通知》	荆政发〔2019〕13号
94		《市人民政府关于划定蒙华铁路线路安全保护区的通告》	荆政发〔2019〕16号
95		《市人民政府关于划定禁止使用高排放非道路移动机械区域的通告》	荆政发〔2019〕17号
96		《市人民政府关于行政规范性文件清理结果的决定》	荆政发〔2019〕19号
97		《市人民政府关于印发〈湖北环荆州古城国家湿地公园管理办法〉的通知》	荆政办发〔2019〕10号
98		《市人民政府办公室关于印发〈荆州市中心城区土地储备管理办法〉的通知》	荆政办发〔2019〕16号
99		《市人民政府办公室关于印发〈荆州市中心城区建筑垃圾管理办法〉的通知》	荆政办发〔2019〕17号
100		《市人民政府办公室关于印发〈荆州市中心城区住宅小区配套幼儿园建设管理办法〉的通知》	荆政办发〔2019〕19号
101		《市人民政府办公室关于印发荆州市工伤保险市级统筹试行办法的通知》	荆政办发〔2019〕24号

续表

序号	制发单位	规范性文件名称	文号
102	宜昌市	《市人民政府关于印发宜昌市残疾儿童康复救助制度的通知》	宜府发〔2019〕2号
103		《市人民政府关于做好当前和今后一个时期促进就业工作的实施意见》	宜府发〔2019〕4号
104		《市人民政府关于划定葛洲坝水利枢纽安全保卫区的通知》	宜府发〔2019〕6号
105		《市人民政府关于印发宜昌市工程建设项目审批制度改革实施方案的通知》	宜府发〔2019〕7号
106		《市人民政府修订关于鼓励企业利用多层次资本市场加快发展的实施意见的通知》	宜府发〔2019〕8号
107		《宜昌市人民政府关于重新划定高污染燃料禁燃区的通告》	宜府发〔2019〕9号
108		《市人民政府关于印发〈宜昌市城区菜市场管理办法〉的通知》	宜府发〔2019〕10号
109		《市人民政府办公室关于公布黄柏河流域干流河道管理范围的通知》	宜府办发〔2019〕1号
110		《市人民政府办公室关于印发宜昌市工业建设项目50个工作日内取得施工许可审批改革实施方案的通知》	宜府办发〔2019〕3号
111		《市人民政府办公室关于公布证明事项取消目录》	宜府办发〔2019〕10号
112		《市人民政府办公室关于印发宜昌市全面推开做实“六多合一”改革实施方案的通知》	宜府办发〔2019〕13号
113		《市人民政府办公室关于印发〈宜昌市电动自行车登记管理办法〉和〈宜昌市电动自行车限期退出管理办法〉的通知》	宜府办发〔2019〕14号

续表

序号	制发单位	规范性文件名称	文号
114	宜昌市	《市人民政府办公室关于促进建筑业高质量发展的意见》	宜府办发〔2019〕18 号
115		《市人民政府办公室关于进一步加强城镇住宅小区配套幼儿园建设和管理的意见》	宜府办发〔2019〕19 号
116		《市人民政府办公室关于印发〈宜昌市保障农民工工资支付工作实施办法〉的通知》	宜府办发〔2019〕20 号
117		《市人民政府办公室关于加强和改进宜昌城区供水供气保障工作的实施意见》	宜府办发〔2019〕24 号
118		《市人民政府办公室关于深化户籍制度改革加快推进城市化进程的实施意见》	宜府办发〔2019〕26 号
119		《市人民政府办公室关于印发〈宜昌市小散工程和零星作业安全生产管控暂行办法〉的通知》	宜府办发〔2019〕29 号
120		《市人民政府办公室关于印发〈宜昌市生活垃圾分类管理办法〉的通知》	宜府办发〔2019〕31 号
121	荆门市	《市人民政府办公室关于印发荆门市政府投资项目审计办法(试行)的通知》	荆政发〔2019〕9 号
122		《市人民政府关于印发〈荆门市支持保税物流中心(B 型)发展政策措施〉的通知》	荆政发〔2019〕10 号
123		《市人民政府关于印发〈荆门市工伤保险市级统筹办法(试行)〉的通知》	荆政发〔2019〕15 号
124		《市人民政府办公室关于印发〈荆门市工业建设项目 45 个工作日内取得施工许可审批改革实施方案〉的通知》	荆政办发〔2019〕7 号
125		《市人民政府办公室关于印发〈荆门市工程建设项目审批制度改革实施方案〉的通知》	荆政办发〔2019〕15 号
126		《市人民政府办公室关于规范中心城区房地产开发项目地下车位管理的通知》	荆政办文〔2019〕15 号
127		《市人民政府关于印发荆门中心城区既有住宅加装电梯暂行办法的通知》	荆政办文〔2019〕17 号
128		《市人民政府办公室关于印发〈荆门市中心城区专业市场退城进园(区)支持政策〉的通知》	荆政办函〔2019〕8 号

续表

序号	制发单位	规范性文件名称	文号
129	鄂州市	《市人民政府关于印发鄂州市节能监察实施细则的通知》	鄂州政规〔2019〕1号
130		《市人民政府关于印发鄂州市城市节约用水管理办法的通知》	鄂州政发〔2019〕7号
131	黄冈市	《市人民政府关于公布行政规范性文件清理结果的决定》	黄政发〔2019〕14号
132		《市人民政府关于公布证明事项清理目录(第一批)的决定》	黄政发〔2019〕26号
133		《市人民政府关于印发黄冈市市区保障性住房配建暂行办法的通知》	黄政规〔2019〕1号
134		《市人民政府关于印发黄冈市市区再生资源回收管理办法的通知》	黄政规〔2019〕2号
135		《市人民政府关于印发黄冈地标优品目录管理办法的通知》	黄政规〔2019〕3号
136		《市人民政府关于印发黄冈市历史文化名城保护办法的通知》	黄政规〔2019〕4号
137		《市人民政府关于印发黄冈市推进装配式建筑发展实施办法的通知》	黄政规〔2019〕5号
138		《市人民政府关于印发黄冈市市级政府投资管理办法、黄冈市市级政府投资项目评审实施办法的通知》	黄政规〔2019〕6号
139		《市人民政府关于印发黄冈市城乡居民大病保险实施办法的通知》	黄政规〔2019〕7号
140		《市人民政府办公室关于规范黄冈市市区社区(村)出具证明事项的通知》	黄政办发〔2019〕14号

续表

序号	制发单位	规范性文件名称	文号
141	孝感市	《市人民政府关于做好稳外贸稳外资工作的实施意见》	孝感政发〔2019〕1号
142		《市人民政府关于切实提升新时代双招双引工作质量若干措施的通知》	孝感政发〔2019〕4号
143		《市人民政府关于促进酒店服务业发展的意见》	孝感政发〔2019〕6号
144		《市人民政府关于加强土地违法源头管控严查违法用地工作的实施意见》	孝感政发〔2019〕7号
145		《市人民政府关于涉及产权保护、军民融合发展的规范性文件清理结果的决定》	孝感政规〔2019〕1号
146		《市人民政府关于印发〈孝感中心城区保障性住房配建办法〉的通知》	孝感政规〔2019〕3号
147		《市人民政府关于印发孝感市爱国卫生管理办法的通知》	孝感政规〔2019〕4号
148		《市人民政府关于印发孝感城区建筑垃圾处置管理办法的通知》	孝感政规〔2019〕5号
149		《市人民政府关于印发孝感城区养犬管理暂行办法的通知》	孝感政规〔2019〕6号
150		《市人民政府关于公布武汉天河机场在孝感市域内净空保护(核心)区域等事项的通告》	孝感政规〔2019〕7号
151		《市人民政府关于印发〈孝感市引进银行业金融机构奖励办法〉的通知》	孝感政规〔2019〕8号
152		《市人民政府关于印发〈孝感市本级招商引资重大工业项目行政审批及前置中介服务"零收费"暂行办法〉的通知》	孝感政规〔2019〕9号
153		《市人民政府关于印发〈孝感市城镇小区配套幼儿园建设管理办法〉的通知》	孝感政规〔2019〕10号
154		《市人民政府关于规范性文件清理结果的决定》	孝感政规〔2019〕11号
155		《市人民政府办公室关于促进孝台经济文化交流合作的实施意见》	孝感政办发〔2019〕5号

续表

序号	制发单位	规范性文件名称	文号
156	咸宁市	《市人民政府关于印发咸宁市电梯安全管理办法的通知》	咸政规〔2019〕1号
157		《市人民政府关于印发咸宁市残疾儿童康复求助办法的通知》	咸政规〔2019〕2号
158		《市人民政府关于印发咸宁市中心城区地下空间国有建设用地使用权管理办法的通知》	咸政规〔2019〕3号
159		《市人民政府关于重新公布咸宁市爱国卫生管理办法等4个规范性文件的通知》	咸政规〔2019〕4号
160		《市人民政府关于印发咸宁市停车服务管理办法的通知》	咸政规〔2019〕5号
161	随州市	《市人民政府关于随州市新殡仪馆正式运营的通告》	随政发〔2019〕1号
162		《市人民政府关于印发随州市城乡居民基本医疗保险实施细则的通知》	随政发〔2019〕10号
163	恩施自治州	《州人民政府关于印发〈恩施土家族苗族自治州旅游资源统筹管理办法(修订)〉的通知》	恩施州政规〔2019〕1号
164		《州人民政府关于印发〈恩施州残疾儿童康复求助实施办法〉的通知》	恩施州政规〔2019〕2号
165		《州人民政府关于严禁"低慢小"飞行器在恩施机场净空保护区内违法违规飞行的通告》	恩施州政规〔2019〕3号
166		《州人民政府关于印发〈恩施州州级政府投资引导基金管理办法(试行)〉的通知》	恩施州政规〔2019〕4号
167		《州人民政府关于印发〈恩施土家族苗族自治州民宿管理暂行办法〉的通知》	恩施州政规〔2019〕5号

续表

序号	制发单位	规范性文件名称	文号
168	仙桃市	《仙桃市城乡居民基本医疗保险实施办法》	仙桃市人民政府令第75号
169		《仙桃市城区扬尘污染防治意见》	仙桃市人民政府令第76号
170		《仙桃市职工基本医疗保险和生育保险实施办法》	仙桃市人民政府令第77号
171		《仙桃市农村集体“三资”管理办法》	仙桃市人民政府令第78号
172	天门市	《市人民政府关于印发天门市城镇污水处理厂运行监督管理办法的通知》	天政规〔2019〕1号
173		《市人民政府关于印发天门市城镇生活污水处理费征收使用暂行办法的通知》	天政规〔2019〕2号
174		《市人民政府关于做好当前和今后一个时期促进就业工作的实施意见》	天政发〔2019〕4号
175		《市人民政府关于印发天门市推进重点产业高质量发展实施方案的通知》	天政发〔2019〕5号
176		《市人民政府关于支持实体经济高质量发展的若干意见》	天政发〔2019〕6号
177		《市人民政府办公室关于印发天门市深化农业供给侧结构性改革扶持特色产业发展奖补办法的通知》	天政办发〔2019〕7号
178		《市人民政府办公室关于印发天门市环境噪声功能区划方案的通知》	天政办发〔2019〕8号
179		《市人民政府办公室关于促进小微工业企业快成长上规模的实施意见》	天政办发〔2019〕18号
180		《市人民政府办公室关于印发天门市成品油市场专项清理整治工作方案的通知》	天政办发〔2019〕19号

续表

序号	制发单位	规范性文件名称	文号
181	天门市	《市人民政府办公室关于印发天门市“放管服”改革和优化营商环境工作要点的通知》	天政办发〔2019〕21 号
182		《市人民政府办公室关于印发贯彻落实中共天门市委　天门市人民政府大力支持民营经济持续健康发展若干意见的任务清单及配套具体实施措施的通知》	天政办发〔2019〕23 号
183		《市人民政府办公室关于加快发展家庭服务业的实施意见》	天政办发〔2019〕25 号
184		《市人民政府办公室关于印发〈2019 年天门市秸秆禁烧与综合利用工作实施方案〉的通知》	天政办发〔2019〕26 号
185		《市人民政府办公室关于印发〈天门市 2019 年度大气污染防治攻坚实施方案〉的通知》	天政办发〔2019〕30 号
186		《市人民政府办公室关于印发天门市入河排污口排查整治专项行动工作方案的通知》	天政办发〔2019〕31 号
187		《市人民政府办公室关于印发天门市 2019 年土壤污染防治行动工作方案的通知》	天政办发〔2019〕33 号
188		《市人民政府办公室关于印发天门市城镇职工长期护理保险暂行办法的通知》	天政办发〔2019〕34 号
189		《市人民政府办公室关于印发天门市改革完善医疗卫生行业综合监管制度实施方案的通知》	天政办发〔2019〕35 号
190		《市人民政府办公室关于印发天门市促进“互联网+医疗健康”发展实施方案的通知》	天政办发〔2019〕36 号
191		《市人民政府办公室关于印发天门市深化商事制度改革实施方案等三个方案的通知》	天政办发〔2019〕37 号
192		《市人民政府办公室关于印发天门市工程建设项目审批制度改革实施方案的通知》	天政办发〔2019〕39 号

续表

序号	制发单位	规范性文件名称	文号
193	天门市	《市人民政府办公室关于印发天门市 2019 年农业产业扶贫奖励扶持办法的通知》	天政办发〔2019〕40 号
194		《市人民政府办公室关于印发〈天门市保障第七届世界军人运动会空气质量细化方案〉的通知》	天政办发〔2019〕45 号
195	神农架林区	《林区人民政府关于印发〈神农架林区精神障碍患者医疗救治救助办法〉的通知》	神政规〔2019〕1 号

后　　记

为全面系统展现2019年湖北省全面依法治省工作成就，客观总结全省法治建设的经验与不足，科学提出2020年目标任务，省委全面依法治省委员会办公室秘书处委托武汉大学法学院秦前红教授牵头组织编写了本报告。报告框架经省委依法治省办审定，编写组具体组织各编内容。其中，总报告第一部分至第八部分分别由张晓瑜、高欣然、李健康、陈芳瑾、刘庆、谢微微、瞿杨和欧阳伊萌编写，秘书处和苏绍龙负责全书的统编定稿工作。

本报告编写期间，突如其来的新冠肺炎疫情打乱了原定的编写安排，编写组加强统筹协调，及时调整编写工作计划，克服各种困难加快编写进度，期间多次召开讨论会，广泛征求各地各部门意见，数易其稿，终于使本报告呈现在各位读者面前。

本报告编写过程中，得到全省各地各部门的大力支持和帮助，在此一并表示感谢。书中如有不妥之处，恳请读者批评指正。

编者

2020年9月

图书在版编目(CIP)数据

湖北法治发展报告. 2019 / 中共湖北省委全面依法治省委员会办公室编. -- 北京：法律出版社, 2020
ISBN 978-7-5197-5071-8

Ⅰ. ①湖… Ⅱ. ①中… Ⅲ. ①社会主义法制－研究报告－湖北－2019 Ⅳ. ①D927.63

中国版本图书馆 CIP 数据核字(2020)第 202347 号

湖北法治发展报告(2019)
HUBEI FAZHI FAZHAN BAOGAO (2019)

中共湖北省委全面依法治省委员会办公室 编

策划编辑 沈小英
责任编辑 陈 妮 毛镜澄
装帧设计 李 瞻

出版 法律出版社
总发行 中国法律图书有限公司
经销 新华书店
印刷 北京虎彩文化传播有限公司
责任校对 马 丽
责任印制 吕亚莉

编辑统筹 法治与经济出版分社
开本 710 毫米×1000 毫米 1/16
印张 26
字数 353 千
版本 2020 年 10 月第 1 版
印次 2020 年 10 月第 1 次印刷

法律出版社/北京市丰台区莲花池西里 7 号(100073)
网址/www.lawpress.com.cn
投稿邮箱/info@lawpress.com.cn
举报维权邮箱/jbwq@lawpress.com.cn
销售热线/400-660-8393
咨询电话/010-63939796

中国法律图书有限公司/北京市丰台区莲花池西里 7 号(100073)
全国各地中法图分、子公司销售电话：
统一销售客服/400-660-8393/6393
第一法律书店/010-83938432/8433　西安分公司/029-85330678　重庆分公司/023-67453036
上海分公司/021-62071639/1636　深圳分公司/0755-83072995

书号:ISBN 978-7-5197-5071-8　**定价:**98.00 元
(如有缺页或倒装,中国法律图书有限公司负责退换)